Dominique Chalvin

DU BON USAGE DE LA MANIPULATION

Les ressorts cachés de la communication d'influence

Issy-les-Moulineaux
ESF éditeur

Du même auteur

Dans cette collection

L'autodiagnostic des styles de management. À l'usage des cadres et des dirigeants, 4e édition, 1993.
Faire face au stress de la vie quotidienne, 5e édition, 1994.
Histoires des courants pédagogiques, tome I : *Encyclopédie des pédagogies pour adultes,* 2e édition, 1999.
Méthodes et outils pédagogiques, tome II : *Encyclopédie des pédagogies pour adultes,* 2e édition, 1999.
Les outils de base de l'analyse transactionnelle. Pour développer l'énergie des individus et des organisations, 8e édition, 2000.
Les nouveaux outils de l'analyse transactionnelle. Pour développer l'énergie des individus et des organisations, 6e édition, 1996.
Tensions et conflits dans les relations personnelles, Comment s'en sortir, 2e édition, 2001.
Utiliser tout votre cerveau. De nouvelles voies pour accroître son potentiel de réussite, 5e édition, 1995.
L'affirmation de soi, 10e édition, 2000.

Chez d'autres éditeurs

L'anti-manuel de management, Éditions de l'Archipel, Paris, 1992.
L'entreprise négociatrice, Éditions Dunod, Paris, nouvelle édition refondue, 1997, Prix IAE du management.

Cassettes audio

Développez vos atouts personnels (12 cassettes).
Mieux communiquer grâce à votre cerveau.
Cassettes vidéo
Réussir vos réunions de travail (55 mn).
Mieux communiquer grâce à votre cerveau (55 mn).
Gérer les petits conflits dans le travail (55 mn).
Éditions Image pour la formation, 15, avenue de Ségur 75007, Paris.

Publications en espagnol

Autodiagnostic de los dirigentes, APD, Madrid, 1974.
Como resolver los pequenos conflictos en el trabajo, Deusto, Madrid, 1987.

Publication en portugais

Como resolver pequenos conflictos no trablho, Sao Paulo, Brésil, 1989.

Publications en italien

I rapporti in famiglia (avec M.-J. Chalvin) psiciguida, Citadella editrice, Assise, 1988.
L'analisi transzionale, Franco Angeli Ed, Milano, 1990.
Sfrutta tutto il tuo cervello, Franco Angelo Ed, Milano, 1995.

Division de Elsevier Business Information
2, rue Maurice-Hartmann
92133 Issy-les-Moulineaux Cedex
ISBN 2 7101 1474 7
ISSN 0768-2026

Comment se servir de ce manuel de formation

Cet ouvrage est constitué de trois parties :

1 – La première partie, intitulée *Connaissance du problème,* apporte avec ses exposés les informations théoriques et les connaissances intellectuelles indispensables sur le thème proposé.

2 – La deuxième partie, *Applications pratiques*, signalée à droite par une bande verticale, propose des exercices concrets présentés de manière progressive. À la fin de ces exercices, le lecteur trouvera les corrigés correspondants.

3 – Les *Annexes,* en troisième partie, sont constituées d'outils complémentaires très utiles, tels :

- le *plan d'autoformation individuel*, véritable guide pédagogique qui alterne les exercices pratiques et les exposés théoriques de manière à organiser rationnellement l'acquisition des savoirs ;
- le (ou les) *programme(s) de session de formation* qui propose des types de programme sur 2 à 4 jours avec une dizaine de participants ;
- le *lexique* des termes techniques utilisés et, éventuellement, un index ;
- la *bibliographie.*

Nous espérons que cet ouvrage vous rendra les meilleurs services dans vos activités professionnelles et personnelles. N'hésitez pas à nous écrire pour nous faire part de vos remarques, critiques et suggestions :

ESF éditeur - Service Lecteurs
2, rue Maurice Hartmann
92133 Issy-les-Moulineaux Cedex

Collection Formation Permanente

Collection fondée par Roger Mucchielli et dirigée par Lionel Bellenger

Depuis 1966, la collection « Formation Permanente » a publié les contenus de séminaires de formation et de perfectionnement en sciences humaines, avec un succès croissant, puisque les premiers titres parus dépassent aujourd'hui leur 10e édition, et sont traduits dans le monde entier.

Dans le sillage de Roger Mucchielli, tous ceux qui s'intéressent à la psychologie sociale ou qui veulent prévoir eux-mêmes leur formation continue, seront heureux de savoir que la collection s'enrichit constamment de nouveaux auteurs spécialistes du développement personnel et professionnel.

Puisqu'on ne peut suivre toutes les sessions de formation et de recyclage, la formule originale de nos ouvrages permet à chacun de travailler sur leur contenu théorique et pratique et d'effectuer ainsi en permanence son autoperfectionnement.

▶ **Vous trouverez, en fin d'ouvrage, la liste complète des ouvrages parus dans la collection « Formation Permanente ».**

Table des matières

Partie Connaissance du problème

Partie Applications pratiques

Annexes

Avertissement

Pour profiter pleinement des divers exercices d'autodiagnostic (partie Applications pratiques), il est recommandé de les faire ***avant d'avoir lu les exposés.***

Tableau des manifluences par ordre alphabétique

(Les chiffres entre parenthèses renvoient à la page)

Chacun enrichira cette liste de ses expériences personnelles et des manifluences qu'il aura inventées et expérimentées.

Tableau des manifluences par thème

(Les chiffres entre parenthèses renvoient à la page)

PERSISTANCE	SITUATIONS PROPICES	ÉCHANGE RÉCIPROQUE	BESOIN DE SÉCURITÉ
Acte facilité (38) Surprise (39) Acte difficile (40) Escalade (41) Sens (43) Liberté (44)	Premier contact (52 et 61) Proximité (53 et 62) Réputation (55 et 63) Liens (56) Alliés (57) Malheurs (57)	Écoute (65 et 71) Confidence (66 et 72) Gratitude (67 et 71) Semer (68) Concessions (68 et 72) Exemplaire (73)	Domaines (79) Croyances (80 et 87) Sans expertise (83) Expert élargi (84) Signes extérieurs (81) Confiance (86)
PEUR DE L'EXCLUSION	**GOÛT DE L'EXCEPTIONNEL**	**IRRÉSISTIBLE COMPARAISON**	**TENTATION DE L'INNOCENCE**
Similarité (92) Différence (93) Porte-parole (94) Isolement (94) Incertitude (95) Harmonie (96) Conformisme (99)	Inégalité (106 et 111) Fréquence (107 et 111) Interdiction (108 et 112) Secret des dieux (108 et 112) Privilèges (108) Extraordinaire (109 et 112)	Refus (116) Contraste (117) Acquiescement (118) Fabulations (120) Menaces (121) Mise en scène (121) Présentation (123)	Valeurs (126) Transgression (128) Réparation (129) Félicitations (130) Responsabilités (132) Compétition (133) Souvenirs (135)

En partant de son expérience, chacun enrichira le nombre de manifluences pour chacun des fondamentaux.

Première partie

CONNAISSANCE DU PROBLÈME

Introduction

Tous ceux qui, comme moi, ont derrière eux une longue carrière de formatrices ou de formateurs dans le domaine de la communication et des relations humaines, se souviennent avoir été interpellés personnellement par cette réflexion souvent énoncée par les stagiaires : « Mais, au fond, vous nous entraînez à devenir des manipulateurs… » Pour ma part, ce type d'affirmation m'a poussé à clarifier mon opinion et à donner des réponses plus précises et plus claires au fil du temps. Ce livre est l'aboutissement de ces réflexions. Il s'inscrit tout naturellement dans la ligne commencée et poursuivie dans l'ensemble de mes ouvrages. En effet, comment parler de communication et de relations humaines sans parler de l'influence et de la manipulation ? J'ai clairement orienté mes propos dans deux directions bien définies : dans la droite ligne des auteurs les plus lus sur la question, je décris bien entendu les méfaits de la manipulation, mais j'ai pris le parti, ce qui est plus novateur, d'en indiquer les bons usages, dans le sillage des travaux et des recherches de deux universitaires français : Robert-Vincent Joule et Jean-Léon Beauvois[1].

En effet, ce livre se propose de décrire les manipulations dans les relations quotidiennes au travail (et les applications dans la vie privée que l'on peut facilement en déduire) pour aider tout un chacun à s'en sortir au mieux. Dans un premier exposé, je propose une nouvelle façon de parler de la manipulation et je m'explique sur ce que peut signifier son bon usage. Dans les cinq exposés suivants, je décris les huit manipulations fondamentales qui sont à la base de toutes les autres. Pour chacune d'elles, après l'avoir définie, j'explique les ressorts psychologiques et sociologiques qui font sa puissance et je présente le mode d'emploi qui permet sa mise en pratique, en précisant les abus possibles (et comment s'en défendre) et les conditions d'un bon usage honnête et bénéfique pour tous.

1. R.-V. Joule, J.-L. Beauvois, *Petit traité de la manipulation à l'usage des honnêtes gens*, Grenoble, PUG, 1987.

Je dédie ce livre :

– à mes collègues et amis, consultants, psychosociologues et praticiens en sciences humaines qui croient parfois trop facilement qu'il suffit d'être bien intentionné et de le vouloir pour influencer avec intégrité sans jamais manipuler. Le bon usage est souvent plus complexe ;

– aux « pros » de la manipulation, personnages cyniques et prêts à tout pour arriver à leurs fins (bien sûr, ils affirment que ce n'est pas eux). J'attire leur attention sur « l'effet boomerang » (cf. exposé 1 et lexique) qui peut les détruire comme ils en ont détruit beaucoup d'autres ;

– à tous ceux qui jugent que la manipulation est toujours malhonnête et sont persuadés qu'il est possible de ne jamais l'utiliser (ce qui, de toute façon, est impossible) afin qu'ils découvrent qu'il y a aussi un bon usage de la manipulation, dans la vie de tous les jours ;

– à tous ceux qui croient que la manipulation relève de la magie et qu'il est impossible de s'en défendre. Je leur montre qu'il existe de nombreux moyens faciles à appliquer pour s'en défendre efficacement ;

– à tous ceux qui croient que, pour être appréciés des autres et bien travailler ensemble, il suffit (comme je l'ai cru) d'être honnêtes, bien intentionnés, compétents, et qu'il faut laisser la manipulation aux « filous ». Je les incite à être plus réaliste et prudent.

De façon générale, je dédie ce livre à tous ceux qui essaient (comme moi), tant bien que mal, d'être honnêtes, sérieux, compétents pour ce qu'ils ont à faire, et soucieux du bien commun, mais qui ne connaissent pas les lois de la manipulation et qui laissent prendre le pouvoir aux malhonnêtes, aux incompétents et aux égoïstes, qui, eux, connaissent les lois de la manipulation et en abusent.

Cet ouvrage se donne pour objectif de faire comprendre au lecteur qu'il est possible de ne pas se laisser faire et de mettre en pratique une manipulation honnête et utile, sans en abuser. Ce livre indique quelques voies pratiques et expérimentées que je mets à leur disposition pour mieux s'en sortir.

Mon souhait le plus sincère est que ce livre aide toutes les bonnes volontés honnêtes (la plupart d'entre nous) à prendre davantage leur place face aux manipulateurs qui nous font tant de mal.

Du bon usage de la manipulation

Le concept de manipulation est violemment rejeté par tous, d'autant plus quand nous prenons conscience d'en être victimes. Mais la protestation s'affadit dès lors que nous commençons à la pratiquer, que nous en ayons ou non pleinement conscience. Beaucoup même se prennent alors à désirer secrètement savoir user d'un tel pouvoir occulte.

Faudrait-il donc s'interdire de manipuler ? Est-ce possible ? Existe-t-il une manipulation honnête et utile ? Comment se prémunir contre l'emprise des manipulateurs ? Jusqu'où peut mener le jeu du manipulateur manipulé ? C'est à ces questions que se propose de répondre cet exposé avec, pour ambition, d'arracher les masques, préliminaires indispensables à la construction de relations vraies.

1. La manipulation telle qu'on la pratique...

Voici quelques exemples typiques de manipulations que chacun a pu observer, subir ou peut-être pratiquer[1].

Les conspirateurs, adeptes des combinaisons en tous genres

Les « conspirateurs » sont dans le secret des dieux, révèlent à demi-mot des demi-vérités et en laissent sous-entendre bien davantage. Fabricants de bruits et de rumeurs en tous genres, ils entendent agir sur le levier des rancunes et des ambitions. Certains vont même parfois, en cas de restructuration, jusqu'à mettre un « œil de Moscou » de la nouvelle direction pour surveiller les uns et les

1. De nombreux exemples sont extraits de deux ouvrages de D. Chalvin, *L'affirmation de soi* et *Tensions et conflits dans les relations personnelles*, ESF éditeur, 2000 et 2001.

autres, ou proposer des promotions minées où les risques cachés n'apparaissent que trop tard. D'autres sont les rois du système D et savent contourner les règles. Ils savent tirer parti du système plutôt que de s'y laisser engloutir. Ils aiment compromettre leurs collègues dans des opérations limites pour mieux les tenir ensuite. Ce sont des metteurs en scène qui élaborent des scénarios, distribuent des rôles et font passer les messages par des intermédiaires, tout en restant seuls informés du sujet dans son intégralité.

Les dévalorisateurs, adeptes de la persécution

Les « dévalorisateurs » aiment bien déstabiliser leurs interlocuteurs, surtout ceux qui manquent eux-mêmes d'assurance. Faire perdre la face à l'autre en mettant les siens de son côté est une attitude classique pour manipuler. Un humour dévalorisant, assorti de petites phrases qui font état d'une grande intelligence et d'une remarquable culture, est un jeu fort prisé en France. Ils mettent en doute les qualités, la compétence et la personnalité des autres : ils jugent et critiquent sans en avoir l'air. Ils deviennent même des persécuteurs qui n'hésitent pas à diviser pour régner, ni à organiser des vengeances secrètes ou à dramatiser la moindre incartade. Ils aiment culpabiliser en exploitant le fond des convictions, interdits et scrupules dont chacun est dépositaire. Ils parlent de conscience professionnelle, de confiance déçue et même, pourquoi pas, d'amitié trahie... Ils font croire aux autres qu'ils doivent être parfaits, qu'ils ne doivent jamais changer d'avis, qu'ils doivent tout savoir et répondre immédiatement aux demandes et aux questions. « Tiens, je croyais que vous saviez... », disent-ils d'un air innocent !

La persécution peut être plus violente : étude de l'organisation faite pour programmer des mises sur la touche, objectifs sciemment impossibles à atteindre ou délégation organisée pour « faire porter le chapeau » au rival innocent. Les dévalorisateurs menacent de façon déguisée ou pratiquent un chantage ouvert.

Exagération, simulation...

La méthode est simple : partir de l'information émise par l'autre, n'en retenir qu'un aspect, l'exagérer et le caricaturer, en faisant croire que ce qui est dit n'est que le reflet sincère de l'information émise par l'autre. Répéter cette information ainsi défigurée et la manipulation est réussie... De l'exagération à la simulation, il n'y a qu'un pas vite franchi. Dans ce cas, les manipulateurs mentent, ils prêchent le faux pour savoir le vrai, déforment et interprètent. Ils utilisent les rumeurs pour déstabiliser ou pousser au départ. Ils n'hésitent pas à faire des promesses qu'ils savent très bien ne pas pouvoir honorer. Ils s'attribuent systématiquement les mérites du travail réalisé par d'autres (un grand classique !). Ils jouent la surprise et affirment crânement : « Mais je n'ai jamais dit ça... C'est un malentendu... » Ils adorent commencer leurs phrases par «... Parlons franchement... Vous pouvez être en confiance avec moi… Disons-nous tout… », en prenant des airs engageants. Ils répondent de façon floue. Ils ne communiquent pas clairement leurs demandes, leurs besoins, leurs sentiments ni leurs opinions, ou ils invoquent des raisons logiques pour déguiser leurs demandes, ou ils changent sciemment de sujet au cours d'une conversation. Ils ont besoin d'enrober et d'utiliser des pratiques indirectes. Ils regardent rarement en face leurs interlocuteurs, mais ils leur arrivent aussi de mentir avec culot, soutenant tranquillement le regard de l'autre qui sait qu'ils mentent mais n'est pas en position de pouvoir le dire devant les autres.

Séduction, illusion…

Les manipulateurs de cette catégorie se montrent, la plupart du temps, souriants et agréables tout en maniant les compliments avec habileté, car, pensent-ils, le rapprochement avec les autres doit être tactique pour réussir : il faut plaire et flatter. Pour séduire leur interlocuteur, ils savent adapter leur attitude à celle de l'autre. Ils peuvent aussi changer leurs sentiments, leurs comportements ou leurs opinions selon les personnes ou les situations. Ils savent être tout à coup aux petits soins pour la personne qu'ils veulent mettre de leur côté : petits cadeaux, petits gestes sympathiques, petits services bienvenus. Ils savent aussi bien faire illusion. « Je vous défendrai toujours », clament-ils. « Vous pouvez compter sur moi ! » On est si désireux que ce soit vrai qu'on les croit : ces séducteurs le savent et en profitent. « On verra bien quand la situation se présentera… En attendant, je les tiens… » Ils affirment aussi : « On est une équipe solidaire… tous dans le même bateau… » Ils savent que la réalité est bien différente : les intérêts peuvent être différents, sinon opposés, mais les bons sentiments et les bonnes intentions plaisent tellement et permettent d'obtenir ce que l'on veut, au moins pendant un moment ! Magiciens, ils savent ce qui est bon pour vous. Ils l'affirment avec tant d'assurance que beaucoup se laissent séduire par ce genre de gourou qui ne veut que leur bien. En fait, ils veulent surtout le leur et se servent de l'espoir des autres en leur pouvoir. Ils connaissent toujours « qui il faut, là où il faut ». Ils ont, paraît-il, « un carnet », leurs entrées et sorties. Il suffit de passer par eux et tout s'arrange. Si ce n'est pas le cas, c'est bien sûr, la faute des autres.

Les malchanceux et les irresponsables

… Ce sont des victimes. En tout cas, ils savent se présenter comme tels pour se faire plaindre et obtenir ainsi quelques avantages. Leur pouvoir, souvent ignoré, est cependant important. Comment se désintéresser d'un malheureux sans être coupable ? Par définition, puisqu'il est victime, il est irresponsable, ce n'est pas de sa faute, il est gentil et les autres ont été méchants avec lui. Il est mal vu de l'attaquer, de s'en méfier et de ne pas répondre à ses demandes. On ne peut pas faire ce que l'on veut, même si on pense que c'est légitime. À peine a-t-on eu le temps de s'expliquer que la victime a pris

le pas sur nos désirs d'intervention. La victime a eu davantage de pouvoir, car elle a les autres avec elle : bienséance, bonté, générosité, pitié sont les sentiments naturels et spontanés.
On distingue trois genres classiques de « victimes ». Ce sont d'abord les éreintés, les débordés, les surmenés, tous ceux qui affirment : « Ici, tu sais, c'est marche ou crève. » Ensuite, il y a les malheureux et les malchanceux qui exagèrent tous les ennuis dont ils sont accablés (« Et pourtant j'ai tout fait », affirment-ils). Enfin, les pessimistes, victimes s'il en est : les uns estiment que « rien n'est possible » de tout ce qui leur est demandé de réaliser, les autres, plus subtils, affirment ne rien y comprendre et s'avouent donc incapables de pouvoir faire ce qui est souhaité, à leur corps défendant bien sûr !
C'est en mettant en œuvre ces pratiques que ces manipulateurs exercent leur pouvoir et arrivent à leurs fins.

2. La manipulation telle qu'on en parle

Entre ce qui se pratique et ce qu'on en dit, il existe quelques différences intéressantes à préciser.

Ambiguïté et contradiction

La pratique de la manipulation existe ; cependant chacun affirme qu'il est exempt de toute tentation de ce genre, que manipuler est condamnable, mais que malheureusement les autres ne sont pas tous aussi scrupuleux que lui. Ces belles paroles cachent bien des ambiguïtés et des contradictions. L'auteur de ce livre, comme tout le monde, ne peut que partager et accepter l'attitude de rejet, motivée par le sens moral. Il ne saurait être question de cautionner le manque de respect et le mépris de l'autre : bien sûr, les cyniques existent, mais pour les autres. Cependant, force est de constater la distance entre dire et faire. Il convient de se méfier de ceux qui affirment sans complexe : « Moi, je n'influence personne, je laisse une grande liberté à mes collaborateurs, j'encourage l'autonomie. »

Chacun sait que le B. A.-Ba du parfait petit manipulateur est d'abord d'affirmer très haut qu'il ne manipule pas et qu'il est contre la manipulation ! Il est important d'être lavé de tout soupçon. Car la première condition d'une mystification réussie consiste précisément à éloigner tout soupçon de son auteur. Il faut inspirer confiance et se donner une image de personne loyale et honnête, au moins dans le discours.

Et pourtant que de discours sur le travail en équipe et la bonne entente, qui ne cachent qu'un simple désir du manager de voir ses collaborateurs suivre ses directives sans manifester de résistances qui seraient immédiatement considérées comme une atteinte à la bonne entente et à l'esprit d'équipe ! Cette magnifique dénonciation collective de la manipulation s'accompagne d'une égale admiration pour le manipulateur dont les comportements seront qualifiés de grande habileté dans les relations et d'intelligence devant certaines situations. Une certaine culture française magnifie la ruse, le contournement de la loi (le système D) et l'art de manipuler pour dominer les autres : bien négocier veut dire souvent « réussir au détriment de l'autre » et non pas le fameux « gagnant-gagnant » souvent annoncé. Ce qui n'empêche pas les grandes déclarations morales contre la manipulation.

Interdiction et prohibition

Le mot « manipulation » est un mot tabou. Pourtant, il est fréquent d'entendre que l'on vit dans une société où la manipulation se généralise et gagne tous les secteurs d'activité[2]. Certains avancent même que le développement des sciences humaines (psychologie clinique, psychologie sociale, psychosociologie, etc.) ne peut qu'accroître l'aptitude à manipuler les autres. Il se développe par contrecoup un grand souci de savoir se défendre de cette manipulation grandissante. Les formations aux méthodes d'analyse transactionnelle, de programmation neuro-linguistique (PNL), d'affirmation de soi sont-elles des arts déguisés de manipuler ? « Certainement pas… », affirment en chœur leurs adeptes. Pourtant, les stagiaires, de plus en plus nombreux, qui viennent s'entraîner à ces méthodes ne cherchent-ils pas à savoir mieux influencer (ou manipuler) les autres ? En tout cas, personne n'annonce, en début de stage, au moment de déclarer ses objectifs, qu'il vient pour « apprendre à manipuler ». C'est mal vu et interdit. On peut parler d'influence, mais certainement pas de manipulation. Il existe une différence, sans doute, mais laquelle ?

Une chose est sûre, dans le langage courant, influencer est peut-être acceptable, mais manipuler ne l'est sûrement pas !

Les dangers de la prohibition

S'il est clair qu'il faut refuser toutes manifestations évidentes de manipulations malhonnêtes (violences psychologiques et autres harcèlements moraux), force est également de reconnaître l'équivoque d'un refus total. En effet, s'opposer à toute idée de manipulation peut procéder d'une fuite devant la réalité de la relation. Considérant tout le poids de méfiance, il n'est pas interdit de penser que les grandes convictions antimanipulatrices affichées masquent peut-être une certaine réticence à communiquer, une peur inconsciente de l'autre… Tant il est vrai qu'à entrer en relation on prend des risques (être entraîné à se livrer, à se laisser déstabiliser, etc.) et qu'en définitive communiquer

2. I. Ramonet, *La tyrannie de la communication*, Galilée, 1999.

c'est tout aussi dangereux qu'intéressant ou peut-être intéressant parce que dangereux, mieux encore, vraiment intéressant si c'est dangereux !

Une tradition : influence et manipulation

On a généralement tendance à définir l'influence comme une relation toujours honnête et la manipulation comme une relation toujours malhonnête[3]. Cette distinction reste exacte pour les cas où apparaît de façon manifeste l'honnêteté ou la malhonnêteté de la situation par exemple l'attitude positive d'affirmation de soi ou le comportement nuisible d'exploitation de la naïveté des personnes trop confiantes.

Dans de nombreux autres cas (les plus fréquents), il n'est pas si simple d'apprécier le degré d'influence positive et le degré de manipulation nuisible, car, dans les deux cas, les mécanismes d'influence sont identiques. Un même comportement sera positif ou nuisible selon la personnalité de l'interlocuteur, le milieu dans lequel il vit, le contexte conjoncturel, l'environnement, etc. Il n'y a pas de frontière exacte car cette distinction entre influence et manipulation varie suivant de nombreux facteurs. Utiliser les termes génériques d'influence ou de manipulation n'apportera pas d'aide pratique pour être lucide sur ce que l'on fait. En revanche, leur utilisation a l'inconvénient de faire croire qu'il y a une nette différence entre les deux, alors qu'il s'agit des mêmes comportements ou du même mécanisme relationnel qui devient positif ou négatif suivant les circonstances.

Cette distinction présente en outre le désavantage de diaboliser la manipulation et de donner le fâcheux réflexe de se réfugier dans la belle et honnête influence, quoi que l'on fasse. Enfin, elle peut faire croire qu'il est possible d'influencer positivement, sans trace de manipulation négative, ce qui est rare.

Distinguer ainsi nettement les deux peut amener une personne à agir en partie négativement, sans s'en rendre compte, et donc à supporter les conséquences négatives de son acte sans comprendre ce qui s'est passé. En général, la personne attribue ces rebondissements déplaisants à la malveillance de son interlocuteur, ce qui n'arrange rien. C'est pourquoi il semble plus efficace d'employer un seul mot comme nous le verrons ci-dessous pour montrer qu'il s'agit d'un même phénomène qui peut avoir des avantages et des inconvénients selon les circonstances ou les interlocuteurs. Cet usage met la personne en alerte, en prudence, en réflexion attentive pour mieux s'y prendre avec l'autre,

3. Ce que nous avons fait dans notre ouvrage *L'entreprise négociatrice*, Dunod, 1997, car nous n'avions pas encore trouvé le concept de manifluence.

en lui interdisant une dangereuse bonne conscience. Il n'y a qu'un même mécanisme de relation et de communication, qui a des avantages et des inconvénients, qui peut être utilisé avec adresse, habileté, honnêteté et efficacité : il y a aussi un bon usage de la manipulation.

3. Pour une autre façon d'en parler : la manifluence

Dans le langage courant, la manipulation est présentée de façon négative. Une façon innovante d'en parler est précisément de dire qu'il peut y avoir certainement un usage abusif, mais également un bon usage. Ce néologisme veut indiquer que toute relation et toute communication sont rapports de pouvoir et d'influence réciproque comportant toujours un risque, peut-être faible et partiel, de manipulation négative.

Qu'est-ce que la manifluence ?

Il y a manifluence entre A et B, si A ou B accomplit des actions qu'il n'aurait sans doute jamais entreprises sans l'intervention de B ou de A, quand bien même il aurait agi avec plus de difficultés ou plus tardivement. Chacun exerce un pouvoir sur l'autre : communiquer, c'est savoir donner en sachant recevoir, c'est transmettre à l'autre un savoir, un savoir-faire, un savoir-être, c'est l'influencer, c'est obtenir de lui, en boomerang, du savoir, du savoir-faire et du savoir-être. Tous les formateurs savent bien que leurs stagiaires les influencent, tous les managers constatent tous les jours que le pouvoir n'est pas toujours là où on le croit. On parle ici autant, sinon plus, de relations non verbales (regards, gestes, mais surtout actions menées ensemble) que d'échanges verbaux. De nombreuses études – et l'expérience de chacun – montrent que ce que l'on fait ensemble, ou fait faire, a plus d'influence et de pouvoir que ce que l'on dit. La manifluence couvre tous ces types de relations.

Tous manipulateurs et tous manipulés. Chacun cherche à avoir avec les autres une relation satisfaisante, source de son énergie personnelle, et ainsi d'obtenir de l'autre ce qui lui est nécessaire pour ne pas perdre, pour maintenir et développer cette énergie dont il a besoin pour poursuivre. L'enjeu est important et la manifluence est au cœur de ce phénomène et de ce mécanisme qu'il serait dommage de ne pas utiliser sous prétexte que certains en abusent inconsidérément. Quoi qu'il en soit, puisqu'il s'agit d'un même mécanisme d'« influence-manipulation », il est peut-être temps d'en parler autrement. Pour cela, nous proposons ici d'utiliser un seul et même mot : la *manifluence*, et d'en décrire plus en détail les mécanismes généraux.

C'est pourquoi il convient de bien cerner ce qui permet d'avoir du pouvoir sur l'autre. Bien sûr, ce pouvoir peu ou très puissant aura des conséquences peu ou très bénéfiques ou très ou peu maléfiques. Mais, pour le moment, tel n'est pas le propos, bien que le stéréotype culturel soit différent en effet : si quelqu'un a un pouvoir plus élevé sur l'autre, il va le manipuler négativement. Ce n'est pas dans la mentalité française de penser que ce pouvoir supérieur puisse être bénéfique. C'est la vieille tradition de l'autorité malfaisante, bien qu'il ne semble pas que la réalité soit toujours celle-là. Il est temps de constater que le pouvoir sur l'autre peut être aussi un pouvoir bénéfique : n'est-ce pas ce que souhaitent d'établir nombre d'éducateurs (parents, professeurs, religieux...) ou de manager?

C'est pourquoi, sans se préoccuper immédiatement de conséquences négatives ou positives, nous allons décrire quelques-unes des composantes de la manifluence qui vont accroître ou diminuer la capacité d'obtenir de l'autre ce que l'on veut. De nombreux exemples seront donnés dans les exposés où les composantes spécifiques de chaque type de manifluence seront décrites avec précision. C'est pourquoi seuls quelques mécanismes généraux, non exhaustifs mais déterminants, seront présentés ici. Ces mécanismes ne précisent pas si cette relation de manifluence a des conséquences positives ou négatives; en revanche, ils déterminent clairement le degré de puissance de la manifluence.

Les composantes de la manifluence

La lucidité sur l'objectif à atteindre

Dans une relation, celui qui est conscient de l'objectif qu'il veut atteindre a plus de chance d'avoir de l'influence sur l'autre. Plus la différence de lucidité est grande, plus est puissante la manifluence. Celui qui ne se rend pas bien compte de l'objectif que l'on veut lui faire atteindre a fatalement moins de pouvoir. C'est pourquoi, le temps de la petite enfance, peu consciente, est le temps fort de la manifluence sur l'être humain. Ainsi la personne consciente peut obtenir plus facilement de l'autre ce qu'il veut, et son interlocuteur, peu conscient, a le sentiment que son comportement est librement consenti[4]. Ainsi les degrés variables de conscience réciproques déterminent, pour une part, les degrés de puissance de la manifluence.

Réponse à des souhaits

Le désir et la motivation déterminent aussi le degré de puissance de la manifluence de l'autre. Si le comportement proposé correspond à un souhait de la personne, la manifluence aura un fort impact automatiquement. Connaître les motivations de son inter

4. Cf. R.-V. Jouve et J.-L. Beauvois, *La soumission librement consentie*, PUF, 1998.

locuteur permet d'exercer une manifluence importante sur lui. Mais cette personne peut avoir des besoins cachés et des souhaits apparents différents. Ou bien ces souhaits divergent trop de ses capacités réelles à les réaliser : elle a des projets inaccessibles. En ce cas, la manifluence disparaîtra vite. Pour que la manifluence soit puissante, il convient que les souhaits de la personne (c'est-à-dire ses goûts et ses ambitions) soient cohérents avec ses capacités. Alors, la personne sera prête à faire tout ce qui lui sera demandé si sa conduite lui permet de réaliser ses souhaits.

Informations réciproques et décision

Celui qui possède plus d'informations que l'autre est en meilleure position pour exercer une manifluence forte : l'expert fait autorité. Mais les informations réciproques différentes que peuvent posséder deux personnes permettent une manifluence réciproque, si chacun a besoin des informations que possède l'autre. Chacun est amené à décider dans la vie ce qu'il doit faire : c'est une nécessité. Personne n'y peut échapper. C'est souvent un grand stress. La seule façon de diminuer ce stress est d'obtenir les informations suffisantes qui permettent la bonne décision. Si on ne peut accéder aux informations utiles, l'angoisse croît d'autant. Celui qui peut apporter les informations dont on a besoin sera en position d'exercer une manifluence puissante. Cette puissance est liée à l'importance de la décision : orientation de carrière, santé (faut-il se faire opérer ou non ?) orientation de vie (se mettre ensemble ou non ?). Tout ce qui permet de diminuer cette angoisse par l'information sera reçu avec grand intérêt et la manifluence pourra s'exercer largement.

Réflexion et réflexe

Dans la vie, chacun agit la plupart du temps par automatisme. Personne n'a le temps nécessaire pour décortiquer tous les éléments constitutifs d'une situation, ce qui permettrait pourtant d'agir comme il convient. L'analyse a été réalisée une fois et les conclusions qui en ont été tirées sont réutilisées, sans remettre en cause à chaque fois cette analyse. L'action n'attend pas et le temps est précieux. Ainsi, des réflexes découlant de réflexions antérieures justifiées ne se révèlent plus forcément aussi opportuns maintenant, mais continuent d'avoir cours. La manifluence fondée sur ces réflexes automatiques non réfléchis est très puissante, car ces réflexes représentent une partie de notre vie. On en trouvera de nombreux exemples dans chaque exposé.

Les souvenirs

À l'origine, il y a une rencontre entre une personne et une situation. Pour répondre à cette situation, la personne adopte certains comportements qui la mènent à la réussite. Elle les enregistre pour les réutiliser dans de semblables circonstances : elle a trouvé un moyen de mieux vivre. Au fil des années, elle collationne ainsi tous ses comportements heureux et utiles, les intègre et les met en réserve. C'est son trésor personnel, c'est sa personnalité. Si on la remet dans une de ces situations, elle va y répondre par le comportement qu'elle est habituée à utiliser pour y faire face efficacement. La manifluence reprend ce phénomène naturel. Elle permet d'obtenir le comportement souhaité en mettant en scène la situation qui déclenche ce comportement. « Si on est gentil avec moi, je suis prêt à rendre service... Dès l'enfance, c'est ainsi que j'obtenais de l'affection de ma mère... » Plus il y a concordance entre les souvenirs de la personne et ce qui lui est proposé de faire, plus la manifluence est puissante. Bien sûr, la manifluence peut s'exercer pour obtenir un refus d'agir dans un certain sens en fonction de souvenirs douloureux.

Interactions entre les facteurs

Les exemples donnés peuvent agir seuls, mais ils peuvent également interagir entre eux et renforcer ainsi la puissance de la manifluence. Prenons une personne ayant déjà une conscience claire de ce qu'elle veut obtenir de l'autre. Imaginons qu'elle s'arrange ou qu'il se trouve que ce qu'elle va lui demander de faire va dans le sens des souhaits de cet interlocuteur (ceux qu'il est capable de réaliser), lui apporte des informations qui lui permettent de décider plus facilement, ne demande pas des réflexions difficiles et rappelle (consciemment ou non) des souvenirs positifs. La personne a alors de fortes chances d'obtenir ce qu'elle veut. La manifluence a eu lieu et a permis d'obtenir ce résultat. Ce n'est pas pour autant que ce résultat sera automatiquement négatif ou positif. Cela dépendra de bien d'autres facteurs. D'ailleurs, ce résultat peut être un mélange de résultats positifs et négatifs. C'est bien cela la manifluence : le phénomène psychologique d'influence ou de manipulation sans préjuger de ses conséquences.

■ Degré de conscience et d'inconscience

Chacun de ces facteurs existe et donne de la puissance à la manifluence, même s'ils sont peu conscients. La personne ne se rend pas bien compte qu'elle atteint un souvenir important, mais elle sent que ce qu'elle dit et fait avec son interlocuteur a un fort impact et va dans le sens qu'elle souhaite. Alors, elle continue et se dit qu'elle recommencera à agir de la même façon la prochaine fois, puisque cela lui permet de mobiliser l'autre. Cependant, son interlocuteur, peu conscient sur le moment qu'il est influencé par un vieux souvenir, peut s'en apercevoir plus tard ou après avoir été influencé plusieurs fois de la même façon, surtout si c'est à son désavantage. Ainsi, la définition traditionnelle du manipulateur négatif, parce que ce dernier est très conscient d'une tactique malfaisante, est incomplète et uniquement morale. En effet, une personne peut exercer une manifluence très négative sur son interlocuteur en étant à moitié consciente (ou même à peine consciente), ce qui l'absout au plan moral (elle ne l'a pas fait exprès !), mais ne l'absout pas au plan psychologique. La manifluence s'exerce avec ses avantages et ses inconvénients à tous les degrés de conscience et d'inconscience. Le savoir permet d'y être plus attentif et d'agir en conséquence.

Analysons maintenant plus à fond, la différence entre le bon usage de la manifluence et ses abus.

4. Du bon usage de la manifluence

Ce bon usage passe d'abord par une prise de conscience. On ne peut obtenir de communication ni de relations sans risque d'abus, c'est pourquoi il est bon d'être attentif aux résultats et aux conséquences possibles de toutes relations pour développer ce bon usage de la manifluence.

La définition du bon usage

La tradition, comme on l'a vu, rassure chacun en lui indiquant que l'influence et la communication sont sans risques, quasiment toujours positives, tandis que seule la manipulation est dangereuse.

Danger de la définition habituelle

Regardons les définitions données habituellement dans les dictionnaires.

- *Communication* : action de transmettre quelque chose à quelqu'un en étant en rapport avec lui.
- *Influence* : ascendant de quelqu'un sur quelqu'un d'autre qui lui permet d'orienter son comportement.
- *Manipulation* : action d'orienter le comportement de quelqu'un dans le sens que l'on désire et sans qu'il s'en rende compte.

On voit bien que ces trois actions ont toutes des risques de résultats négatifs (ou positifs). Entre communication et influence, les seules différences concernent la puissance (l'ascendant) sur l'autre. Entre influence et manipulation, la première différence concerne l'action d'« orienter le comportement dans le sens que l'on désire ». Mais a-t-on vu quelqu'un vouloir orienter le comportement de son interlocuteur dans un sens qui ne lui convient pas! Comme le mot « manipulation » est en général connoté, la définition suggère que ce que l'on désire pour l'autre est toujours mauvais pour lui : ce qui arrive certes (les intérêts et les goûts peuvent diverger), mais de là à en faire une loi générale et systématique semble un peu pessimiste. La deuxième différence souligne un aspect important : l'influence serait claire et sans mystère, alors que la manipulation serait occulte, comme l'indique l'expression « sans qu'il s'en rende compte ». Là aussi, il est bien sûr exact qu'une personne qui ne voit pas clairement dans quel sens on veut orienter son comportement est davantage en danger qu'une autre qui peut s'en rendre compte. Les enfants sont toujours dans cette situation et les parents ne leur veulent pas systématiquement du mal (sauf de rares cas tragiques) et leur apportent aussi, malgré toutes ces maladresses, des aides positives. C'est pourquoi nous proposons de dépasser ces clichés hérités de la tradition : bienfaisance de l'influence et malfaisance de la manipulation, car ils ne nous paraissent pas assez fiables pour nous indiquer les abus ou le bon usage de la manifluence.

Une nouvelle approche : par les conséquences

La différence entre abus et bon usage

Pour savoir s'il y a abus de manifluence, il convient d'observer le résultat obtenu et de constater si ce résultat se révèle bénéfique ou négatif, à la fois pour soi et pour l'autre, ce qui, en principe, était prévu mais peut se révéler moins vrai une fois le résultat réellement obtenu. Ce résultat peut assez souvent manquer de clarté. Il convient alors de faire un bilan des avantages et des inconvénients et de voir si la balance penche franchement dans le sens des avantages ou des inconvénients. Par exemple, on a pu obtenir la confiance de son interlocuteur sans avoir éliminé toute méfiance, mais cette confiance est suffisante pour ce que l'on a à faire avec cette personne. La loi essentielle est de voir les conséquences de la manifluence, vis-à-vis de la personne et de son environnement[5] : conséquences heureuses, bon usage, conséquences malheureuses, mauvais usage.

Il convient que ces résultats et ces conséquences soient cohérents (avec la morale personnelle, celle de son interlocuteur et la morale collective), c'est-à-dire l'ensemble des valeurs individuelles et collectives qui doivent être respectées et mises en pratique dans le milieu où s'exerce la manifluence. Plus ces valeurs sont claires, acceptées, mises en pratique, plus les abus de la manifluence seront rares. Plus ces valeurs sont confuses, peu comprises et donc rarement mises en pratique, plus les abus de la manifluence seront fréquents. Le bon usage est la somme des conséquences bénéfiques et du respect des valeurs. Dans certains cas, l'environnement aura peu d'influence (tout est dans le comportement personnel), dans d'autres cas, ce sera primordial (tout est dans la création d'une situation propice où tout est dans l'art de profiter des circonstances). Ces valeurs individuelles seront primordiales ou ce seront les valeurs collectives qui l'emporteront.

Enfin, souvent la relation n'est pas si tranchée, elle passe progressivement d'une relation claire de manifluence positive et bénéfique pour l'interlocuteur à une relation plus ambiguë, mêlant une partie bénéfique et une partie plus abusive, pour finir par une manifluence négative et dévastatrice. L'essentiel est de réfléchir aux résultats prévisibles ou constatés en termes de valeurs et de conséquences.

Une nouvelle approche pour critiquer les abus : l'effet boomerang

Le reproche essentiel qui est en général fait à l'usage abusif de la manifluence consiste à la dénoncer pour son immoralité. Ce qui est vrai, mais, hélas, peu opérationnel car, dans notre culture française où la morale a de moins en moins d'importance, c'est en général celui qui est abusé qui affirme bien haut l'immoralité de cet abus. En même temps, beaucoup (même ceux qui ont été abusés) admirent secrètement l'habileté et l'intelligence de celui qui abuse. Sans

5. C'est la loi prônée par l'analyse transactionnelle. Cf. D. Chalvin, *Outils de base de l'analyse transactionnelle*, ESF éditeur, 2000.

oser l'avouer, nombre de participants aux stages de développement personnel viennent apprendre l'art d'avoir du pouvoir sur l'autre pour obtenir ce qu'il veut. La critique sûrement morale de l'usage abusif se révèle souvent ambiguë et peu opérationnelle. La nouvelle approche par les conséquences a plus de chance d'être efficace, car elle montre les limites pratiques de cette façon de faire grâce à l'effet boomerang.

En effet, en dehors de toute morale, celui qui abuse peut souvent s'apercevoir que son attitude va lui créer de nombreux ennuis qu'il n'avait pas prévus : passivité, agressivité, méfiance, perte de crédibilité, vengeance, revanche, développement de l'usage abusif par ceux qui ont été abusés et aussi par les autres, en tache d'huile. C'est *l'effet boomerang* de l'abus. Il sera donné dans les exposés suivants de nombreux exemples d'abus spécifiques à chacun des types de manifluence décrits. L'exercice de l'autorité est un bel exemple : une grande méfiance continue d'exister vis-à-vis de ceux qui en sont investis, due en grande partie à des habitudes d'utilisation abusive de la manifluence par ceux qui l'exercent.

Les méthodes de développement personnel et la manifluence

Les méthodes connues, comme l'analyse transactionnelle, la PNL, l'affirmation de soi, les préférences cérébrales, le *coaching*, etc., n'échappent pas aux risques d'abus et de mauvais usages. Il est parfois de bon ton de dire que ces méthodes sont exemptes de tout abus et ne peuvent en aucun cas être utilisées de façon immorale et négative. L'approche indiquée ici affirme le contraire. Ces méthodes enseignent, en fait, la manifluence, donc elles présentent des risques d'abus. L'approche par les conséquences permet de savoir si on en fait un bon usage. Que chacun des formateurs et des stagiaires soit conscient qu'un risque peut être encouru constitue certainement un bon moyen de développer le bon usage de ces méthodes. D'autant qu'elles enseignent l'approche par les conséquences et décrivent des moyens pratiques pour analyser précisément les conséquences de ces actes. Des grilles nombreuses permettent de définir les résultats les plus probables de certaines façons d'agir, avec leurs avantages et leurs inconvénients. Les formateurs dans ce domaine savent bien que les méthodes qu'ils enseignent les aident à percevoir combien leur utilisation maladroite peut avoir des conséquences négatives; cependant, ils savent aussi combien ces méthodes aident efficacement à pratiquer un bon usage de la manifluence.

Agir pour diminuer les abus

Il sera donné, dans les exposés suivants et pour chaque type de manifluence, de nombreux exemples d'actions à mener ou d'attitudes à adopter pour se défendre des abus, qu'il est donc inutile de reprendre ici. Y seront décrites les attitudes qui sont valables pour tout abus. Quelques exemples utiles pour maîtriser ces abus dans le cas où l'on abuse comme dans celui où l'on est abusé.

Les cas où la personne abuse

L'abus peu conscient : « Moi, je n'abuse jamais ! »

L'abus, appelé manipulation, a été tellement diabolisé que personne n'ose avouer ni même penser qu'il le pratique. D'ailleurs, le manipulateur sait bien que le meilleur moyen d'abuser est d'endormir son interlocuteur en le mettant en confiance. L'intérêt de la notion de manifluence est d'empêcher cette attitude car, si l'on sait que tout le monde risque d'abuser ou d'être abusé, chacun devient prudent et attentif pour ne pas subir, à son détriment, un jour ou l'autre, l'effet boomerang.

Ne pas se contenter de bonnes intentions

Selon l'approche indiquée ici (c'est-à-dire par les conséquences), il ne suffit pas d'avoir de bonnes intentions, d'« influencer avec intégrité », il convient encore que les conséquences de ses actes soient bénéfiques, sinon, même avec de bonnes intentions, on peut créer une situation d'abus : la bonne foi et la bonne volonté ne suffisent pas pour bien faire. De nombreux conseils donnés peuvent être dangereux si la loi des conséquences positives n'est pas la loi définitive. Par exemple, bien écouter l'autre peut être positif, mais, à l'inverse, un excès d'écoute peut rendre l'écoutant passif et dépendant. Dans ce cas, on dira qu'il y a usage abusif de la manifluence puisque le résultat est négatif. Certes, la morale est sauve (bonne intention) mais cela ne suffit pas à diminuer l'usage abusif.

Une bonne façon de développer un bon usage consiste à ne pas se contenter de bonnes intentions mais à juger sur les résultats.

Se méfier des joies réelles, mais dangereuses de l'abus

Finalement, ce n'est pas forcément très compliqué de pratiquer un usage abusif de la manifluence. Dès la petite enfance, chacun a commencé à s'y essayer avec succès, étonné et grisé par la facilité avec laquelle il est possible d'obtenir l'effet recherché auprès des grandes personnes si puissantes : exagérer un ennui ou une fatigue pour obtenir de l'affection, un petit mensonge pour faire croire à maman que papa est d'accord, savoir se faire bien voir pour supplanter le frère encombrant, etc. Il suffisait d'ailleurs d'imiter les grandes personnes en famille, d'abord, puis à l'école et, enfin, au travail, son chef et ses collègues. On arrive même à devenir psychosociologue pour mieux le pratiquer. L'« usage abusif » est pratiqué par tout le monde, accompagné du rejet généralisé de cet abus. L'usage abusif donne un sentiment de pouvoir et de réussite assez grisant. Bien souvent, cette joie est de courte durée (pas toujours, c'est vrai !), car le phénomène « boomerang » ne tarde pas à se manifester avec tous les ennuis qu'il amène. Malgré tout, la tentation est grande. C'est pourquoi il est essentiel d'avoir le droit d'utiliser la manifluence, même si le bon usage s'apparente à l'usage abusif (c'est pour l'essentiel le même processus), avec des conséquences positives, si elle reste honnête.

Se permettre le bon usage de la manifluence

Un bon moyen de diminuer les abus consiste à encourager le bon usage. Vouloir influencer et obtenir des autres ce que l'on souhaite est intrinsèque à toutes relations. La communication vise cet objectif. C'est le phénomène que veut décrire la manifluence. Puisque manifluence il y a, autant en parler et oser agir ainsi, en veillant à en faire bon usage, comme on l'a défini. L'interdiction d'agir conduit à ne le faire que de façon abusive. Que chacun lève cet interdit, se permettre d'influencer, mais en respectant les critères du bon usage. Le développement de cet état d'esprit est un des moyens de diminuer les abus, en les remplaçant par un bon usage de la manifluence qui, souvent, permet d'arriver au même résultat.

Le cas où la personne subit un usage abusif

Il existe deux actions fondamentales à connaître pour diminuer les abus.

Connaître les situations provocatrices

Nous avons tous des schémas préétablis automatiquement dans la vie (90 % des cas, disent les spécialistes). Nous les avons sélectionnés et mis en place parce qu'ils étaient en général justifiés au début de leur utilisation et sont même statistiquement valables. Mais il reste des cas où ils ne sont pas adaptés, et c'est là où la personne peut être abusée et se faire piéger. Il est impossible d'étudier, de supputer, d'évaluer tous les facteurs d'une situation. On doit décider vite et donc utiliser très souvent et avec bonheur ces automatismes jusqu'au jour où l'on tombe sur le cas où il est mal adapté. On connaît peu ces cas. Ils surprennent. Ils rendent vulnérables à ceux qui connaissent les déclencheurs de nos réactions automatiques. Ils tirent ainsi partie des réserves d'influence que recèle ce type de relation.

On se laisse également abuser par un manque d'informations. Dans ce cas, l'abus marche parce qu'on n'utilise qu'un aspect de l'information sans exploiter le reste de l'information disponible, on ne voit ainsi qu'une facette de la situation. Et, comme dans la vie d'aujourd'hui, on est souvent pris par le temps, on a cherché un raccourci, n'ayant pas le temps d'analyser toutes les informations mises à notre disposition. On utilise le premier élément qui vient à l'esprit, on se met alors en position d'être abusé. Pourtant, chacun est capable de bien décider en tenant compte d'une multitude d'éléments. Deux situations très fréquentes ont été citées en exemple, mais chaque personne connaît celles dans lesquelles elle s'est faite piéger : y être attentif permet de diminuer leur effet négatif.

■ Voir en quoi l'on est complice des abus subis : les manipulables

La personne victime d'un usage abusif de la manifluence est trop souvent présentée comme entièrement irresponsable. Or, c'est rarement le cas. De toute façon, quand on a subi un abus, il est préférable de partir de l'hypothèse qu'il est fort probable que l'on y a prêté le flanc, souvent sans le faire exprès d'ailleurs : s'interroger pour le découvrir est très utile pour diminuer le renouvellement de tels abus. Trop de gentillesse va inciter l'autre à exploiter la situation. Trop d'agressivité peut susciter une violence réciproque[6]. Être lucide sur son caractère est un atout. Diminuer les abus c'est aussi diminuer cette complicité, en soulignant que, là aussi, le fait « de ne pas l'avoir fait exprès » ne diminue en rien la nocivité de cette attitude, source d'accroissement des abus, même si on a sa conscience pour soi. Car telle est la loi de l'approche par les conséquences.

■ Ne pas faire la morale mais agir autrement

La tentation est grande pour la personne abusée de faire la morale à celui qui en a profité. La définition traditionnelle (à connotation essentiellement morale) de l'usage abusif conditionne de nombreuses personnes à réagir ainsi. À la rigueur, ce n'est pas inutile de le faire dans sa tête pour se défouler. Mais agir ainsi ne sera souvent qu'une agression peu efficace qui risque de susciter un autre usage abusif pour se défendre. Il est préférable de voir les actions à mener soi-même et avec d'autres pour empêcher les conséquences négatives et le renouvellement de tels agissements, c'est-à-dire quelles manifluences astucieuses (de bon usage) il sera possible d'utiliser.

Connaître les défenses possibles contre les abus : la stratégie

On en donnera de nombreux exemples spécifiques dans les exposés. Voici quelques exemples qui relèvent du bon usage de la manifluence :

1. Repérer les abus répétitifs chez les personnes de son entourage pour être conscients (non automatiques), et donc aptes à les arrêter.

2. Se dédoubler s'il y a un rapport de pouvoir fort qui ne permet pas de se défendre ouvertement, et mimer la soumission un moment avant de pouvoir s'échapper (bon usage de la manifluence).

3. Être indifférent, mimer l'indifférence pour ne pas donner prise à la flatterie, la culpabilité, etc.

4. Ne pas trop espérer une relation honnête et positive (la personne qui abuse ne change pas facilement) et ne pas croire automatiquement ses déclarations « franches et honnêtes ». C'est souvent une nouvelle manipulation.

5. Ne pas hésiter à faire un bon usage de la manifluence pour le contrecarrer en utilisant en particulier des méthodes comme l'analyse transactionnelle, la PNL ou l'affirmation de soi ou les préférences cérébrales et d'autres (voir en particulier les techniques de l'édredon et du disque rayé[7]).

6. Apprendre à collectionner les astuces que l'on a trouvées pour ne plus se laisser abuser, les noter soigneusement et s'entraîner à les utiliser.

7. Se renseigner auprès de ses amis pour échanger sur les méthodes qui permettent de mieux se protéger.

---

6. De nombreux exemples sont donnés dans l'ouvrage de D. Chalvin, *Tensions et conflits dans les relations personnelles*, ESF éditeur, 2001.

7. Cf. D. Chalvin, *L'affirmation de soi*, ESF éditeur, 2000.

8. Situer ce qui est de son pouvoir (là où on peut avoir des possibilités de faire ce que l'on veut) c'est son îlot d'autonomie à préserver et à accroître.

9. Situer ce qu'il est réaliste d'espérer changer en soi-même et chez les autres et faire son deuil du reste. Il est inutile de se battre contre les moulins à vent.

10. Ne pas tout dire sur ses faiblesses, ses échecs, ses défauts car certains peuvent en profiter. Il peut être bon de cacher.

11. Être très clair sur son caractère : si on est trop naïf, demander l'avis d'un méfiant pour réfléchir à la réalité ou la faire préciser.

12. Ne pas exagérer sa méfiance vis-à-vis des abus, car certains vont jouer cette méfiance.

13. Savoir garder des traces écrites avec certaines personnes qui ne sont pas de confiance, surtout dans leurs promesses…

14. Ne pas accepter d'être un intermédiaire ni un messager sans réfléchir préalablement.

15. Savoir s'unir avec d'autres pour être en rapport de pouvoir favorable contre ceux qui abusent de leur position.

Voici quelques exemples. Mais, surtout, il est indispensable de faire sa propre liste issue de son expérience, et donc bien adaptée à son caractère et au milieu dans lequel on vit. Les deux points clés de toute défense contre les abus sont : garder son autonomie vis-à-vis de l'autre et se mettre en état attentif. « Stop ! je réfléchis… Où cela me mène-t-il ?… »

Pratiquer un bon usage de la manifluence

Chaque fois que l'on arrive à obtenir de l'autre ce que l'on espère et souhaite et qu'il y a réciprocité, nous pratiquons la manifluence. Évidemment notre interlocuteur n'est peut-être pas satisfait à 100 %, mais, si on fait un bilan du résultat, les avantages sont plus importants que les inconvénients. Certes, on le fait sans forcément le vouloir, c'est naturel mais c'est déjà un bon usage de la manifluence.

On le fait déjà, on le fait tout le temps, on continue

Il suffit de s'y prendre de la même façon, c'est-à-dire d'utiliser le même processus et d'enclencher les mêmes mécanismes qui amènent son interlocuteur à agir dans le sens souhaité. En langage quotidien, c'est tout simplement savoir le prendre ou s'y prendre avec lui dans le sens qui convient. Ce que l'on fait de façon irréfléchie et naturelle, on peut aussi le refaire en faisant un peu plus attention, ce sera toujours un bon usage de la manifluence si les conséquences sont heureuses et honnêtes pour les deux. Développer ce bon usage consiste tout simplement à continuer ce qui est déjà réussi. Réfléchir à ce qui permet la réussite de ces relations pour utiliser les mêmes méthodes avec d'autres, avec quelques adaptations nécessaires, est déjà le premier moyen naturel que tout le monde utilise d'instinct pour développer un bon usage de la manifluence.

Du bon usage en cas de rapport de pouvoir trop favorable

On a vu les composantes de la manifluence et les conditions qui permettent de savoir si elles risquent d'être très puissantes ou de faible puissance. Voici une grille qui permet de savoir si l'on est en rapport de pouvoir trop favorable en face d'une personne :

– l'un est très conscient de l'objectif qu'il veut atteindre, de ce qu'il veut obtenir de l'autre. Son interlocuteur ne s'en rend pas compte et ne veut rien obtenir ;

– l'un connaît les souhaits et désirs de l'autre et va s'arranger pour que ce qu'il veut obtenir corresponde à ceux-ci ;

– l'un possède toutes les informations dont l'autre a besoin pour prendre sa décision et se trouve ainsi en situation de décider à sa place ;

– l'un réfléchit à ce qu'il fait en adaptant son action en fonction de ce qu'il déduit de ces analyses. L'autre agit de façon réflexe et sans réfléchir, par automatisme ;

– l'un connaît les souvenirs qui influencent le caractère et la personnalité de son interlocuteur qui n'en est pas conscient ;

– l'un connaît ses compétences, est conscient de ses atouts, alors que l'autre ne les connaît pas et n'en est pas conscient.

En ce cas, la personne se trouve dans la position de pouvoir exercer une manifluence très puissante et se trouve donc tentée d'en abuser. Il est plus efficace de jouer sur ces composantes pour donner plus de pouvoir à son interlocuteur et être ainsi en meilleure position pour un bon usage de cette puissante manifluence.

Mais il est tout à fait possible de pouvoir en faire un bon usage, même en rapport de pouvoir très favorable, en étant conscient du risque plus grand d'abus et, donc, en veillant avec une attention plus grande aux conséquences de la manifluence. Ce cas est fréquent quand il existe une grande différence d'âge, de santé, d'intelligence, de connaissance, d'équilibre affectif et psychologique (les parents, les médecins, les professeurs, les thérapeutes, les managers, etc.). Chacun connaît les abus existants, mais on constate aussi que les bons usages peuvent grandement aider et même sauver la personne.

Divulguer les méthodes de manifluence

Il faut divulguer les méthodes de manifluence pour permettre de développer son bon usage. D'une certaine façon, c'est faire œuvre de clarification, car méconnaître ou refuser le phénomène peut être très dangereux. Il est tentant de ne pas divulguer ces méthodes : les uns espèrent ainsi pouvoir continuer à utiliser leurs méthodes pour abuser leurs interlocuteurs ignorants, les autres estiment que ces méthodes sont toutes immorales et qu'en conséquence elles ne sont pas à diffuser. Mais ceux qui ont été abusés auraient peut-être préféré être plus informés et mieux préparés pour s'en défendre.

En effet, connaître ces moyens de manifluence et leurs côtés négatifs constitue déjà une première démarche indispensable pour mieux s'en défendre et diminuer ainsi le pouvoir de ceux qui en abusent. Cette divulgation est très utile pour démontrer les dangers d'une manifluence abusive inconsciente. En effet, croire que l'on peut isoler clairement les comportements négatifs des comportements dits positifs est une illusion. De nombreuses personnes utilisent inconsciemment des méthodes négatives de manifluence parce qu'elles ne les connaissent pas. Elles sont, en général, pleines de bonnes intentions et réprouvent ces méthodes, sans voir qu'elles les utilisent avec les conséquences néfastes habituelles. Ainsi, divulguer les méthodes et les moyens d'utiliser la manifluence, c'est déjà lui enlever une bonne partie de son pouvoir négatif et, en plus, démontrer ses côtés utiles et bienfaisants pour la vie en société.

Il peut être utile de révéler ces méthodes au moment où on les applique. Cette façon de faire a été expérimentée de nombreuses fois et a donné de bons résultats. C'est un moyen de diminuer les risques de conséquences négatives de toute manifluence. Par exemple, faire un compliment est positif, mais s'il est mal fait (trop général et excessif), il peut devenir une flatterie négative. Il risque de braquer la personne, qui craint d'être abusée. Souvent, les personnes le sentent d'instinct et ajoutent après un compliment : « Ce n'est pas pour vous flatter et je n'en attends rien... Mais je trouve vraiment que votre exposé est très clair et très pratique et qu'il va réellement m'aider... » En s'excusant presque, tant il est fréquent que le compliment est utilisé abusivement. En s'aidant de la méthode de l'écoute et de la reformulation, manifluence classique, les interlocuteurs sentent ou savent qu'on les incite à parler et à livrer le plus d'informations possible. Il convient de leur annoncer que c'est une méthode pour mieux comprendre la situation, et de s'informer pour s'assurer que ce qu'ils disent a été compris et qu'ils peuvent, à tout moment, l'arrêter pour poser des questions et demander, elles aussi, des informations en pratiquant l'écoute et la reformulation.

Dans un tel contexte, on fait un bon usage de la manifluence. Il est vrai que la manifluence peut être très puissante si elle n'est pas vécue comme telle, mais le contraire est vrai aussi. Toutes les méthodes comme l'analyse transactionnelle, la PNL, les préférences cérébrales ou l'affirmation de soi et bien d'autres sont des méthodes de manifluence : les divulguer aide à son bon usage, malgré les risques d'abus qui existent toujours, quoi qu'on fasse.

Un bon usage pour soi-même

Il est habituel d'insister sur la nécessité de se défendre des abus de la manifluence, ce qui est certes raisonnable. Mais il ne faut pas en oublier son utilité. Le souci de se défendre peut devenir excessif et développer un esprit de méfiance vis-à-vis de la communication et de la relation avec les autres. Dès que quelqu'un fait un compliment, chacun y voit de la flatterie et se méfie, pensant intérieurement : « Que veut-il obtenir de moi, sûrement à mon désavantage ? »

Chacun espère obtenir beaucoup des autres, a souvent été déçu dans ses espérances, s'est laissé abuser et s'est senti floué. Chacun a aussi abusé des autres pour obtenir ce qu'il voulait. Tous ces souvenirs développent une méfiance excessive des autres. L'approche proposée va diminuer cette appréhension, puisque chacun se saura mieux armé pour détecter les abus et sera convaincu du bon usage de la manifluence. En poursuivant cette démarche de diminution de la méfiance, il convient de dire qu'il peut être utile de se laisser faire et de se laisser influencer. Si c'est un bon usage, pourquoi ne pas l'accepter. Cela peut être enrichissant : une incitation à agir qui joue de nos penchants et motivations, peut être honnête et bénéfique... Toujours pour aller dans ce sens, il convient aussi de remarquer que la manifluence n'atteint pas son but à tous les coups. Les facteurs sont nombreux et l'être humain est complexe. Celui qui abuse est parfois représenté comme un grand sorcier qui a un pouvoir magique dont il est impossible de se défendre. Ou bien on présente les méthodes de développement personnel comme des outils beaucoup plus capables de transformation qu'ils ne le sont, sans mériter cet excès d'honneur ni cet excès de malfaisance. C'est pourquoi se laisser faire quand on s'aperçoit que son interlocuteur utilise des méthodes de manifluence peut être très bénéfique. Il est bon d'être vigilant plutôt que méfiant.

Enfin, la manifluence peut être aussi utilisée de la meilleure façon qui soit en autosuggestion. Se faire des compliments à soi-même peut renforcer la confiance en soi. Choisir d'agir en fonction de ses désirs peut être honnête. Savoir tenir compte de ses penchants et savoir s'y prendre avec soi-même en utilisant les méthodes décrites dans les exposés a de bonne chance d'être efficace pour obtenir de soi-même ce que l'on espère. La manifluence a un bon usage dans les relations avec les autres comme avec soi-même.

La grammaire de la manifluence : les huit fondamentaux

Toute relation est manifluence, mais certains phénomènes accroissent le pouvoir de cette manifluence. Le secret de cette puissance ?

Les huit fondamentaux. Ce sont des phénomènes humains très simples et très courants de la vie quotidienne : par exemple, le désir de continuer une action que l'on estime positive (la persistance), l'habitude de se référer à ce que l'on a déjà fait pour juger un événement ou une proposition (la comparaison), le souci de s'adresser à un expert quand on a besoin d'être sécurisé, le désir de vivre en harmonie avec les autres, etc. Quoi de plus évident, de plus banal et en même temps de très profond touchant à de vieux réflexes et à des lois fondamentales du fonctionnement humain. C'est pourquoi on les a appelés « les fondamentaux ».

Cette banalité est sans doute une de leur force, car on y fait peu attention. Cependant, en les utilisant selon la méthode proposée ici, ils deviennent efficaces pour obtenir des autres ce que l'on souhaite. Leur étude fera l'objet des exposés suivants où ils seront décrits et commentés. Nous en avons retenu huit (répartis en cinq exposés) pour leur puissance, la simplicité de leurs mécanismes et leur rôle dans les phénomènes de manifluence. Chaque exposé va les décrire, expliquer les mécanismes qui font leur puissance, et préciser le mode d'emploi pour s'en servir efficacement quand on a besoin d'une relation où la manifluence doit être forte. Enfin, on indiquera les utilisations (abus et bon usage), les types de personnes plus influençables que d'autres et les points clefs pour repérer les personnes qui risquent d'en abuser, et on donnera des clefs pour mieux s'en défendre. Ainsi chacun saura les mettre en pratique de façon à organiser et systématiser pour « booster » les manifluences qu'il souhaite utiliser, mais aussi pour mieux les repérer et pour se défendre de ces usages abusifs. Il saura ainsi mieux « les voir venir ».

Les huit fondamentaux

1. Le désir de persistance	Exposé 2
2. Les situations propices	Exposé 3
3. L'échange réciproque	Exposé 3
4. Le besoin de sécurité	Exposé 4
5. La peur de l'exclusion	Exposé 4
6. Le goût de l'exceptionnel	Exposé 5
7. L'irrésistible comparaison	Exposé 5
8. La tentation de l'innocence	Exposé 6

La mise en œuvre de la méthode

Ainsi chacun dispose d'une grammaire pour améliorer ses relations avec les autres et développer un bon usage de la manifluence. En effet, connaissant les mécanismes qui font la puissance de chacun des fondamentaux, il est facile d'en repérer les séquences représentatives dans sa propre vie quotidienne, pratiquées par soi-même ou par les autres. Chacun va savoir décortiquer les mécanismes qui lui donnent ce pouvoir d'influence, trouver le mode d'emploi pour les réutiliser de façon systématique et repérer les conditions d'une utilisation valable ou abusive, en se fondant sur son expérience. Chacun pourra ainsi préciser et compléter les huit fondamentaux. Sur une base de cinq à dix exemples spécifiques pour chacun des fondamentaux, chacun peut disposer assez vite de 40 à 80 cas qui compléteront sa grammaire de base. Il est possible aussi de décrire, pour chaque personne de son entourage, quels sont les fondamentaux qui permettent de pratiquer avec elle une manifluence efficace. Avec l'un, il est sans doute plus efficace de jouer de la persistance, avec un autre, de l'effet expert, etc. Avant un contact délicat, il est intéressant de réfléchir à celui des huit fondamentaux qu'il sera le plus astucieux de mettre en œuvre pour obtenir ce que l'on souhaite durant ce contact.

La méthode de la manifluence est une méthode naturelle, qui ne fait que découvrir et expliquer ce qui se passe dans la vie, pour permettre à chacun d'améliorer la sienne et celle des autres.

Cette méthode permet d'éviter une erreur classique qui consiste à vouloir changer les autres en espérant qu'ils adoptent les attitudes attendues par mimétisme. Il est plus réaliste et plus efficace de s'arranger pour que la personne utilise ses propres comportements préférés (les fondamentaux) pour devenir ce que l'on souhaite. Et c'est ce que permet l'utilisation des fondamentaux. Cette méthode, sans faire de miracle, peut contribuer à aider chacun à jouer cette carte réaliste en toute honnêteté et pour le bénéfice de l'un et de l'autre.

5. Conclusion

Cette approche favorise le développement du bon usage de la manifluence. En effet :

1. Elle casse une approche trop manichéenne où il y aurait des gentils qui influencent sans risque et des méchants qui manipulent en se rendant toujours compte de ce qu'ils font.
2. Elle rend mieux compte de la réalité : toute communication, toute relation est un mélange d'influence et de manipulation qui peuvent être l'occasion d'abus ou de bon usage ou un mélange des deux : ce sont les conséquences prévisibles ou constatées qui le diront. Il y a toujours des risques.
3. Elle diminue les risques de méconnaissance de ses propres abus, car cette approche empêche de reporter sur les autres la possibilité d'abuser.
4. Elle met l'accent sur certains abus « moyens » plus fréquents qu'on ne le dit. Il n'y a pas que les abus flagrants (harcèlement moral, mensonges, etc.). Plus fréquents, ces abus moyens plus ou moins conscients, plus ou moins bien intentionnés, ont des conséquences négatives importantes.
5. Elle permet ainsi de diminuer les relations abusives : elle donne un *moyen de réfléchir* à ses maladresses et manifluences abusives.
6. Elle rend chacun plus prudent et plus attentif aux risques des conséquences négatives de la communication et de la relation.
7. Elle permet ainsi à chacun de mieux se défendre puisqu'il est plus attentif pour détecter les abus.
8. Elle diminue ainsi la méfiance excessive et la peur qui naît de la communication, puisque l'on se sent plus sûr de soi, plus averti, plus apte à ne pas se laisser abuser, on peut donc oser des relations de communication plus fortes où l'on s'influence réciproquement pour un bon usage équilibré.

Dans ce livre, les mots « manipulation » et « manipulateur » seront utilisés au lieu de « manifluence » que l'on aurait préféré, si ce mot existait.

Le désir de persistance

exposé 2

La persistance est aussi facile à observer dans la vie quotidienne que son contraire, l'instabilité. Persister signifie demeurer ferme dans sa façon de penser ou d'agir, malgré les difficultés et les obstacles. Ce terme est employé pour désigner tous les phénomènes qui durent et subsistent. L'expression « persiste et signe » traduit bien ce phénomène. Ne parle-t-on pas des « feuilles persistantes » pour indiquer qu'elles continuent de rester vertes en hiver. La personne persistante se comporte de cette manière, continuant contre vents et marées à penser et agir dans la même ligne. Comment expliquer la puissance du désir de persistance, si impérieuse parfois qu'il suffit de s'en servir comme levier pour obtenir ce que l'on n'aurait jamais obtenu autrement? Comment initier cet effet et poser la première accroche décisive qui va entraîner la personne, une fois le premier pas franchi, à poursuivre dans la même voie? Comment acquérir l'art de développer l'effet de persistance? Quelles sont les différentes modalités de l'utilisation de l'effet de persistance, en particulier son utilisation honnête et bénéfique, mais aussi l'art de se défendre des usages abusifs que certains en font. Nous répondrons tour à tour à ces questions, mais, la manipulation étant un art délicat, voyons d'abord d'où vient sa puissance?

1. La force du désir de persistance

Pourquoi peut-on arriver à faire agir quelqu'un dans le sens où on le souhaite, en jouant de son désir de persistance? Pourquoi poursuivre les objectifs qui nous ont été assignés, en jouant de notre désir de persistance? L'efficacité de cette tactique a deux types de causes, l'un lié à la personne, l'autre lié à la société.

Les causes liées à la personne

Le besoin de terminer

C'est un Allemand, le Dr Zeigarnik, qui a découvert ce phénomène. Il a constaté qu'une personne qui est obligée d'arrêter une action commencée s'en souvient de façon obsessionnelle, car elle est frustrée de ne pas pouvoir terminer tout de suite ce qu'elle a commencé. Cette obsession ne cesse qu'au moment où il est possible pour elle de l'achever. Il avait ainsi découvert une caractéristique commune à beaucoup d'entre nous : le désir d'achever sa tâche, le goût de conclure et d'aller jusqu'au bout et le plaisir de boucler une opération. Ce phénomène est appelé l'« effet Zeigarnik ». Il est le fondement de l'effet de persistance. Chacun a ressenti cet effet dans sa vie. Une des grandes difficultés de la gestion du temps tient à cette fatalité non résolue qui obsède, le manque de temps pour terminer ce qui a été commencé. Et c'est ce besoin de terminer, et de poursuivre ce qui est commencé, et ce plaisir d'achever et de conclure qui donnent toute sa force à l'effet de persistance.

Le désir de cohérence

Tout naturellement, chacun désire être cohérent dans sa vie car il a remarqué que c'est une source de sérénité et de tranquillité : une personne cohérente avec ses aspirations est plus épanouie, heureuse et moins angoissée. Une philosophie comme le bouddhisme peut conduire à cette cohérence et cette sérénité. On est aussi mieux apprécié par son entourage, dans l'entreprise. La maturité émotionnelle fait partie des critères d'embauche décisifs et on le trouve souvent indiqué dans les feuilles d'évaluation comme une qualité essentielle pour être un responsable. Être cohérent permet d'éviter le reproche d'être instable, faible, changeant : personne ne veut être incohérent. Persister dans ses façons de penser et d'agir donne le sentiment d'être cohérent avec soi-même et avec les autres.

Un antistress

Le désir de persistance vient aussi de la peur de se remettre en cause, de changer ses façons de voir et de se comporter. On sait ce que l'on perd, on ne sait pas ce que l'on va gagner à être autrement. Ainsi, il n'est plus nécessaire de peser le pour et le contre, les avantages et les inconvénients, en un mot, de réfléchir, ce qui est bien reposant et source de sérénité. L'inconvénient est de s'accrocher excessivement à une décision prise, même si les résultats sont mauvais : on trouve toujours des raisons pour la justifier et ainsi se rassurer. D'autant que la société encourage tout le monde à être persistant.

Les causes liées à la société

Les valeurs d'une société s'expriment souvent par ses proverbes ou ses aphorismes.

La constance

En voici un qui confirme cet encouragement à la persistance : « Point n'est besoin d'espérer (un résultat) pour entreprendre ni de réussir pour persévérer » (Guillaume d'Orange). Prescription souvent reprise dans la vie courante pour encourager quelqu'un à être constant dans ses comportements. On entend souvent des phrases de ce genre : « Il faut aller jusqu'au bout de ses convictions », « On ne me fera pas dévier de ma route, j'ai pris un cap et je m'y tiendrai », « Je fais ce que j'ai promis »... Chacun sait que de telles assertions sont bien perçues par les autres. La fidélité et la constance sont des vertus qui encouragent à persister.

Les valeurs cartésiennes

Être logique et cohérent est signe d'intelligence et d'équilibre dans notre société occidentale. L'inverse est interprété comme un signe de déséquilibre mental, c'est une « conduite à risques » qui peut provoquer le rejet et l'exclusion. Pour être normal et accepter l'autre, il convient de ne pas se contredire ni de changer d'avis : « Il change d'opinions comme de chemise » est une expression courante dévalorisant celui qui ose ajuster ses opinions à une réalité changeante.

Les ressorts de ce type de manipulation

Lorsque se combinent désir personnel de cohérence et pression sociale qui encouragent la constance et l'esprit logique, se mettent en place des réflexes qui poussent chacun à accepter tout ce qui va lui permettre de réaliser ce désir personnel pour être bien adapté à son environnement humain.

Un réflexe automatique d'acceptation

Ainsi se créent les conditions de la manipulation. En effet, il suffit de proposer à quelqu'un des actions qui semblent lui permettre de se réaliser en continuant d'être cohérent et persistant, pour obtenir son adhésion. Il a suffi de faire jouer le réflexe de persistance pour que la personne s'engage à agir dans le sens que l'on souhaite.

Un réflexe automatique de refus

La situation inverse prouve de manière encore plus évidente que le désir de persister constitue un ressort puissant à utiliser pour obtenir un assentiment. En effet, il suffit de proposer à quelqu'un une action qui ne lui semble pas cohérente avec ce qu'il est censé accomplir pour qu'il se rebiffe et plaide le refus en arguant que cette action ne correspond pas à ses responsabilités.

Ce refus sera encore plus catégorique si c'est une action qui n'est pas cohérente avec ses valeurs. Le refus peut tout simplement venir du fait que la personne ne pourra pas persévérer dans ce qu'elle faisait jusque-là et qui lui donnait toute satisfaction. Elle souhaite tout simplement persister ! On a là une des causes les plus fréquentes de la résistance au changement constatée par tout un chacun, ce qui montre que ce désir de persistance est profondément ancré en chacun et demeure incontournable.

C'est ce qui explique sa puissance. Mais comment déclencher ce désir quand, précisément, il paraît évident que la personne n'y pense pas, ne désire pas agir en ce sens ou n'a pas tellement eu l'occasion d'agir auparavant dans ce sens ? Quel est le mécanisme qui peut permettre cette manipulation ? Quelles sont les étapes à suivre ?

2. L'art d'accrocher l'effet de persistance

« C'est le premier pas qui compte », dit-on. C'est souvent vrai. Chaque fumeur a commencé par une première cigarette. Toute la tactique va consister à déclencher un premier pas, un premier geste, un premier comportement, une première action, une première prise de position, « un doigt dans l'engrenage ». Il convient ensuite de jouer de l'effet de persistance : une fois le premier pas réalisé, la personne voudra persister dans la même direction ; une fois la première prise de position effectuée, la personne voudra s'y tenir pour rester cohérente avec elle et avec les autres. Toute la difficulté réside dans l'art de déclencher ce premier pas. Voici quelques conditions qui facilitent ce déclenchement.

Il ne s'agit pas de dire que c'est facile, mais de faire faire un acte facile

Un petit pas

C'est le premier pas qui compte, c'est vrai, mais il est réaliste que ce soit un petit pas qui n'engage que très faiblement la personne. Autrement, elle aura peur[1]. Il convient qu'elle ait le sentiment de ne pas s'engager vraiment, qu'elle garde la possibilité de revenir en arrière et qu'il soit avéré qu'elle pourra revenir en arrière. Il peut même être judicieux de lui laisser l'occasion de revenir en arrière. Elle va expérimenter une fois une façon différente de faire, puis elle va continuer d'agir comme avant en attendant de recommencer une nouvelle fois. C'est un acte assez semblable à ce qu'elle aime et sait faire, c'est un petit changement modéré, et qu'elle peut réussir facilement sans choquer son entourage. Tout échec survenu au premier pas peut bloquer pour longtemps toute chance de déclencher l'effet de persistance.

Un refus impossible

Il existe de ces petites concessions sans importance que seule une personne rigide et de mauvaise compagnie pourrait refuser. Il en est de même de ces petits services « qui ne se refusent pas »,

1. Cf. D. Chalvin, *Les nouveaux outils de l'analyse transactionnelle*, ESF éditeur, 1996.

comme on dit souvent, et donc, qu'on ne peut pas refuser. La tactique est de jouer le refus impossible. Il peut se présenter sous la forme du petit effort ajouté au dernier moment, et qui va dans le sens du premier effet demandé, sans que cela représente un effort réellement plus important que la première demande. Il en est de même de la petite promesse sans grande conséquence qu'il est facile de provoquer, car chacun a le sentiment qu'une « promesse verbale » est sans conséquence.

Un acte facilité

Il existe deux méthodes pour faciliter un premier pas :

• *Détailler l'action demandée en une série d'actes faciles* qui composent l'action totale souhaitée. Un manager souhaite qu'une personne participe davantage aux réunions, car elle est très timide, et pourtant ce manager a besoin de ses interventions. Il va commencer par lui demander de préparer une question, puis un rapport de quelques minutes choisi dans l'ordre du jour, etc. Il arrivera ainsi au comportement souhaité : une plus grande participation.

• *Veiller à présenter l'action proposée en soulignant les avantages matériels ou psychologiques* pour la personne, et en minimisant les inconvénients, au moins au début. Il est souvent utile de préciser ce qui est sûr, moins sûr ou seulement possible, sans faire de promesses qu'il sera impossible de tenir. Mais il est risqué de mentir ou d'abuser de sa confiance, évidemment, car l'effet de persistance ne pourra pas s'accrocher à de telles considérations le jour où les mensonges seront dévoilés... et ils le sont toujours. Il est possible aussi d'apporter une aide (formation) qui rendra l'acte facile. L'astuce consiste à recommander « le moindre effort », parfois décrié et qui pourtant peut avoir des suites très intéressantes.

Un accord par surprise

Deux méthodes permettent d'obtenir cet accord :

• *Le pas de la porte :* chacun a remarqué qu'il est souvent plus opportun d'aborder un sujet en dehors de l'entretien proprement dit, quand celui-ci se termine et quand on se trouve sur le pas de la porte. « Ah ! j'oubliais de vous parler de cette affaire... » La personne se trouve en position de distraction ; l'entretien est fini, elle n'a plus à être attentive, elle se relâche et baisse la garde ; ses défenses psychologiques sont plus faibles et l'accord est facile. Bien sûr, il ne faut pas que l'interlocuteur puisse ensuite trop regretter cet accord. Il va se dire : « Si on ne me l'avait pas demandé ainsi, je ne l'aurais pas donné, mais au fond c'est peut-être valable. On va voir, car il m'est difficile de revenir en arrière et de me contredire (désir de persistance). » Il convient par la suite de faire durer cet accord en développant l'effet de persistance (cf. chapitre 3).

• *L'entre deux portes :* cette façon de faire marche bien si votre interlocuteur aime les contacts rapides où l'on ne se perd pas dans des détails ni dans des conversations qui n'en finissent pas. Une ambiance d'agitation et d'urgence est aussi très favorable. Il est même possible d'exagérer quelque peu le degré d'urgence, mais sans excès, autrement les réflexes d'attention et de réflexion vont revenir. Il peut être aussi judicieux de se contenter d'un accord minimal, et même d'un simple « non-refus ». C'est déjà un premier accrochage de gagné qu'il conviendra de faire fructifier.

À l'inverse, il s'agit de dire que c'est un acte très difficile

L'attraction pour les actes difficiles

D'ailleurs, il a bien été signalé plus haut (au début du chapitre 2) qu'il ne s'agissait pas de dire à la personne que l'acte proposé était facile, mais de lui faire faire une action qui va être très facile pour elle. À l'inverse, dans la méthode présentée ici, il convient bien d'annoncer que l'acte proposé est très difficile. En effet, certaines personnes aiment se dépasser et réaliser des actions difficiles. Si on leur propose un acte facile, elles seront peu motivées. Ainsi, un travail trop aisé peut déclencher un refus automatique. À l'inverse, pour ces personnes qui aiment la difficulté, le moyen astucieux pour déclencher l'effet de persistance sera d'insister sur l'effort nécessaire qu'exige l'action proposée, pour la rendre attrayante.

Une action coûteuse

Contrairement à ce que d'aucuns croient, il est parfois plus facile d'obtenir un premier accord si le budget est très élevé. En effet, cela rejoint la vie courante. Il est plus difficile de dire qu'un spectacle est mauvais s'il a coûté très cher. En général, la personne va rester jusqu'à la fin, même si la pièce ou le concert l'ennuie et ne lui plaît pas : elle persiste. Car une corrélation entre le budget et la valeur du projet devient causalité, comme il est fréquent : puisqu'il nécessite un gros budget, il doit être meilleur que les autres. De même, si un supérieur propose une action qui nécessitera un gros budget, tout collaborateur aura le réflexe d'accepter, sans mesurer les risques pris et les avantages qu'il puisse réellement en tirer.

Des efforts importants

Plus un acte est supposé demander un effort élevé, plus il apparaît remarquable à celui que le réalise. Pourtant, chacun sait qu'une action qui demande beaucoup de travail peut ne servir à rien et que des personnes peuvent se donner beaucoup de mal sans pour autant que leur travail soit une réussite. Ce conditionnement commence dès l'école, sur le carnet scolaire. L'élève qui ne réussit pas bien mais se donne beaucoup de mal est très souvent surévalué et mieux toléré que d'autres. C'est pourquoi proposer un travail qui demande plus d'efforts peut déclencher un réflexe d'acceptation. On a vu, *a contrario*, qu'un travail trop facile pouvait déclencher un refus automatique, ce qui renforce la valeur de l'effort, source de valorisation de la personne. Dans d'autres contextes, toute demande d'effort supplémentaire est vouée à l'échec et l'acte facile aura plus de chance.

Le dépassement de soi et le risque

Proposer de mener une opération où la personne devra aller au-delà de ses capacités habituelles présente un challenge très attractif qui en séduit plus d'un ! Certains gravissent des sommets très dangereux pour le plaisir du risque et du dépassement de soi. Le plaisir d'aller au-delà de ses limites est souvent invoqué pour expliquer certaines actions. On dit que, dans notre pays, le goût du risque est faible, mais on trouve en même temps une grande admiration pour ceux qui se dépassent : livres, récits, documents, films sont là pour montrer que le goût du héros n'est pas près de disparaître. C'est pourquoi, proposer un travail où il faudra prendre des risques et aller au-delà de ses limites peut déclencher le réflexe d'acceptation. Ce phénomène existe même si la personne ne connaît pas exactement les tenants et les aboutissants de son engagement. On lui propose de faire confiance et de donner son accord sans savoir exactement les actions à mener. On insiste simplement pour préciser qu'elles seront risquées et demanderont un fort dépassement de soi. Certaines personnes acceptent automatiquement ce qu'elles ne font pas si on leur présente la même opération en minimisant la difficulté.

3. L'art de développer l'effet de persistance

Nous avons vu comment amener une personne à accepter d'agir d'une certaine façon, au moins une fois (un premier pas), ou à se lancer dans l'opération proposée. Il s'agit maintenant de faire jouer l'effet de persistance pour qu'elle continue à agir dans le même sens et s'engage vraiment dans le projet. Le manager souhaite que son collaborateur participe davantage aux réunions. Il lui a fait accepter de poser au moins une question à chaque réunion. Il convient maintenant de l'amener à en poser de plus en plus et à devenir vraiment un élément participatif. Cet autre manager a obtenu l'accord de principe de son collaborateur pour mener une opération difficile qui comporte des risques et suppose un engagement personnel élevé. Ce collaborateur a tout de suite été séduit et il s'est déclaré « partant ». Maintenant, il ne faut pas qu'il se rétracte, il faut qu'il persiste dans la même voie, se mette réellement à travailler sur ce projet et s'engage complètement. C'est l'art de développer l'effet de persistance.

La pratique de l'escalade

L'ancrage

L'ancrage est une méthode simple et facile. Il suffit d'associer le « oui » de la personne avec un geste significatif, par exemple, une poignée de main ou une petite tape légère sur l'épaule ou le bras en disant « Bon, on est bien d'accord… » Ensuite, chaque fois que vous redonnez une poignée de main à cette personne, elle associera inconsciemment cette poignée de main avec son accord qui sera ainsi renforcé. Il vous suffit d'ajouter : « C'est toujours d'accord pour ce dont nous avons discuté l'autre jour[2] ?… »

L'effort supplémentaire

C'est l'escalade minimale : après avoir obtenu un premier petit pas, demandez assez vite un deuxième petit pas. Comme la personne vient de dire oui, elle peut difficilement dire non à ce petit challenge. Précisément, pour que l'effet de persistance puisse jouer, il est préférable de bien doser le nouvel effort demandé : c'est presque le même effort, c'est un petit supplément de travail. Il convient aussi que l'effort demandé soit parfaitement cohérent avec le premier effort (le premier petit pas) et lui ressemble beaucoup. Au fond, pour la personne, ce petit effort supplémentaire permet simplement de mieux faire ce qui a été demandé au premier petit pas. Il convient donc que ce qui est demandé paraisse être de même nature que le premier petit pas. Bien sûr ! Ce n'est pas le cas, il s'agit bien d'en demander un peu plus.

La répétition

La répétition crée peu à peu des automatismes. Les tâches deviennent ainsi de plus en plus faciles et se transforment en habitudes. Le collaborateur trop réservé va avoir très peur de poser une question la première fois, déjà moins la deuxième, encore moins la troisième. Peu à peu, poser des questions devient pour lui une habitude. On peut perfectionner la méthode de la répétition en permettant d'ancrer l'habitude plus profondément. Par exemple, une fois que le collaborateur a réussi à poser une question dans un contexte facile, il va s'exercer au cours de réunions plus difficiles avec des interlocuteurs qui l'impressionnent.

L'escalade

L'escalade dans l'engagement permet bien de déclencher l'effet de persistance. Après un premier accord verbal, en privé, le manager va faire un compte rendu de l'entretien et l'envoyer à son collaborateur, pour mémoire. Puis il annonce en réunion que son collaborateur a accepté de se lancer dans l'opération, en ajoutant : « On est bien d'accord, Michel ? » qui ne pense que répondre : « Oui, certainement », s'engageant ainsi en public, ce qui le conditionne à persister encore davantage. Le manager veille alors à ce que soit mis dans le compte rendu de la réunion que le projet prévu sera mené par Michel. Ce compte rendu sera diffusé aux participants de la réunion, mais aussi aux autres « ayants droit » pour information. De fil en aiguille, Michel va persister dans son accord même s'il commence à se demander s'il a eu raison d'accepter.

2. Ce système d'ancrage a bien été mis en valeur par la méthode PNL.

L'identification

L'anonymat

Il est parfois de bon ton de critiquer le désir manifesté par certaines personnes de se faire connaître et de se faire repérer. La psychologie vient au secours de tous pour parler d'un « culte excessif de son ego » ! Mais, par un souci bien compréhensible de faire travailler ses collaborateurs en équipe, certains managers évitent le culte du vedettariat et encouragent l'anonymat, ce qui a parfois pour conséquence de diminuer le désir de persistance et d'engagement. Le travail collectif où l'individu est perdu dans la masse et ne peut pas marquer son identité personnelle encourage la passivité. L'habitude de nommer uniquement la fonction sans indiquer la personne renforce l'anonymat. Tout ce qui peut être fait pour diminuer l'anonymat développe l'effet de persistance et pousse la personne à s'engager et à réaliser ce pour quoi elle a donné son accord.

La personnalisation

Elle concerne d'abord l'individu. Tout ce qui va lui permettre de s'identifier à ce qu'il doit réaliser va l'inciter à poursuivre son action et se donner à fond à la réalisation de cette action. Plus le manager parlera du projet mené par Michel, qui deviendra peu à peu le projet Michel, plus il a de chances de voir Michel s'engager à fond. Le projet et lui-même ne font plus qu'un.

Mais il est possible de personnaliser une équipe sans que l'effet destructeur d'anonymat intervienne. Michel peut mener son projet avec son équipe. On ne parlera pas du projet Michel, mais de projet S.A.T., des initiales de l'équipe chargée de le mener à bien. Si l'identification de l'équipe au projet se réalise bien et que les membres de l'équipe disent tout naturellement : « Le projet, c'est nous », l'effet de persistance se développera de la même façon que la personnalisation individuelle.

Une action qui a du sens

Cohérence avec les valeurs

Chaque individu cherche à trouver une cohérence entre ses valeurs personnelles, c'est-à-dire ce qu'il estime être bien et valable, et les tâches et les actions qu'on lui demande d'effectuer au travail. Ainsi Michel va non seulement mener à bien son projet, mais il sait que sa réussite va permettre d'améliorer la sécurité dans l'usine et diminuer les accidents du travail. Ce sera non seulement une réussite technique, mais il aura ainsi permis une amélioration des conditions de travail et rendu la vie des travailleurs plus humaine, ce qui a beaucoup d'importance pour lui. D'ailleurs, en dehors du travail, il mène des actions sociales. Pour lui, la possibilité de mettre en pratique dans son environnement professionnel ce sens social qu'il estime important dans sa vie ne peut que le pousser à s'engager à fond dans cette affaire de sécurité. C'est ainsi que l'effet de persistance va se développer.

Un contexte plus large

C'est aussi la possibilité pour Michel de resituer l'action menée dans un contexte plus large et de lui donner un sens plus vaste que les simples actions quotidiennes, parfois fastidieuses, que comporte la réalisation de son projet. Les premiers pas qu'il a accepté de réaliser se situent dans une mission plus vaste qui a un sens. Michel ne s'intéresse plus seulement au travail qu'il réalise, mais au fait que ces activités donnent un nouveau sens à sa vie professionnelle. Il va d'ailleurs dire à ces proches : « Je commence un travail très intéressant. Pour le moment, c'est fastidieux, car il faut collecter les données de base, mais l'opération vaut le coup. Je vais diminuer les accidents du travail. » Il va présenter différemment chaque membre de son équipe, ce qu'ils ont à faire et déclenchera chez eux aussi le désir de persistance, source d'engagement efficace.

L'absence de sens

La puissance d'engagement que provoque une action qui a un sens et une cohérence avec ses valeurs propres se vérifie *a contrario* quand une personne se trouve mener des activités qui lui semblent en désaccord avec ses propres valeurs. La passivité et le manque d'initiative apparaissent souvent à ce moment-là. En général, l'ennui et le stress apparaissent. Le manque d'implication grandit au fur et à mesure que l'incohérence apparaît. « Je réalise en ce moment une étude qui m'a été demandée, j'accumule des données, mais je ne peux jamais rencontrer le responsable pour savoir où l'on en est ! Je ne sais pas si ce que je fais va servir et pourquoi on fait cette étude, ni même quelle est ma place dans cette affaire... » On entend parfois de tels propos et la personne ajoute : « Dans ces conditions, j'arrête tout tant que l'on ne m'a pas donné de réponse... » Ainsi meurt l'effet de persistance...

Le sentiment de liberté

Le sentiment d'être manipulé

Plus un acte semble imposé de l'extérieur, plus la personne à qui il est demandé de se soumettre a du mal à faire ce qui lui est demandé. Une personne qui se sent manipulée a tendance à rejeter tout de suite ce que son interlocuteur souhaite lui faire faire. Que ce soit sous la menace d'une punition, l'attrait d'une récompense ou la pression de groupe, la personne pourra se soumettre un moment mais, dès qu'elle en aura la possibilité, elle tentera d'échapper à l'étreinte. Plus l'acte est imposé, moins fonctionne l'effet de persistance. La peur du gendarme est efficace quand il est là, mais, comme dit le proverbe, « quand le chat est loin, les souris dansent ». De même, si la seule raison d'agir est la récompense, la personne acceptera une récompense toujours plus forte pour compenser sa frustration d'agir d'une façon qui ne lui plaît pas, et l'effet de persistance disparaît.

Le sentiment d'autonomie

En revanche, une personne qui ne se sent pas manipulée ni conditionnée accepte plus facilement d'agir dans le sens où l'on souhaite la faire aller. Il convient que l'acte proposé semble venir de sa propre décision et ne lui apparaisse pas imposé. Les phrases les plus efficaces sont : « Vous faites comme vous voulez... Voyez vous-même... Ne vous croyez pas obligé... » Les gens adhèrent plus facilement à ce qui leur semble une décision libre. En conséquence, on manipule ainsi plus facilement quelqu'un qui se pense autonome, libre, non conditionné, choisissant les actions qui lui conviennent, et dont il peut se sentir pleinement responsable.

Les occasions de liberté

Le meilleur moyen est de placer la personne dans des circonstances où elle pourra exercer en pleine autonomie son désir de liberté. Il suffit de lui en donner l'occasion. L'idéal est d'arriver à créer des occasions bien préparées et bien combinées où la personne est amenée à choisir librement d'agir dans le sens que l'on souhaite, en vivant des expériences qui lui manquent. Changer quelqu'un d'environnement, de contexte, de fonction, de travail l'amène à agir autrement. Créer des événements marquants où elle se trouve être impliquée a une grande influence sur elle. Et l'effet de persistance sera d'autant plus grand que la personne aura accepté librement de se lancer dans les nouvelles expériences que vous lui proposez. C'est, selon le titre du livre des chercheurs français Robert Vincent Joule et Jean-Léon Beauvois, « la soumission librement consentie[3] ». L'effet de persistance sera d'autant plus durable que ces expériences vécues par la personne lui permettent de plus en plus de ressembler à l'image qu'elle se fait d'un être libre et responsable, image à laquelle elle souhaite ressembler et être assimilée.

4. Du bon usage de l'effet de persistance

L'effet de persistance est un phénomène humain naturel que tout le monde utilise ou subit, pour son bonheur ou son malheur, la plupart du temps sans s'en rendre compte. Maintenant que cet effet a été décortiqué et explicité, il devient possible de l'utiliser efficacement pour qu'il soit utile et bénéfique. Pour cela, la première étape est de savoir si l'on est manipulable par l'effet de persistance en fonction de notre caractère et de nos habitudes. Ensuite, il faut savoir se défendre de ceux qui font un mauvais usage de ce phénomène naturel et abusent des autres. Enfin, il est bon d'apprendre à ne pas trop se méfier de l'effet de persistance, car, bien utilisé, il est possible d'en profiter pour son bien-être personnel et celui des autres.

3. R.-V. Joule, J.-L. Beauvois, *La soumission librement consentie, op. cit.*

Les personnes sensibles à l'effet de persistance

Voici quelques caractéristiques qui peuvent montrer une tendance à être facilement manipulé par l'effet de persistance.

1. La tendance à la facilité, à la paresse ou au « moindre effort » : du moment que ce n'est pas trop difficile, elle accepte car « cela n'engage à rien », ce qu'elle croit trop facilement.
2. La peur de dire non et de refuser, dont l'interlocuteur va évidemment profiter.
3. Le besoin de rendre service et d'être gentil avec les autres, qui l'amènera facilement à faire un premier pas en ce sens dès qu'on le lui demande.
4. Un optimisme excessif ou un tempérament confiant qui lui fera facilement croire aux avantages de l'action proposée, en minimisant les inconvénients.
5. Une tendance excessive à l'action, sinon à l'agitation, qui amène la personne à ne pas aimer que les actions traînent, à préférer les décisions rapides plutôt que pas de décision, à faire plusieurs choses en même temps, à être extravertie, sinon impulsive, en risquant de se laisser entraîner dans la manipulation « pas de porte » ou « entre deux portes ».
6. Le goût du dépassement de soi et du challenge difficile peut amener la personne à se laisser entraîner dans des projets hasardeux.
7. Le culte de l'effort et du sacrifice aura les mêmes conséquences, surtout si le milieu ambiant valorise davantage le mérite de l'effort que la réussite par les résultats, même sans grand effort.
8. Une certaine relation à l'argent qui fait admirer tout ce qui est coûteux et persiste, quoi qu'il arrive, puisque cela a coûté de l'argent qui est « le critère absolu ».
9. La peur du changement, la crainte de se remettre en cause et l'amour de ses bonnes vieilles habitudes, incitations à poursuivre ce que l'on a déjà commencé, puisqu'on a toujours fait comme ça !
10. La timidité en public permet de réaliser l'escalade à son détriment : après avoir accepté verbalement en privé, le timide n'ose plus dire non en public et se voit embarqué dans l'opération sans qu'il l'ait vraiment voulue.
11. Une tendance narcissique, une certaine vanité ou un culte excessif de son moi qui font accepter toute action qui permet de se faire connaître et de ne pas être anonyme.
12. Une tendance forte à aimer signer son travail, et l'horreur de l'équipe et de l'anonymat où le travail individuel est fondu dans la réalisation collective.
13. L'acceptation trop facile de l'anonymat dans le travail collectif et le dévouement excessif pour la cause commune et la peur de se mettre en avant.
14. Associer le souci d'une grande cohérence dans sa vie, et le refus de tout ce qui pourrait troubler cette cohérence (même si la vie, parfois, ne l'est pas toujours), à une peur de l'incohérence, de l'absurde et de l'illogisme.

15. Le désir de suivre des valeurs personnelles auxquelles on est attaché, quoi qu'il arrive, sans jamais les remettre en cause, avec le souci de donner du sens à son action. Avoir des convictions et s'y tenir fidèlement.
16. Se dire certain que l'être humain est faiblement conditionné, peut être autonome et responsable, maître de son destin, libre de ses décisions et de l'orientation de sa vie.
17. Avoir le goût de la liberté et de l'autonomie, être indépendant et non influençable, allant son chemin comme on l'entend.

L'art de se défendre des usages abusifs de l'effet de persistance

Portrait de l'utilisateur de l'effet de persistance

C'est une personne aimable, facile à vivre et peu contrariante. On a facilement confiance en elle. Elle paraît peu dangereuse ni agressive. Elle ne souhaite pas s'imposer à vous. C'est un démocrate et un partisan de la participation. Elle ne semble pas vraiment trop exigeante ni autoritaire : elle propose des petits changements en douceur. Elle respecte vos valeurs et vos idées et même en tient compte, veillant à montrer le lien entre les objectifs proposés et vos valeurs. Elle aime dire qu'elle souhaite donner du sens aux diverses actions proposées. Elle écoute et reste ouverte aux suggestions. Derrière cette douceur, elle est tenace et sait où elle veut en venir. Elle est patiente pour arriver à ses fins. Elle rassure. Elle respecte l'autonomie de chacun et dit souvent : « Comme vous voulez. Voyez vous-même… » Elle donne un fort sentiment de liberté réciproque dans les relations. Elle valorise les individus et sait les mettre en vedette dès que cela est possible.

Cette personne fort aimable mais tenace pour arriver à ses fins va manipuler honnêtement et utilement. Mais elle peut aussi abuser de ses capacités à manier l'effet de persistance.

L'utilisation abusive de l'effet de persistance

Voici quelques exemples typiques qui permettent à chacun de repérer ces abus.

Dans ce cas d'espèce, le manipulateur peut avoir tendance à cacher l'ensemble de l'action proposée, les étapes qui vont suivre n'étant jamais décrites de façon précise. La personne insiste en revanche sur les valeurs en cause et le sens général de l'opération. Elle donne l'impression que ce qui est proposé n'est qu'un petit pas facile et sans conséquence pour la suite. Et cependant son interlocuteur s'aperçoit qu'elle a menti et caché les inconvénients qui pourraient naître de cet engagement dans cette affaire. Elle lisse trop les capacités et veut faire croire que ce qui est demandé n'est pas très important, alors qu'au contraire c'est déterminant. Elle cache les conséquences réelles. Elle profite de moments de surmenage pour arracher un accord « entre deux portes ». On la surprend à ajouter, au dernier moment, une demande non prévue initialement, mais tellement modeste qu'elle provoque un assentiment automatique. Ainsi, de fil en aiguille, elle « emmène en bateau » ses interlocuteurs. Elle va jouer de la confiance spontanée et accrocher un accord verbal.

Plus tard, sans prévenir l'intéressé, elle risque de le compromettre en public, au cours d'une réunion, en affirmant qu'il est d'accord, ou bien elle met son nom sans son assentiment sur un texte écrit. Elle va flatter ses interlocuteurs en indiquant à tout le monde qu'ils sont les auteurs de telles ou telles réussites, ce qui les poussent d'emblée à accepter de travailler beaucoup plus, mais elle ne leur donne pour toute récompense que cette proclamation de leur mérite ! Parfois, elle évoque le chalenge difficile que va représenter la réalisation de sa demande et fait appel au dépassement de soi, alors qu'il ne s'agit que d'exploiter son interlocuteur !

Parfois, elle pratique la technique de la main de fer dans un gant de velours. Par-derrière son apparente douceur se cache une volonté farouche d'emmener ses interlocuteurs là où elle le veut et tous les moyens sont bons pour y arriver. Cependant, la différence apparente est parfois faible entre la personne qui abuse de l'effet de persistance et celle qui l'utilise honnêtement, c'est-à-dire en tenant simplement compte des lois humaines pour aider ses interlocuteurs à bien réaliser les actions dont ils ont la charge. Comment faire face au manipulateur abusif?

L'art de se défendre

La première action décisive est de repérer quelles sont les modalités d'utilisation de l'effet de persistance. Il est alors possible de voir si son interlocuteur l'utilise et de constater s'il le fait honnêtement, c'est-à-dire sans conséquence nuisible, mais au contraire à son bénéfice. L'inconvénient est évidemment qu'il peut l'utiliser de façon abusive sans que son interlocuteur s'en rende compte et, quand il s'en apercevra, il sera trop tard.

C'est pourquoi il est nécessaire d'adopter un certain nombre d'attitudes qui permettent de faire face à tout comportement abusif, sans empêcher les effets bienfaisants de l'utilisation honnête de la persistance.

1. Savoir revenir sur une décision si elle se révèle inadéquate « Il n'y a que les imbéciles qui ne changent pas d'avis. »

2. Croire qu'une promesse verbale n'engage à rien : c'est à vérifier.

3. S'adapter aux circonstances (flexibilité et pluralité de moyens) : le seul critère est la réussite des résultats que l'on voulait obtenir.

4. Connaître les limites de la soumission à un seul modèle. Il est préférable de se donner plusieurs modèles possibles selon les circonstances, en sachant que chacun a ses avantages et ses inconvénients. Il est bien rare qu'un modèle soit parfait !

5. Ne pas surestimer ses possibilités d'autonomie et de liberté ; admettre ses limites et ses conditionnements est plus réaliste. Se sentir libre rend plus facilement manipulable !

6. Faire confiance, mais aussi garder une saine vigilance, sans excès mais avec réalisme.

7. Vérifier que les actions que l'on est amené à faire sous l'impulsion d'un autre sont valables et bénéfiques pour nous.

L'utilisation honnête et bénéfique

Les écueils à éviter

D'abord, il est inutile de se méfier de façon excessive, car on peut perdre les avantages d'être manipulé par l'effet de persistance.

Il convient de vérifier si on est particulièrement sensible à ce type de manipulation et, à ce moment-là, être prudent en appliquant les conseils donnés ci-dessus. En revanche, si l'analyse montre que l'on est peu sensible à cet effet, il n'y a pas de raison de se méfier.

Enfin, il est raisonnable d'éviter l'utilisation abusive, même tentante pour ces effets immédiats, car la personne s'en apercevra un jour et ne donnera plus sa confiance. Une méfiance lourde s'installe, préjudiciable à l'efficacité. Dès qu'elle en aura la possibilité, et cela arrive toujours, elle prendra sa revanche.

L'automanipulation bénéfique

Il s'agit de reprendre toutes les méthodes indiquées et de les appliquer à soi-même pour s'aider à réaliser les objectifs que l'on veut atteindre. Quelques exemples :

– Se fixer des étapes faciles et graduées en s'ajoutant des « refus impossibles » et en se facilitant les modalités sans vouloir jouer le héros...

– Se surprendre soi-même et sauter sur l'occasion qui se présente, surtout si elle n'était pas prévue.

– S'arranger pour que les actions soient connues et reconnues en organisant sa propre publicité... C'est encourageant !

– Agir honnêtement, en fonction de ses valeurs et du sens que l'on veut donner.

Se laisser manipuler

Le réflexe antimanipulation peut être désastreux. Connaissant les différentes modalités mises en œuvre par la personne qui utilise l'effet de persistance, chacun peut s'apercevoir, au bout d'un certain temps, qu'il est en train d'être manipulé. Le choix est simple : si cette manipulation est bénéfique pour soi, pourquoi la refuser ? Il est bien préférable de continuer à se laisser faire. Par exemple, connaissant l'importance du sentiment de liberté pour pousser quelqu'un à agir, le manager laisse de l'autonomie dans le cadre des objectifs fixés, ne va pas ennuyer la personne sur les horaires et laisse le choix des méthodes, du moment que les objectifs sont atteints. Au bout d'un moment, la personne s'aperçoit qu'elle travaille beaucoup mieux de cette façon que si on lui fixait des règles et des horaires. Dans le même temps, elle aime cette façon de travailler, ne se sent ni malheureuse ni exploitée car cet excès de travail est récompensé. Elle compare et remarque que dans une autre entreprise où elle n'était pas traitée de cette façon, elle travaillait beaucoup moins efficacement. Elle voit donc qu'on la fait s'engager beaucoup plus, sans qu'elle s'en soit rendue compte immédiatement. Pourquoi refuser cette manipulation qui est bénéfique pour elle ?

Manipuler honnêtement

Toutes les indications données dans l'art d'accrocher et de développer l'effet de persistance peuvent être utilisées par un responsable pour obtenir des autres ce qu'il souhaite. Pour éviter l'effet boomerang de la manipulation abusive, le critère essentiel reste que la personne ne regrette pas d'avoir été amenée là où on l'a amenée. Dans ce cas, elle saura gré à son manager d'avoir facilité la tâche en dosant les efforts demandés, d'avoir donné l'occasion de répéter suffisamment avant de se lancer de façon autonome. Elle appréciera aussi que son manager, maintenant que les premiers pas sont réussis, fasse confiance et laisse une grande liberté. Pour garder ce sentiment de liberté qui est particulièrement apprécié, on est prêt à poursuivre ce fort engagement qui a un sens. Dans une autre entreprise, on avait parfois le sentiment qu'on demandait de réaliser des actions inutiles, parfois à la limite de l'honnêteté. On demandait souvent de changer les objectifs, sans expliquer les raisons. On souffrait de ce manque de cohérence et perdait le goût de s'engager. Maintenant, on est heureux de cette cohérence dans la politique de l'entreprise et on comprend pourquoi on demande à certains moments des efforts supplémentaires non prévus. C'est cohérent, c'est normal, on va les faire. Voilà quelques exemples qui montrent la possibilité d'utiliser honnêtement, et en même temps efficacement, certains aspects de l'effet de persistance.

Les situations propices et l'échange réciproque

exposé 3

Qui n'a jamais été contraint d'accepter ce qui lui était proposé, alors qu'il n'avait pas réellement envie de le faire ? Cette situation est banale dans une relation hiérarchique de travail : chacun fait son travail et accepte ce qui est demandé, sauf cas exceptionnel. Mais tel n'est pas le propos de cet exposé. Il s'agit du cas plus étonnant d'une personne qui bénéficie d'une situation de pouvoir favorable et qui, malgré tout, se trouve dans une quasi-incapacité de refuser grâce au savoir-faire de son interlocuteur. Comment s'y est pris celui-ci? Que s'est-il passé? Tel est le sujet de cet exposé. Un refus possible devient « l'impossible refus ». Pourquoi? Comment? Il existe de nombreux moyens. Deux exemples ont été retenus pour leur efficacité : créer des situations propices à cet « impossible refus » et amener la personne à se sentir obligé de rendre la pareille.

1. Créer et utiliser des situations propices

Se donner l'apparence de la personne en laquelle on peut avoir confiance, qui apparaît vraiment sympathique, comme un « type bien » et sérieux sur qui on peut compter est l'atout essentiel pour provoquer « l'impossible refus ». On ne refuse rien à quelqu'un qui est si merveilleux. S'il est si bien, tout ce qu'il va demander de faire ne peut être que bien pour celui à qui il le propose. Tel est le ressort qui va déclencher la mécanique du refus impossible. D'autant qu'être en bonne relation avec une telle personne prouve que l'on est soi-même une personne de confiance, sympathique et valable. Qui se ressemble s'assemble. Ce qui ne peut qu'encourager au maintien d'une bonne harmonie avec elle et donc l'inciter à ne pas lui refuser ce qu'elle demande.

« Même si cela n'était pas vraiment ton intention, fais-le pour moi », dira cette personne, et on lui répondra : « Bon d'accord… Mais c'est bien parce que c'est toi. » Comment ressembler à cette personne ? Bien sûr, diront certains, il suffit d'être une personne compétente, honnête, valable et donc digne de confiance. Et ils ont raison. Mais, hélas, cela ne suffit pas pour obtenir le refus impossible : en effet, il est également important et décisif que son interlocuteur en soit persuadé et ressente que le courant passe. « On peut vraiment se reposer sur lui, il est tellement sympathique, je lui fais vraiment confiance. » Là est le point capital. Comment accroître ses chances pour que le courant passe et que les interlocuteurs s'aperçoivent réellement qu'ils ont en face d'eux une personne digne de confiance et digne de leur sympathie ? Voici le mode d'emploi.

Soigner les premiers contacts

Une loi incontournable

Le cerveau est le lieu de réception de toutes nos sensations et perceptions qu'il imprime et mémorise, il les enregistre et en garde la trace : les nouvelles sensations et perceptions viennent s'accumuler et renforcer ou non, cette trace. Mais la première trace a une influence décisive sur les suivantes. L'être humain est ainsi structuré. La première fois conditionne celles qui suivent. Il est essentiel de tenir compte de cette loi. L'impression première est extrêmement persistante : elle agit comme une sorte de paire de lunettes sélectives qui fait que la personne aura tendance à toujours continuer de communiquer en fonction de cette première impression. Tel est le fonctionnement incontournable du cerveau dont il faut tenir compte. Comment ?

L'art des premiers contacts

Il est différent selon la nature du premier contact. Il y a un nombre incalculable de cas dont nous avons retenu deux parmi les plus typiques.

1er cas : il est possible de préparer le contact

Prenons le cas d'un nouveau manager qui arrive dans un service. Comment doit-il s'y prendre pour réussir ses premiers contacts ? La loi fondamentale pour réussir est de passer du temps à préparer les contacts en se renseignant soigneusement sur les profils psychologiques et les mentalités des individus que ce manager va rencontrer. Toute improvisation peut être catastrophique pour l'avenir. Il existe de nombreuses méthodes d'analyse des profils. La méthode bien connue des quatre cerveaux[1] est certainement la plus opérationnelle et la plus adaptée pour savoir s'y prendre lors d'un premier contact. Pour arriver à une analyse assez juste, il est indispensable de se renseigner sur l'image qu'avait l'ancien manager et arriver à définir celle que le nouveau manager pourrait avoir. Enfin, il convient aussi de connaître les valeurs qui sont les plus prisées, et

1. D. Chalvin, *Utiliser tout son cerveau*, ESF éditeur, 1995.

surtout celles qui ne sont plus dans le vent parce qu'elles ne sont plus crédibles. « Depuis le temps que l'on nous parle de l'esprit d'équipe et que l'on fait tout pour nous mettre en compétition et nous diviser », peuvent penser certains. Si ce nouveau manager veut en parler avec enthousiasme, il a peu de chance de déclencher l'impossible refus qui précède l'adhésion.

2e cas : il est impossible de préparer le premier contact

La personne qui va être rencontrée est inconnue de tous. Il convient d'analyser les signaux non verbaux (les gestes, les tons de voix, les attitudes). L'astuce est de se comporter de la même façon que son interlocuteur afin que le contact s'établisse. L'interlocuteur ne s'aperçoit pas que son vis-à-vis se tient comme lui et emploie le même ton de voix. Cette méthode demande un peu d'entraînement, mais donne de bons résultats, surtout avec des inconnus. Ensuite, au fur et à mesure que la personne se révèle, la méthode des quatre cerveaux permet bien de prendre le relais et d'établir le climat de confiance. Par exemple, il est facile de s'apercevoir très vite que son interlocuteur aime à parler à bâtons rompus, sans plan très précis, ou, à l'inverse, qu'il a un esprit logique et cartésien, suivant un plan organisé. L'astuce est toujours d'avoir une attitude proche de celle de son interlocuteur. L'important est d'avoir préparé les deux façons de communiquer. Un entraînement à cette méthode des quatre cerveaux permet ainsi d'avoir plusieurs façons de traiter le même sujet selon l'interlocuteur que l'on va trouver.

Cultiver la proximité

L'apparence physique

Contrairement à des idées reçues, les êtres humains sont très fortement conditionnés par l'apparence physique d'une personne. De nombreuses expériences ont montré que les messages envoyés par son corps (âge, sexe, beauté, minceur, etc.) sont prépondérants. En partant de là, de nombreuses revues masculines et féminines font croire qu'il suffit de travailler son apparence physique pour obtenir la confiance, et donc l'impossible refus. C'est évidemment faux, mais le contraire l'est aussi. Devant l'excès de ces revues, de nombreuses personnes méprisent cet aspect et refusent de s'occuper de leur apparence physique. C'est une erreur. Une approche tempérée de ce phénomène est une solution à ne pas négliger. La clef de la réussite consiste à tenir compte du milieu dans lequel on vit. La première démarche étant de prendre conscience de l'image sociale que l'on risque de donner aux autres. « Comment me voient-ils ? Quelle impression je leur fais ? » Durant les séminaires, les exercices permettant de mieux découvrir son image sociale sont toujours considérés comme une expérience enrichissante pour les participants.

Toute information sur son apparence est utile et ne doit pas être méprisée. Qui n'a pas remarqué qu'il ne va pas parler de la même façon à une personne aux cheveux blancs ? L'aspect vestimentaire a également son importance. Une méthode efficace est de prendre le temps de réfléchir à l'effet que son apparence physique va déclencher, et si cette apparence va aider à avancer vers l'objectif que l'on veut atteindre : « Mon apparence va-t-elle provoquer la confiance ? la méfiance ? l'anxiété ? la tranquillité ? » Pouvoir le demander à quelques personnes de son entourage peut aider, tout en présentant le danger d'en être trop dépendant. Se poser simplement la question est déjà un grand pas.

La ressemblance

Celui qui découvre qu'il a les mêmes goûts que son interlocuteur se sent immédiatement en confiance. Il en va de même avec les connaissances intellectuelles : il est littéraire, mathématicien, scientifique ; il connaît cet auteur peu connu que j'adore et me passionne. Immédiatement la communication est plus facile. Les relations communes jouent aussi un grand rôle. Après quelques échanges, on se trouve des amis communs. « Que le monde est petit ! » est une expression qui traduit la force que procure la proximité ; en effet, elle est toujours dite avec étonnement et bonheur. L'appartenance à la même région a une grande importance (et à l'étranger, au même pays), tout cela crée des liens de solidarité et de défense collective. On ne peut rien refuser à un collègue de sa terre natale ! Mais le *nec plus ultra* consiste à découvrir que l'on a des souvenirs communs, des passés qui s'entrecroisent. On a vécu les mêmes joies et les mêmes souffrances, peut-être à des endroits différents et dans d'autres circonstances, mais on a vécu les mêmes expériences. On a du mal à refuser ce que demande un autre soi-même. Puisqu'il est si proche, il ne peut pas proposer une action nuisible qui serait au désavantage de son interlocuteur. Toute action faite pour découvrir et accumuler ainsi les points communs crée des conditions favorables à l'impossible refus.

La juste familiarité

Si la ressemblance peut être efficace pour obtenir l'impossible refus, elle n'est pas toujours possible. Que faire avec ceux qui diffèrent totalement de soi ? Eh bien ! l'astuce sera de créer une certaine ressemblance pour, peu à peu, par petites touches, devenir un familier. Le problème de la différence réside dans la peur de l'inconnu. Plus il est possible de diminuer l'inconnu, plus la peur diminue. Comment s'y prendre ? Peu à peu, sans que la personne s'en rende compte, il convient de s'arranger pour commencer à exister et être présent dans son paysage familier. En multipliant les petits contacts anodins, courts et sans conséquence : un coup de fil, un mail, faire un petit salut, puis serrer la main (importance du contact physique dans le conditionnement) : devenir comme un objet ou un animal familier, rassurant et banal. Cela est particulièrement vrai pour les personnes qui exercent des fonctions qui peuvent susciter des différends ou qui impressionnent, c'est le cas de nombreux manager, de certains fonctionnels (contrôleurs de gestion par exemple).

Quand leurs interlocuteurs les découvrent comme des personnes simples et humaines, familières, les relations en sont grandement facilitées. Les rencontres hors du cadre du travail sont bénéfiques pour créer cette familiarité : repas, balades, voyages, sorties, etc. Mais il convient que cette familiarité demeure bien dosée, surtout dans la culture française où chacun reste souvent méfiant et individualiste, à l'image de nos maisons entourées de barrière et de panneaux indiquant « chien méchant ». Cette familiarité doit rester de bon aloi, à sa juste dose, si l'on veut faciliter l'impossible refus. Elle doit rester dans certaines limites, variables selon le milieu, l'âge, la culture. Chacun saura la doser selon son contexte. Il n'existe pas de recettes automatiques. Enfin, il faut veiller à ce que ces contacts familiers soient perçus comme positifs et bénéfiques et ne soient pas associés à des expériences négatives. Les expériences d'entreprise où l'on organise des sorties en commun tout en exigeant des engagements excessifs peuvent aller à l'encontre de l'effet souhaité. C'est le sens de notre expression « juste familiarité ».

Se forger une réputation positive

Faire savoir son savoir-faire

Nombreuses sont les personnes qui font tapageusement état de leur prétendu savoir-faire, alors que la réalité ne correspond pas à cette « propagande », il serait néanmoins dommage que ceux qui ont de réelles compétences ne le fassent pas savoir. Pourtant, beaucoup de managers pensent qu'il n'est pas nécessaire de pratiquer ce faire savoir, l'assimilant à une vanité inutile. Ils se trompent. Les êtres humains ne fonctionnent pas ainsi. Soigner sa réputation facilite la réalisation d'un bon travail avec les autres. Il faut faire savoir ses « hauts faits » et ne pas se laisser impressionner par ceux qui se moquent, car ils sabotent ainsi la capacité d'influence de leur interlocuteur. Il n'en reste pas moins vrai qu'il convient de tenir compte de la culture ambiante et se faire de plus en plus modeste au fur et à mesure que sa réputation prend de l'importance, jusqu'au moment où il n'est plus nécessaire de s'en occuper quotidiennement. C'est très utile également pour un manager de faire savoir les réussites de ses collaborateurs, en les mettant ainsi en situation d'influence. De façon générale, il est plus efficace pour tout un chacun de faire savoir par d'autres ses propres réussites et ses hauts faits. C'est en effet mieux perçu : faire savoir devient ainsi « faire annoncer » son savoir-faire.

Être un porte-bonheur

Chacun connaît ce phénomène curieux. Il existe des personnes qui attirent les ennuis et il est préférable de les fuir. D'autres, au contraire, ont la réputation d'attirer la chance et la réussite. Ce hasard a son importance, mais la volonté stratégique de chaque personne peut avoir aussi un rôle prépondérant. Savoir créer une association positive entre sa venue, sa présence, sa participation à une activité et une bonne ambiance, de bonnes chances de réussite est déterminant pour obtenir le refus impossible. Il n'est pas inutile de l'annoncer. « Comme chacun sait, avec moi ça marche ! » Il n'est pas nécessaire, car utopique, que ce soit toujours vrai, mais que ce soit suffisamment souvent pour être crédible. C'est pourquoi il est conseillé d'user de précautions en disant plutôt : « Avec moi, c'est connu, ça marche… Enfin, la plupart du temps. » Il est bon d'être attentif à ne pas laisser les autres jouer les messagers quand il s'agit d'annoncer les bonnes nouvelles. Il est important de ne pas négliger cette fonction. C'est un rôle qui a un poids plus important qu'il n'y paraît. Il s'agit toujours du même mécanisme : être associé à des événements positifs, donc être soi-même positif. Quoi qu'il arrive, il est essentiel de penser à vérifier sa réputation : jusqu'à quel point est-on porte-bonheur ? Que faire pour que les gens qui travaillent avec soi aient une juste idée de nos capacités à être un porte-bonheur ? Que faire pour diminuer notre réputation de porteur de malchance ? Passer du temps à étudier son impact permet de gagner beaucoup de temps par la suite en pouvant davantage jouer « l'impossible refus ».

Tisser des liens positifs

Il n'est pas possible de vivre reclus, coupé des autres. La réputation tient à soi-même (ses réussites) mais aussi aux personnes que l'on fréquente, ses relations, ses amis, ses connaissances. C'est une loi lourde de conséquences pour chacun. C'est également vrai pour ses inimitiés et ses non-fréquentations : les personnes que l'on compte parmi ses ennemis forgent une réputation. Cette loi est d'autant plus prégnante qu'il est nécessaire d'avoir une bonne réputation auprès de personnes que l'on rencontre peu : par exemple, un responsable d'un service à fort effectif. Comment s'y prendre pour tisser des liens positifs ?

Il est d'abord utile de faire la liste des personnes avec lesquelles on a des relations positives et celles avec lesquelles on a des relations négatives, et en tirer les conséquences pour sa réputation. Ainsi, il est possible de fixer une stratégie pour diminuer les liens avec certains et d'accroître les liens positifs avec d'autres.

Ensuite, il est astucieux de savoir se montrer en présence des personnes utiles à sa réputation ou de faire savoir que l'on a de bons contacts avec elles. Par exemple, il est important pour des collaborateurs de savoir que leur manager s'entend bien avec la direction et que leurs liens sont solides et positifs. Il est judicieux de voir comment on peut renforcer ses liens avec des personnes prestigieuses ou d'excellentes réputations pour accroître automatiquement sa propre réputation. Il existe un cas délicat : on peut être amené à rencontrer souvent, pour des raisons professionnelles, certaines personnes dont la réputation négative peut rejaillir négativement sur soi-même. Il convient dans ce cas de bien préciser à l'occasion que ces contacts fréquents sont uniquement dus à des raisons professionnelles. Chacun est sur sa « toile » et ne peut vivre isolé des autres.

Se faire des alliés et être un allié fidèle

Il est essentiel de cultiver son réseau d'alliés fidèles, car on ne refuse rien à un allié, surtout fidèle. Pour cela, il convient d'abord de faire des repérages précis pour connaître tout son entourage. Il existe de nombreux alliés possibles que l'on ne soupçonne même pas. Ce sont d'abord tous ceux qui sont du même bord que vous, donc avec vous, solidaires, car on est entre partisans. Ensuite, il est très efficace de jouer les intercesseurs dès que l'occasion se présente : devenir celui dont on a besoin, qui arrange les problèmes, et quand on est intervenu auprès d'une personne il ne faut pas hésiter à faire savoir que cette affaire s'est bien terminée grâce à son intervention.

De même, en cas d'attaque, il est indispensable de faire savoir que l'on reste l'allié fidèle qui ne lâche pas son collègue en cas de coup dur. Sinon, celui qui a été floué s'en souviendra longtemps et ne manquera pas de manifester son refus dès que se présentera une occasion. Rester son allié, c'est bien, mais apparaître comme son défenseur et son avocat pour le sortir de ses ennuis et des attaques est encore mieux. Tout le gain de l'opération sera pour soi.

Pourtant, il faut savoir aussi ne pas tout défendre à tout prix. Dans ce cas, cette prise de distance doit être bien étayée et expliquée à son allié qui, de lui-même, reconnaîtra qu'en effet la défense et la solidarité ne sont plus possibles.

On peut ainsi ne pas toujours défendre ses alliés et pourtant rester leur allié. Enfin, il est bon de ne pas négliger ce que l'on pourrait considérer comme « la cerise sur le gâteau » : les petits cadeaux et les gentillesses même modestes qui permettent d'entretenir le réseau de ses alliés. Ainsi se crée une complicité sympathique efficace pour obtenir ce que l'on veut et susciter l'impossible refus.

Faire connaître ses malheurs : la victime

Ce type de manipulation a été traité en détail dans un autre ouvrage[2]. En effet, dans de nombreux cas, surtout dans la culture française, être malchanceux attire plus facilement la sympathie que la réussite et crée une situation propice pour obtenir ce que l'on veut. Le mauvais usage de ce rôle consiste à exagérer ses malheurs (toujours éreintés, malchanceux, irresponsables, pessimistes ou déprimés...). Le bon usage de ce rôle consiste à ne pas hésiter à expliquer ni décrire concrètement et avec objectivité les difficultés rencontrées pour obtenir une compréhension justifiée et une aide pratique équitable.

2. Cf. D. Chalvin, *Tensions et conflits dans les relations personnelles*, ESF éditeur, 2001, exposé 5 : « Les pouvoirs ignorés des victimes ».

2. Du bon usage des situations propices

Il arrive que l'on s'étonne de voir ses interlocuteurs accepter avec soi ce qu'ils n'acceptent pas des autres. Certaines personnes créent en effet tout naturellement des situations propices à déclencher « l'impossible refus ». Chacun a pu vivre cette expérience sans réaliser qu'il a des contacts faciles avec son entourage, est proche des gens et a la chance d'être bien considéré, car il jouit d'une bonne réputation. On a montré comment, sans avoir forcément cette personnalité exceptionnelle, il était possible de provoquer des situations propices à « l'impossible refus ». Mais chacun a expérimenté le contraire : des moments où ces situations, en principe très propices, peuvent être très dangereuses et susciter ensuite des rancœurs et des méfiances. On voit, en effet, certaines personnes qui abusent de la situation. Il est important de voir comment gérer ce phénomène pour en éviter les conséquences négatives.

Les personnes manipulables parce qu'elles sont trop sensibles aux situations qui rendent difficile un refus

– Être très sensible à l'apparence physique des gens, à leur façon de s'habiller, à l'impression qu'ils font, à l'ambiance qu'ils créent autour d'eux.
– Avoir un complexe d'infériorité, avoir été brimé, se penser peu digne d'intérêt, peu intéressant.
– Être solitaire, avoir peu d'amis et avoir peur d'être abandonné.
– Avoir peur du conflit et des désaccords, être vite mal à l'aise dès qu'un différend se présente, même mineur.
– Chercher les relations harmonieuses, faciles et confortables où son interlocuteur sait bien s'adapter à votre personnalité.
– Souhaiter ne pas contrarier les autres et dire facilement : « Comme vous voulez, c'est à vous de voir, on peut s'arranger. »
– Aimer communiquer, échanger, partager les mêmes goûts, les mêmes valeurs et souffrir du manque de communication qui existe la plupart du temps.
– Vouloir être apprécié et aimé, avoir de fortes tendances narcissiques, être égocentrique, s'écouter parler et aimer être écouté.
– Être plutôt attiré par des personnes proches et assez semblables à soi.
– Avoir peur de la différence, de l'inconnu et du changement, être timoré, superstitieux.
– À l'inverse, être de contact très facile, très bavard, aimer raconter sa vie et ses souvenirs, se faire facilement des amis, en avoir beaucoup et se laisser vite embarquer dans une relation.
– Ne pas aimer être seul, avoir le goût des groupes et de la vie collective.
– Être optimiste et voir le côté positif des gens et des événements.

– Être facilement admiratif devant les « vedettes », être sensible à la notoriété et à la réussite sociale.
– Être flatté d'être l'ami d'un gagnant connu et dépendant de l'opinion des autres.
– Chercher de l'aide et des supports en cas de difficultés.
– Penser qu'il est indispensable d'avoir un réseau pour réussir.

Ainsi, les personnes facilement manipulables peuvent avoir des traits de personnalités variés et même contradictoires, car la situation a sans doute plus d'influence, en ce cas, que la personnalité. Cela montre aussi la force de ce type de manipulation.

L'art de se défendre des usages abusifs de ces situations propices

Portrait du créateur de ces situations

Il plaît d'emblée. Dès le premier contact, il sait créer une ambiance positive et communicante. Au premier coup d'œil, on le trouve sympathique. Il est à l'aise, physiquement et psychologiquement. Il plaît. On a facilement envie de se confier à lui. D'ailleurs, très vite, on se trouve de nombreux points communs. On s'en montre étonné et heureux. Avec lui, on se sent vite à l'aise, comme si on se connaissait depuis longtemps. Il est extraverti, bon vivant et heureux de vivre. Souriant et attentif, il laisse parler et écoute avec intérêt ce que l'on peut lui raconter. Alors, bien sûr, on se livre facilement à lui et on lui raconte des éléments de sa vie que l'on n'aurait pas cru pouvoir livrer si aisément. Avec lui, les confidences viennent vite. Il a une mentalité de gagnant et c'est toujours positif de le rencontrer. Il a d'ailleurs une réputation de réussite qui dépasse le cercle de ses intimes et l'on est fier de faire parti de ses proches, même s'ils sont assez nombreux. Quand on pense à lui, les bons souvenirs sont légion. Quand on sait que l'on doit le rencontrer, on se sent déjà en forme ! On a vraiment l'impression qu'il crée le bonheur autour de lui. D'autant qu'il n'hésite pas à donner un coup de main quand on en a besoin. On sait avec lui que l'on a un allié fidèle sur lequel on peut compter.

Cette personne si sympathique et rayonnante de réussite et de bonheur, de bons contacts et fidèle en amitié va savoir manipuler honnêtement et utilement, grâce à ses capacités à créer des circonstances propices à l'impossible refus. Il peut cependant lui arriver d'abuser au détriment de ses interlocuteurs.

L'utilisation abusive de ses dons à créer des situations propices

Voici quelques exemples qui permettent de repérer ces abus.

Même s'il ne connaît pas son interlocuteur, il semble d'emblée totalement à l'aise et, comme par hasard, suscite la découverte de nombreux points communs, des goûts semblables, de vagues relations, ce qui provoque un grand étonnement devant tant de coïncidences. Il n'est jamais contrariant et se dit d'accord sur tout. Dit-il la vérité ? Ce n'est pas facile de le savoir, car toutes ces coïncidences sont difficilement vérifiables. Peu importe, il est rassurant et l'on se sent en sécurité avec lui. C'est d'ailleurs davantage un sentiment qu'une réalité fondée sur des preuves. Comment lui en vouloir, il s'est révélé un allié utile à certaines occasions. Il a même affirmé haut et fort que c'était grâce à lui que certaines affaires s'étaient arrangées. On l'a cru, bien que l'on manque de preuves. Sa réputation de réussite ne l'empêche pas de rester simple et direct. Il n'en tire pas vanité ostensiblement, mais il sait le faire savoir à l'occasion, ce qui fait que, pour tout le monde, il est plutôt flatteur d'être de ses connaissances. Il prétend lui-même connaître des personnes très importantes, mais il est difficile de vérifier. Il est vrai qu'on l'a aperçu avec certaines de ces personnes, mais qu'est-ce que cela veut vraiment dire ? À certains moments, il laisse pointer un accent particulier qui fait penser à un chantage caché : « Si vous n'êtes pas aussi aimable avec moi que je le suis avec vous, vous allez sans doute y perdre… » On se sent un peu empêtré dans ces filets mais il est si sympathique qu'il apparaît bien difficile de lui refuser quoi que ce soit, car on ne voudrait pas perdre cette excellente relation avec lui, si agréable, si harmonieuse, si proche, et qui a l'air aussi si utile et bénéfique.

Un jour, on s'aperçoit que ses intercessions n'étaient pas si réelles et que tous les goûts communs que l'on s'était trouvés étaient bien peu partagés. On s'aperçoit qu'il exagère souvent et ment parfois. On se rend compte qu'il profite de la bonne relation qu'il a installée pour demander de plus en plus et abuser de la situation positive qu'il a su créer. Sa réputation de réussite ne semble pas aussi établie qu'il veut bien le dire et on a cru qu'il était plus puissant qu'il ne l'est en réalité. En le croyant, on lui accordait souvent ce qu'il demandait. On se sent floué et abusé, comment aurait-on pu faire pour se défendre ?

L'art de se défendre

Pour chacune des situations propices, telles qu'elles ont été décrites, existe une stratégie pour se défendre. Cependant, le champion de l'esquive de ces situations risque de se laisser prendre dans les filets de la sympathie. La première démarche est de voir quel est le critère qui est en jeu dès que l'on ressent une difficulté de plus en plus grande à refuser ce qui est demandé : est-ce les apparences physiques ? est-ce la proximité ? est-ce la réputation ? etc. Il est possible alors de répondre à chacune en vérifiant la sincérité et la véracité de la situation.

Quelques exemples :

1. Se méfier d'un premier contact trop facile où l'interlocuteur a l'air tout le temps d'accord.

2. Refuser de tout « gober » sans avoir préalablement vérifié par regroupement précis les affirmations de proximité culturelle : s'il prétend aimer certains auteurs ou pose des questions précises.

3. Ne pas se laisser piéger par quelqu'un qui à l'air de devenir rapidement familier avec nous et qui se met trop souvent dans notre paysage. Que veut-il ?

4. Vérifier si la réputation qui lui est faite correspond à la réalité : ne pas en rester aux rumeurs, ouï-dire et autres affirmations. Il convient de mener son enquête.

5. Ce n'est pas celui qui annonce la bonne nouvelle qui en est forcément l'auteur, là aussi se renseigner.

6. La fréquentation de personnes valables ne garantit pas automatiquement la valeur de celui qui la fréquente. Là aussi, seuls des faits confortables et vérifiés sont sûrs.

7. Il ne suffit pas qu'une personne prétende être un intercesseur pour qu'elle le soit, là aussi se renseigner est utile.

Il suffit de reprendre tout ce qui a été dit sur l'art de créer des situations propices et de vérifier la véracité et l'authenticité.

Mais ce peut être déjà trop tard, car les filets sont tendus et il apparaît de plus en plus difficile et gênant de refuser quoi que ce soit à cette personne si sympathique. La bonne défense consiste à déconnecter le sentiment de sympathie (que l'on ne peut plus vraiment supprimer, car vérifier et enquêter n'est pas à notre portée immédiate) et la demande immédiate qui nous est faite. Dès que l'on ressent ce sentiment vis-à-vis d'une personne qui vous fait une demande précise et pressante, il convient d'avoir le réflexe d'arrêter les événements et de dire : « Attendez, je vais réfléchir. » Ne jamais répondre immédiatement, bien que la tentation soit grande. Si, par hasard, on a accepté dans le feu de l'action, il est possible de se rattraper (le plus vite possible) et de revenir sur sa décision en indiquant que des éléments nouveaux sont apparus et d'user de cette formule magique constituée de la fameuse petite phrase : *« On va réfléchir. »* Ainsi la déconnexion est faite entre la sympathie et la demande. On peut alors en toute tranquillité analyser les avantages et les inconvénients d'accepter cette demande, sans répondre par sympathie, mais parce que cela nous convient de dire oui ou non. Et, quand on a tout essayé, il ne faut pas craindre de se fâcher avec un manipulateur qui abuse de nous-même si on avait confiance en lui, parce qu'il était sympathique. Cela ne peut être que bénéfique. Il n'est pas absolument nécessaire de conserver certains amis qui vous ont déçu ou désavoué. C'est d'ailleurs un signe utile pour détecter le manipulateur abusif : le manipulateur abusif n'accepte jamais un refus sans vous le faire payer. Le manipulateur positif l'accepte tout en vous gardant son amitié.

L'utilisation honnête et bénéfique de l'art de créer des situations propices

Éviter la suradaptation

Le premier objectif consiste à réussir les premiers contacts. Tous les conseils donnés pour réussir ces premiers contacts peuvent être appliqués honnêtement. Pour s'assurer que la relation reste bénéfique, passé le premier contact, il convient de bien s'inscrire dans la durée en réfléchissant aux lendemains. C'est utile de s'adapter à son interlocuteur, mais il est aussi important de rester soi-même en évitant de vouloir s'adapter à son interlocuteur de façon trop systématique. La comédie risque de le tromper sur la véritable personnalité de son vis-à-vis et les contacts seront plus difficiles par la suite. S'il s'agit d'un contact passager et sans lendemain, chacun peut juger et décider de la meilleure manière de se présenter. Faut-il jouer le grand jeu ou non ? En revanche, une suradaptation excessive ne peut avoir que des effets négatifs.

Comment savoir si l'on est tombé dans l'excès ? C'est simple : le souci de bien s'adapter à l'autre ne doit servir qu'à communiquer et échanger plus facilement avec lui, sans cacher les points où il peut y avoir difficultés ou mésententes. Si l'on sent d'emblée une difficulté de contact, il n'est pas opportun d'évoquer un problème qui a peu de chance de trouver des solutions. Mieux vaut attendre que la communication soit bonne, ce problème a alors de bonnes chances de trouver une issue favorable.

Évitons de faire comme ce manager qui soignait tellement le premier contact avec les candidats à l'embauche en les mettant à l'aise et en se suradaptant à eux qu'il n'arrivait plus à vraiment savoir quel type de personne il avait devant lui : le contact était si sympathique et l'ambiance si bonne ! Il arrive aussi que la personne qui cherche tellement à s'adapter, obtienne l'effet inverse et provoque la méfiance. La manipulation ne marche pas, car l'interlocuteur sent trop le séducteur qui veut jouer la sympathie pure, sans chercher une communication ouverte, honnête et soucieuse de la compréhension du point de vue de l'autre. La personne se sent prise dans des filets dont elle a hâte de se débarrasser.

Cultiver la proximité authentique

Veiller à s'habiller d'une façon qui ne gêne pas la relation avec l'autre : le mettre à l'aise ne peut être que bénéfique, mais cela ne veut pas dire que l'on devienne tel un caméléon. Vouloir tromper son interlocuteur en jouant sur l'apparence peut sans doute être efficace pour un contact fugitif mais ne tient pas longtemps, et l'effet est pris par la suite.

À l'inverse, ne pas tenir compte de son apparence physique et de l'image sociale que l'on peut donner a des effets aussi négatifs. Il est incontournable dans les relations de s'en préoccuper.

Découvrir les ressemblances que l'on a avec quelqu'un est très utile pour bien vivre ensemble. Tous les conseils qui ont été donnés pour rechercher activement ses points communs sont donc bons à suivre. Un seul piège nous guette : le désir d'en rajouter, de mentir un peu. Le jeu est dangereux, car la personne s'en apercevra sûrement un jour où une autre lui indiquera « Ah bon, il t'a dit qu'il aimait jouer au golf... Mais à moi il m'a dit le contraire ! » Il convient aussi de ne pas oublier que les différences peuvent être enrichissantes. Les conseils donnés sur la pratique de la « juste familiarité » ont toutes les chances d'être bénéfiques, car l'être humain a plutôt peur de la nouveauté. La patience que suppose cette méthode est bien récompensée : tel qui restait fermé et méfiant est peu à peu amadoué par ces multiples gestes qui rendent la relation plus familière. La manipulation est facilement bénéfique.

Une réputation fondée

Pour qu'il y ait une manipulation efficace, il convient de donner des preuves tangibles, car la pratique abusive est si fréquente que tout le monde se méfie. En même temps, la modestie est bien vue, il faut donc plutôt assurer sa bonne réputation en s'arrangeant pour que les autres disent du bien de nous. Le piège est en général subtil : d'un côté, tout le monde admire la personne qui réussit; d'un autre côté, il est mal vu de trop se vanter de ses réussites. On se sent plus facilement prêts alors à taire ses succès.

La méthode de l'affirmation de soi[3] aide bien à trouver l'équilibre et le juste milieu entre ces deux positions : pour y arriver, il est important de ne pas avoir peur de se faire mal voir en annonçant ses réussites, le fin du fin étant de les faire annoncer par les autres. Tous les conseils donnés pour apparaître un « porte-bonheur » sont opérants la plupart du temps. Un seul piège : s'attribuer les réussites des autres est très dangereux, car cela finit toujours par se savoir et des rancunes naissent, qui préparent des vengeances (effet boomerang). Mais cela n'interdit pas de faire attention à être associé à des événements positifs, même si on y a une part modeste, sans craindre de le dire, car on aura ainsi une réputation fondée sur des preuves, ce qui est indispensable pour que la manipulation fonctionne.

Un autre piège à contourner pour pouvoir développer de façon bénéfique l'impossible refus est de penser qu'une réputation se fait sans l'aide des autres : « J'ai ma conscience pour moi et je n'ai pas besoin des autres. » C'est une erreur, l'être humain en société ne fonctionne pas ainsi. Il est nécessaire de passer du temps (de perdre du temps, diront certains) pour tisser des liens positifs, se faire des alliés et être un allié fidèle. Cela fait partie d'une gestion positive du temps. Le danger est un excès dans un sens comme dans l'autre : trop seul ou trop soucieux de s'afficher avec des personnes qui peuvent accroître notre bonne réputation, ou de se créer des réseaux et des alliés. Son efficacité en souffre et la réputation risque ne plus être assez fondée. Cela dit, tous les conseils évoqués sont applicables sans problème et permettent une manipulation honnête et bénéfique en créant des situations propices qui mènent à « l'impossible refus ».

Une automanipulation bénéfique

On voit bien comment mieux s'y prendre avec les autres, mais il semble difficile de savoir aussi bien s'y prendre avec soi-même. Là aussi, tout est question de circonstance pour créer des situations propices pour qu'on accepte facilement de réaliser ce que l'on a décidé. Il est possible de s'appliquer à soi-même tout ce qui a été dit pour les autres.

---

3. D. Chalvin, *L'affirmation de soi*, ESF éditeur, 2000.

Déjà, prendre le temps de parler avec soi-même est une première étape. Il convient de choisir les bons moments pour prendre contact avec soi-même et pour décider ce que l'on va faire. Chacun connaît les moments qui lui sont favorables : une promenade en forêt, dans les embouteillages, un bon CD, un bon livre, etc. C'est l'art du premier contact avec soi-même qu'il faut soigner : ne pas se heurter, s'adapter à son caractère plutôt que suivre les belles recettes qui ne peuvent convenir qu'aux autres… Mais, là encore, il faut savoir laisser venir le désaccord intérieur, les obstacles ressentis et accepter (et même utiliser) ses contradictions et ses tensions qui permettent de réfléchir, de mieux prévoir et d'approfondir. Peu à peu, on se trouvera mis au pied du mur et il ne sera plus possible de toujours remettre à demain et de décider : l'effet « impossible refus » a fait son bon travail en soi-même !

Cultiver la proximité avec soi-même, c'est prendre le temps (à son rythme) d'entrer en soi-même, de mieux connaître ses points forts et ses points faibles, d'être présent à soi-même, de ne pas se fuir, de ne plus se cacher ses atouts et ses faiblesses, d'être lucide sur ce que l'on veut faire (ce que je veux, ce que je peux). Être bien avec soi-même est la condition pour être bien avec les autres. Il en est de même pour la réputation que l'on a de soi : ni se dévaloriser, ni chercher à se présenter sous l'apparence d'un personnage qui est bien loin de la réalité. Ne pas jeter de la poudre aux yeux des autres, mais pas non plus à soi-même. Il est bon de prendre certaines distances avec les méthodes qui présentent la connaissance de soi et son accomplissement de manière dangereuse : croire en soi et être positif avec soi-même est bel et bien, mais il convient que ce soit lucide, réaliste, fondé sur des faits. Pour obtenir le bénéfique impossible refus qui aidera chacun à décider efficacement, il est essentiel de savoir en quoi et comment on est un vrai « porte-bonheur » pour soi-même. Il est indispensable de tisser des liens positifs avec soi-même avec lucidité sur quelques points : mon corps, mon intelligence, mon caractère sont mes alliés. Comment puis-je agir pour qu'ils soient toujours davantage mes alliés ? Comment puis-je cerner en quoi ils ne sont pas mes alliés et peuvent me conduire à la catastrophe ?

3. Déclencher le mécanisme de l'échange réciproque

Pourquoi cette attitude, bien ajustée, permet d'obtenir ce que l'on veut ? Chacun sait que ce ne sont pas les manipulations les plus élaborées et les plus compliquées qui sont les plus efficaces, mais celles qui s'inscrivent dans les habitudes de la vie, celles qui sont les plus naturelles et que tout le monde pratique inconsciemment, et depuis très longtemps, parce qu'elles constituent une nécessité pour survivre en société. Tous ceux qui connaissent les pays plus pauvres que le nôtre, c'est-à-dire la grande majorité du monde, savent qu'ils ont des systèmes communautaires d'entraide réciproque très efficaces au sein de ce qu'il est convenu d'appeler « la famille élargie », qui concerne en fait la plupart du temps tout le village : tout le monde produit et partage. On est bien loin de nos sociétés modernes où il arrive que l'on découvre dans un quartier ou un immeuble qu'une vieille personne est morte sans secours, depuis des mois. L'individualisme égoïste fleurit. C'est pourquoi l'attitude d'échange réciproque (« le donnant, donnant ») peut, tout d'un coup, devenir si puissante et être capable de provoquer l'impossible refus, car cette attitude est à la fois nouvelle et enracinée dans l'instinct ancestral de survie.

En effet, personne ne peut survivre sans le secours des autres. Chacun a besoin de l'autre, souhaite l'échange réciproque avec lui, ce qui fait qu'il a forcément du mal à refuser cet échange, car, consciemment ou non, il a peur que son refus lui fasse perdre cette possibilité de relation si nécessaire. Besoin, obligation, bonheur de l'échange et de la réciprocité : voilà un phénomène humain essentiel ! Il n'est donc pas étonnant qu'utilisé à bon escient il puisse être cet instrument si puissant d'influence. Cependant il nous arrive aussi d'échouer dans ces échanges réciproques avec les autres, on est prêt à se soumettre à beaucoup de choses pour échapper à cet échec et arriver à établir des échanges avantageux sur tous les plans. On ressent d'autant plus fortement ce besoin que notre société a érigé en valeur morale cette nécessité vitale de survie. Chacun doit avoir « le sens du service et l'ouverture aux autres ».

L'objectif fixé va donc consister à déclencher chez l'autre le réflexe d'échange et de réciprocité qui sommeille en lui, réveiller cette nécessité, cette espérance, cette valeur morale, cette fascination et cette peur ancestrale inconsciente de perdre l'échange et ainsi obtenir ce que l'on veut de lui, en le mettant en situation d'obligation de réciprocité. Voici quelques suggestions pour y arriver.

Être à l'écoute des autres

Nous allons voir quel est le mécanisme qui fait que cette attitude relativement banale permet de créer des situations où la personne a du mal à refuser ce qu'on lui demande. Contrairement à ce que beaucoup croit, bien communiquer est à la fois le grand désir de tout le monde et une action toujours difficiles à réaliser, les êtres humains sont mal équipés pour bien communiquer, pour plusieurs raisons : on manque de temps, on est enfermé derrière les barrières de sa subjectivité, parce que nous sommes fortement conditionnés par notre passé. S'expliquer est souvent une gageure et, même, parfois inutile et dangereux. C'est pourquoi, dès qu'une personne communique un peu mieux que les autres, elle pousse ses interlocuteurs à lui faire confiance et à se livrer, déclenchant ainsi la réciprocité. Elle est en situation d'influencer l'autre et d'obtenir ce qu'elle veut de lui.

Savoir écouter

Écouter n'est pas si simple, contrairement à ce que certains font croire. Pourtant l'écoute, même maladroite, donne déjà de bons résultats. La méthode de base la plus connue s'appelle la reformulation : il suffit de se taire, d'être attentif et de répéter de temps en temps ce qui a été entendu, en demandant à son interlocuteur s'il a le sentiment d'avoir été entendu et compris. Dans ce va-et-vient relationnel, on est souvent fort étonné de voir que, précisément, on n'a rien compris et que la personne souhaite s'expliquer à nouveau. S'entraîner à cette méthode est très rentable. En effet, qui ne craquerait pas devant celui ou celle qui écoute, cherche à comprendre et se montre attentif. Cette attitude encourage à parler, à s'entendre et à s'épauler tant on est ravi d'être entendu. C'est là que réside l'intérêt de nombreuses thérapies : enfin, être écouté ! Et chacun est bien prêt à payer (même très cher et pendant très longtemps) pour vivre des moments pareils.

Celui qui veut pratiquer efficacement cette méthode doit apprendre à savoir se taire et à supporter les quelques secondes de silence qui laissent le temps à l'autre de rassembler ses idées et de parler. C'est également vrai s'il veut obtenir de son interlocuteur une réponse à une question, le silence étant nécessaire pendant un temps qui peut paraître très long. Si l'on souhaite qu'une personne donne des informations qu'elle n'aurait peut-être pas données naturellement, il est astucieux de commencer par des banalités qui n'inquiètent pas, puis de se taire, écouter, reformuler, se taire, écouter, etc. Il est étonnant de voir tout ce que la personne se met à raconter, qu'elle n'aurait jamais dit si elle ne se sentait pas si parfaitement écoutée.

Il est également efficace et recommandé de laisser la personne suivre ses idées, et surtout dans l'ordre qui lui convient, même si elle sort du sujet. Il est bon de ne pas omettre d'écouter son corps, c'est-à-dire d'être attentif aux sentiments qui s'expriment sur son visage et de reformuler aussi ces sentiments-là, car la personne ressent des choses importantes (sans en être consciente) qui sont faciles à repérer pour celui qui l'observe. Cette démarche lui montre que l'on est à l'écoute de ses besoins exprimés par ses sentiments, que l'on est en accord avec elle (comme on parle d'accord musical) et que l'on se trouve ainsi sur la même longueur d'onde grâce à la reformulation de ce qui est dit et ressenti. Faire parler n'est pas si compliqué ! On met ainsi la personne dans l'impossibilité de refuser de donner les informations que l'on souhaite !

Faire des confidences

On ne peut espérer mettre quelqu'un en confiance sans se livrer un peu soi-même. C'est une autre méthode pour montrer son souci d'ouverture à l'autre. On commence par se livrer un peu pour lui montrer qu'il est une personne que l'on considère puisque digne de recevoir une confidence, et que donc, on est ouvert à l'échange avec elle. On met ainsi en jeu le désir de réciprocité : « Puisque vous m'avez donné, je vais vous donner des confidences. » On suscite l'ouverture à soi, en étant soi-même ouvert à l'autre, en lui livrant certains secrets. Il suffit alors de poursuivre par l'écoute, le silence, la reformulation.

Cette méthode marche bien en groupe pour obtenir une forte participation et une implication personnelle. L'animateur parle un peu de ses expériences personnelles. Peu à peu, de proche en proche, chacun se montre plus ouvert. L'animateur se tait, laisse venir, reformule, écoute, suscite l'écoute des autres (en intervenant si nécessaire pour qu'on laisse parler la personne...). Et voilà comment il est possible d'obtenir l'ouverture aux autres en manifestant soi-même cette ouverture qui permet d'obtenir, sans le demander, ce que l'on voulait, alors qu'il y avait, sinon un refus, du moins une certaine réticence à se livrer. Une fois ainsi établi un bon réseau de communication dans le groupe, il est possible d'obtenir ce que l'on souhaite des stagiaires en les ayant mis en situation de refus impossible.

Aider et rendre service

Une autre méthode consiste à rendre service. Cela paraît banal, mais il existe des façons de faire qui le sont moins.

Susciter la gratitude

L'échange réciproque fait appel à la notion d'équité automatique. Si une personne invite à dîner, elle attend, en échange, d'être aussi invitée. Si, par hasard, la personne « ne rend pas » cette invitation (selon l'expression habituelle, si significative), il y a de bonnes chances qu'elle ne soit plus invitée. C'est un rite social puissant et incontournable. On est invité à un mariage et l'on se renseigne aussitôt pour savoir où est déposée « la liste de mariage », si bien nommée. Tout le monde doit rendre l'aide qui lui a été donnée, doit rembourser, car il a une dette envers la personne qui lui a rendu service.

Ainsi aider et rendre service devient un instrument pour déclencher chez l'autre des actions et comportements qu'il n'aurait peut-être pas voulu exécuter sans l'intervention de la personne serviable. Il existe une expression un peu vieillotte qui traduit bien ce lien de réciprocité : « Je me sens obligé » ! Il existe ainsi plusieurs modalités pour mettre la personne en situation de refus impossible, l'essentiel étant de déclencher le sentiment de gratitude. C'est la base du clientélisme que pratiquer facilement les politesses, le « renvoi d'ascenseur », selon une expression courante dans l'entreprise, ou plus simplement la phrase classique : « Je te revaudrai ça », ou ce que l'on traduit parfois par cette expression imaginée, « la reconnaissance du ventre » !

Déclencher le sentiment de dette

Il peut être intéressant de pratiquer « l'acte désintéressé » et rendre un service auquel la personne ne pensait pas, en devançant ainsi le désir. Elle se sent alors quasiment obligée de remercier parce que cet acte est désintéressé et qu'elle n'a rien demandé. Il faut cependant veiller à ce que le service rendu soit réellement apprécié et parce qu'il était secrètement espéré. Une phrase peut aider à savoir si on a bien vu ce qu'il fallait faire « Justement, j'y pensais, mais je n'osais pas le demander. » On est alors sûr d'avoir suscité le sentiment de dette et donc déclenché le souci de payer cette dette par un service réciproque. Si la personne manifeste un refus qui n'apparaît pas de politesse, ou montre le peu d'intérêt qu'elle a pour ce service ou ce cadeau ou cette aide (on insiste un peu...), il est alors préférable de ne rien faire, car on ne suscitera pas le sentiment de dette.

Semer pour récolter

Si on cherche à susciter un sentiment de dette et de gratitude dans le but d'obtenir quelque chose de précis d'une personne, il faut adopter la stratégie patiente du chasseur : repérer d'abord les personnes dont on va avoir besoin, et imaginer clairement le poids des difficultés qu'elles vont ressentir en faisant ce que l'on va leur demander. Cela est un point essentiel qui demande de bien connaître les personnes que l'on veut engager dans l'affaire. En effet, il convient de leur rendre un service identique à celui qu'elles vont accepter de faire pour nous, afin de déclencher à coup sûr le mécanisme d'échange réciproque.

Dans ces cas-là, ce qui compte c'est évidemment le sentiment qu'elles ont de l'investissement demandé. Si elles ont l'impression que ce qui est demandé en retour est beaucoup plus difficile que le service rendu, les risques d'échec sont grands. L'astuce est de ne pas demander immédiatement ce que l'on souhaite. Il convient de profiter d'un moment propice pour déclencher l'acceptation. On peut alors faire sa demande d'un service différent, mais équivalent, car il est important de respecter le principe de juste réciprocité.

Faire des concessions

Ceux qui savent manier cet art s'attirent la gratitude et déclenchent le besoin de payer sa dette et de rendre équitablement ce qui a été reçu. L'art du compromis et des arrangements est une attitude essentielle dans la vie quotidienne, aussi bien dans la vie professionnelle que dans la vie privée. C'est certainement ce qui peut provoquer le plus de gratitude et de sentiments de dette, et donc de retour équitable intéressant.

L'astuce consiste à être le premier à effectuer une concession en prenant le soin de le signaler haut et fort, après un temps suffisant pour que la personne se rende compte de l'effort réalisé et du poids de la concession. C'est un bon moyen de déclencher la mécanique de la réciprocité et de mettre son interlocuteur en position d'impossible refus. « J'ai fait une concession, à vous d'en faire une. »

Il est judicieux d'ouvrir le champ des possibilités. Le manager va accepter de ne pas tenir compte d'une erreur commise par son collaborateur (« Pour cette fois, je ferme les yeux, mais attention à l'avenir ! »). Il est alors en position de lui demander un travail imprévu supplémentaire que son collaborateur aura du mal à refuser. Lui aussi devra faire une concession. Ainsi une concession enclenche automatiquement une autre concession. Il est important de donner plus de poids à ce que l'on accordera, donnant le sentiment à son interlocuteur que c'est lui qui a réussi à décrocher de haute lutte cette concession. Chacun est vite grisé de se savoir aussi puissant (« Je l'ai eu »). On peut aussi jouer les grands seigneurs en signalant que ce qui est obtenu ne procède que de sa grande bonté et de son extrême gentillesse. Tout dépend de ce que l'on veut obtenir de lui ensuite.

4. Du bon usage de l'échange réciproque

Cette manipulation est un phénomène naturel que tout le monde utilise ou subit. Mais il est possible d'en faire un bon ou un mauvais usage. Voyons à quelles conditions.

Les critères qui définissent les personnes sensibles au mécanisme de l'échange réciproque

– Être égocentrique, ne pas supporter que son interlocuteur écoute peu ce que l'on est en train de lui dire (ce qui est le cas de beaucoup !), être heureux et flatté de voir que l'on intéresse à ce point son vis-à-vis qu'il est « tous yeux et toutes oreilles ».
– Être hyperactif et rapide, ne supportant pas le silence, même quelques secondes ; avoir la peur du vide au point de ne pouvoir s'empêcher de parler dès qu'il y a un silence.
– Être curieux de la vie des autres et s'intéresser aux gens : aimer connaître leur vie cachée et leurs secrets.
– Aimer raconter sa vie et se livrer facilement dès que l'autre a l'air de se confier et de faire des confidences.
– Se sentir coupable et gêné dès que quelqu'un apporte de l'aide et rend un service.
– Avoir peur de déranger et de s'imposer et ne pas oser demander de l'aide.
– Préférer plus que tout donner que recevoir, quitte à y perdre, aimer faire des cadeaux, aimer aider.
– Être trop serviable et généreux, être charitable et ouvert aux autres.
– Critiquer sévèrement ceux qui ne rendent pas les invitations ou qui ne font pas en retour un cadeau équivalent si on leur fait un cadeau et les traiter d'égoïstes et de goujats !
– Être dépendant des autres, leur demander trop souvent de l'aide ou des services, en s'appuyant sur le principe « qu'il faut bien s'entraider » !
– Ne pas concevoir d'accepter sans remercier les autres pour tout ce qu'ils font en votre faveur : cultiver l'attitude de gratitude.
– Se sentir mal à l'aise si une personne fait des cadeaux qu'il est impossible de rendre de façon équitable, tant ils sont magnifiques et onéreux.
– Ne pas du tout apprécier les profiteurs qui n'ont aucun sens de ce qu'ils doivent de reconnaissance à tous ceux qui les aident.

L'art de se défendre de l'utilisation abusive de l'échange réciproque

Portrait des manipulateurs

On peut en rencontrer quatre qui se présentent avec des caractères très différents.

Le premier se montre ouvert aux autres et à l'écoute de tout ce que dit son interlocuteur à tel point que l'on s'en trouve presque gêné : « Pourquoi s'intéresse-t-il tant à moi qu'il connaît à peine ou avec qui il n'y a pas de relations importantes, mais seulement professionnelles ou de voisinage ou simplement occasionnelles et conjoncturelles. » Il a aussi une drôle de façon de répéter ou de résumer ce que l'on vient de dire : « Qu'est-ce qui se cache derrière cette façon d'agir ? C'est agréable d'être si bien écouté, mais pourquoi ? » Il est aussi parfois vraiment trop serviable : un vrai saint Bernard ! Il suscite les remerciements et l'on se sent obligé d'en faire autant avec lui tellement il est gentil. C'est presque excessif mais bien agréable. À certains moments, on se passerait de son aide un peu envahissante d'autant qu'il lui arrive de rendre des services qui ne lui étaient pas demandés. Bien sûr, il apparaît tout à fait désintéressé et ne demande rien en retour, mais on se sent d'autant plus obligés.

Le deuxième focalise tout d'un coup son attention sur vous, alors que ce n'était pas le cas auparavant, et insiste tant pour vous aider qu'il semblerait malséant de refuser. De toute façon, il a l'air si triste quand on lui dit : « Ce n'est pas la peine de se donner tout ce mal pour moi, il n'y a pas de raison... » On se laisse faire en se disant : « Après tout, autant en profiter. » Il est bien normal ensuite, quand l'occasion se présente, de leur rendre aussi un service, souvent plus important et plus lourd. On a été pris dans le filet.

Le troisième se montre excessivement arrangeant, toujours prêt à faire une concession. Il fait toujours le premier pas. Au début, il nous donne vraiment le sentiment d'être bon négociateur, mais ensuite on s'aperçoit qu'il amène à faire des concessions bien plus élevées que celles qu'il a faites. Ce n'était pas une concession réciproque mais une concession inéquitable en sa faveur. Sa première petite concession n'était qu'un appât pour en susciter une plus grande ! Il sait faire croire qu'il a vraiment fait un sacrifice énorme en rendant service. Renseignements pris, on s'aperçoit trop tard qu'il a bien exagéré le temps passé, les difficultés rencontrées et le mal qu'il s'est donné ! Il se dit toujours débordé pour mettre en valeur le temps qu'il accorde à une personne. Il est particulièrement habile pour repérer les personnes qui se sentent tout de suite en dette. Il provoque la réciprocité des services en jouant de la culpabilité que peut éprouver la personne de recevoir tant d'aide, sans pouvoir remercier à la hauteur du service reçu.

Le dernier est du genre conspirateur qui n'hésite pas à faire croire qu'il fait des confidences et divulgue des secrets, alors qu'il n'en est rien. Car tout le monde est au courant ! Il lui arrive aussi de partir d'un fait réel qu'il enjolive, ou d'inventer purement et simplement ou de pratiquer les fausses confidences pour faire parler; il transmet le pseudo-secret pour en extorquer d'autres !

Exemples d'utilisation abusive

L'écoute perverse

Tous ceux dont le métier implique une écoute non directive avec reformulation savent à quel point la puissance de cette méthode peut avoir des conséquences perverses. L'interlocuteur étant mis en état de suggestion est prêt à raconter tout ce que l'on veut, tout ce qu'il ne raconterait jamais sans cette immense écoute offerte à ses propos. On voit bien comment un manipulateur habile peut en abuser pour obtenir des informations que la personne n'aurait absolument pas voulu donner au départ. Ces manipulateurs jouent sur le désir présent en chacun d'être écouté et sur la frustration immense chez beaucoup de n'être pas entendus de son entourage depuis sa petite enfance. Associée au silence et aux techniques de synchronisation qui permettent de se mettre à l'unisson de l'interlocuteur, cette méthode de l'écoute a une grande force manipulatrice dont on peut facilement abuser.

Les pièges de l'esprit d'entraide

Être serviable, charitable, solidaire est une valeur très forte dans nos sociétés égoïstes. Celui qui la pratique ne peut être qu'une bonne personne digne de confiance. C'est pourquoi un manipulateur peut si facilement abuser ceux qu'il aide en les mettant en obligation de gratitude et de services équivalents. La classique enveloppe qui circule dans l'entreprise pour les anniversaires, les mariages, les enterrements, etc. est déjà un début de piège qui oblige tout le monde à donner et met l'intéressé en obligation d'offrir un pot ou toute autre contrepartie. C'est ainsi que, de fil en aiguille, celui qui a bénéficié du contenu de cette enveloppe s'oblige toute sa vie de salarié à mettre de l'argent dans toute enveloppe qui passe.

De piège en piège, on en arrive à transformer ses collaborateurs en « obligés » après avoir rendu un service modeste en le présentant comme une interaction ayant demandé un gros investissement tout en disant en grand seigneur : « Ne me remercie pas, c'est normal ! » Certains managers sont très doués pour signifier à tout le service combien on leur doit une grande gratitude pour toutes les aides qu'ils apportent, et ils arrivent ainsi à obtenir ce qu'ils veulent de leur personnel « qui leur doit bien cette reconnaissance » !

Il leur arrive même de faire des promesses crédibles et de recueillir immédiatement les gratitudes comme si la promesse avait déjà été réalisée : « Je peux vous faire rencontrer cette personne que vous désirez tellement voir… », « Je vais vous inviter… » « Je pense à vous pour ce projet et j'ai déjà cité votre nom à la réunion. » Il sera toujours possible d'expliquer ensuite que cela n'a pas été de votre faute si l'affaire ne s'est pas faite. On peut aussi faire traîner et maintenir l'espoir tout en ramassant déjà les fruits de ces promesses.

Les fausses concessions

En arrangeant toujours les autres, ce type de manipulateur apparaît facile à vivre, ce qui lui permet plus facilement d'abuser de la confiance qu'il suscite. Il va faire des concessions qui n'en sont pas, en prenant soin de ne pas en informer son interlocuteur. C'est le marchandage classique quand la personne n'a pas vraiment une idée exacte du prix de l'objet marchandé. Plus subtile est la concession concernant un comportement. La personne exagère la difficulté qu'elle éprouve pour se libérer un peu plus tôt ou un peu plus tard pour un travail supplémentaire, mais elle finit par concéder de venir une fois comme un sacrifice suprême !

Encore mieux, le manipulateur pratique la concession inéquitable. Il concédera à son collègue de travail de répondre au téléphone pendant qu'il part déjeuner et en profitera pour lui demander un service beaucoup plus important que l'autre aura évidemment du mal à refuser.

Les secrets de polichinelle et les fausses confidences

Pour obtenir que l'autre lâche un secret, rien ne vaut de lui faire croire que l'on possède des secrets importants sur les prochains changements de structure ! On lui indique bien sûr que ce n'est pas absolument avéré, mais intéressant quand même. L'autre est mûr pour raconter de vrais secrets et se faire ainsi abuser. De même, faire croire que l'on se confie et que l'on raconte des moments secrets de sa vie (qui, bien sûr, sont faux ou arrangés…) incite l'autre à faire de vraies confidences. Le manipulateur abusif va choisir sa proie dont il espère des renseignements et va lui faire croire qu'il lui donne des informations très secrètes et confidentielles. D'un air entendu, il termine en général par ses mots : « Il m'est difficile de vous en dire plus, vous comprendrez. » Surtout, il va créer une ambiance de confidence en veillant à le faire dans un cadre qui s'y prête, en commençant par ces mots « Je ne devrais pas vous le dire, mais j'ai confiance en vous, je me sens en sécurité, ne le répétez surtout pas… »

Les moyens de se défendre de la manipulation

Savoir pratiquer des refus dosés et calculés

Sans tomber dans une méfiance excessive, les exemples que nous avons déjà décrits donnent de bons moyens de ne pas se laisser abuser. Le piège de ce type de manipulation réside dans le fait qu'on se sent coincé. Si l'on dit non, on refuse un service, un cadeau ou une gentillesse, on risque de se faire rejeter. Mais si l'on accepte d'être aidé, si l'on se réjouit trop vite des bienfaits accordés, on risque d'être trompé et exploité. Il n'est pas si simple et si facile de dire non. Le manipulateur serviable peut être un ennemi redoutable. Le premier pas essentiel est de neutraliser le principe social de réciprocité. Par exemple, un manager a supprimé dans son service le système des quêtes systématiques pour les anniversaires, départs, arrivées, etc. Cela n'empêche pas de faire une fête et de boire un verre ! Mais cela n'est pas à la portée d'une personne n'ayant pas le pouvoir dans le service. Il est bon de se dire et de se répéter qu'il est possible de ne pas accepter trop facilement un service, une aide, une concession. Heureusement, dons et concessions peuvent aussi être désintéressés. Il ne faut donc pas généraliser mais pratiquer le refus calculé.

Il convient donc d'être assez vigilant pour s'en tenir à l'échange équitable en répondant de la même façon. Mais, dès que la personne recommence trop souvent ou demande un autre service beaucoup plus lourd que celui qu'elle a rendu, il convient de refuser (cela s'apprend avec les méthodes d'affirmation de soi!). Le premier pas important pour arriver à oser dire non consiste à être conscient de son incapacité à résister à l'obligation de rendre et de remercier, sans doute due à une soumission extérieure excessive et à la force d'un sentiment de culpabilité. La deuxième étape consiste à se donner la permission d'être parfois égoïste et ingrat et de l'accepter. C'est un droit utile pour soi et pour les autres si cette attitude permet d'éviter d'être abusé. Si le cadeau est manifestement un appel à la manipulation qui n'est pas souhaitée par l'autre, le droit au refus est légitime.

Vérifier les secrets et les confidences

Savoir qu'être écouté avec empathie peut être dangereux est déjà une découverte essentielle pour savoir s'en défendre. Tout dépend de son caractère. La personne introvertie pratique une réserve excessive, se défend trop et a peur de communiquer. Il convient plutôt qu'elle ne se méfie pas trop d'être, enfin, bien écoutée et qu'elle ose se livrer avec modération. C'est bien sûr le comportement contraire que doit pratiquer l'extraverti : se méfier de sa tendance à se livrer trop rapidement si on l'écoute. Pour tous, il est indispensable de ne jamais prendre pour argent comptant la révélation d'un secret ou de confidences soi-disant exceptionnelles. Dès que ce mot-là est prononcé, il convient de se méfier. Après quelques vérifications seulement, la confiance sera retrouvée tout en restant vigilant.

Les conditions d'une réciprocité honnête, utile et efficace

La force de l'exemple

La manipulation de l'échange réciproque réalisé avec honnêteté et sans naïveté montre combien une personne peut facilement être influencée par le comportement de son interlocuteur. Ce réflexe de réciprocité montre la force que peut avoir l'exemple. Si la personne se met en situation de bien communiquer, ouverte à l'autre, à son écoute, son vis-à-vis va, lui aussi, se mettre à bien communiquer. Le premier pas enclenche quasi automatiquement un premier pas équivalent chez l'autre. Rendre service à quelqu'un le rend serviable et solidaire. Accepter des arrangements et des compromis met l'interlocuteur en état d'accepter lui aussi des concessions pour bien travailler ensemble. Certes, ce n'est pas toujours vrai et des conséquences négatives peuvent avoir lieu, mais ce serait dommage que pour cette raison, les bienfaits de la réciprocité ne soient pas utilisés. Il suffit de respecter certaines conditions.

Les conditions d'une réciprocité honnête

Pratiquer l'écoute respectueuse

Il est facile de s'apercevoir que la pratique de l'écoute active met la personne en situation de se confier facilement. Certains interlocuteurs perdent leur contrôle et se mettent à raconter des éléments de leur vie qui ne sont pas nécessaires à une communication réussie. Si on les laisse continuer, ils risquent de le regretter ensuite. C'est pourquoi il est astucieux de ne pas en profiter et de ne pas les laisser continuer.

Aider sans soumettre

Découvrir qu'aider peut mettre en dépendance et en obligation de gratitude permet de pratiquer l'aide et le service avec intelligence en veillant à ne pas déclencher ce réflexe d'obligation. Une pratique modérée de l'échange est acceptable, mais il est bon de ne pas hésiter à refuser un service réciproque si cela s'avère nécessaire pour supprimer l'obligation de cette réciprocité. Dès qu'on sent que l'aide diminue les capacités d'autonomie et d'initiative de la personne, il est bénéfique pour elle d'arrêter cette aide.

Concéder pour mieux coopérer

Bien travailler ensemble, c'est savoir accepter des compromis et des concessions. Développer cette attitude ne peut être que bénéfique à condition que son partenaire soit assuré, par des preuves évidentes, que les concessions réalisées facilitent la coopération et l'esprit d'équipe et ne l'amènent pas à être obligé à perdre, et finalement à se faire avoir. S'il voit à l'évidence que le compromis est équitable, la réciprocité positive jouera à plein et il aura tendance à développer lui aussi un esprit de concession pour mieux coopérer.

Développer la réciprocité honnête

Se laisser faire

La peur d'être manipulé à son corps défendant par le réflexe de réciprocité peut faire prendre des attitudes défensives regrettables. Il faut se laisser faire. En effet, si quelqu'un pratique l'écoute avec une autre personne qui va, elle aussi, se mettre en état d'écoute, la communication ne sera que plus productive : chacun, à son tour, parle, est écouté, est encouragé à dire ce qu'il pense, mais se maîtrise suffisamment pour pratiquer l'écoute respectueuse. Il se tait aussi et laisse l'autre parler. Tous ceux qui ont pratiqué (et ils sont nombreux) cette réciprocité en ont senti la force. On est véritablement entraîné par l'autre à échanger encore plus et à s'écouter encore plus.

Il en est de même pour l'esprit d'équipe et l'entraide. Les manipulations par l'aide et les services réciproques peuvent créer un courant très fort de solidarité. Chacun a envie d'être à la hauteur des autres pour manifester son esprit de service. Le nouvel arrivant qui voudrait faire bande à part et jouer en solo est vite mis dans le bain. L'effet de réciprocité joue à plein et il se sent obligé, pour son bien et celui de la collectivité, de se mettre dans l'ambiance d'entraide réciproque.

L'automanipulation positive

Utiliser avec soi-même l'effet d'échange réciproque est aussi efficace qu'avec les autres. Être à l'écoute de soi-même (mais sans excès, c'est l'écoute respectueuse) ne peut être que bénéfique. Savoir s'aider et se rendre service à soi-même, mais sans se soumettre à ses caprices et ses concessions est une pratique qui favorise l'efficacité. Cette manipulation par la réciprocité est décisive pour garder un bon équilibre et gère le stress du surmenage : savoir s'écouter, se mettre au service de ses motivations et savoir trouver les bons compromis avec soi-même entre les obligations de ses fonctions et les possibilités physiques, morales et psychiques dont on dispose. Voici quelques moyens de développer la réciprocité positive.

Le besoin de sécurité et la peur de l'exclusion

exposé 4

Vivre en sécurité, vieille nostalgie de l'être humain, est une aspiration bien naturelle car l'insécurité apporte, en effet, souffrance et angoisse. Chacun garde le souvenir de ses vieilles peurs qui se réveillent quand il ne se sent pas en sécurité et la croissance de ses peurs s'il a subi une violence, un vol ou un accident. L'environnement paraît encore moins sûr et le sentiment d'insécurité augmente avec le désir de sécurité. On est, dit-on, dans un monde où la violence et l'insécurité se développent (est-ce si vrai qu'on le dit?). Quoi qu'il en soit, il est sûr que la sécurité est un thème majeur de nos sociétés. Ce thème imprègne tous les esprits. Tout ce qui peut apporter davantage de sécurité à une personne ne peut être que reçu avec bonheur et l'on comprend bien que la manipulation par la promesse de sécurité soit efficace, car elle rassure et sécurise.

Il en est de même de la peur de l'exclusion. Chacun a des souvenirs de souffrance, d'inquiétude et de tristesse à la suite de disputes, désaccords ou conflits. Que de déceptions et de frustrations ! Heureusement, nous avons également tous aussi des souvenirs de grand bonheur, de sérénité et de paix dus à l'harmonie de bonnes relations et de bonnes ententes. C'est pourquoi tout ce qui nous sera proposé pour nous faire revivre ces moments de bonheur a de bonnes chances d'être accepté, et donc toute manipulation en ce sens agira efficacement.

Le désir d'un monde harmonieux où régnerait la sécurité est une force puissante. Celui qui sait en jouer habilement a sûrement un pouvoir supplémentaire sur les autres. Mais comment en jouer ? C'est ce que nous allons voir dans cet exposé en indiquant le bon usage et l'usage abusif de ces manipulations qui jouent du besoin de sécurité et de la peur de l'exclusion.

1. Savoir jouer du besoin de sécurité : l'effet expert

L'apprentissage se fait grâce aux modèles de son entourage, c'est-à-dire ceux qui apparaissent mieux que les autres : les plus heureux, plus habiles, plus intelligents, plus appréciés, plus savants, etc.

D'où vient la puissance manipulatrice de l'expert ?

Un mécanisme bien rodé

C'est une vieille histoire ! Le bébé qui arrive sans défense et sans expertise pour savoir comment faire pour survivre, se soumet instinctivement à tout ce que lui proposent ses parents. Plus tard, l'écolier se soumet au bon vouloir et aux conseils de ses professeurs et de ses camarades, les plus grands, les plus forts. Il arrive cependant que certains enfants prennent leurs distances en adoptant un sentiment de défense devant celui qui est mieux qu'eux-mêmes, ce sentiment se traduit par des attitudes agressives, extériorisées ou non. Dans les deux cas, il y a reconnaissance d'une supériorité à laquelle il paraît bien naturel de se référer. C'est ce que nous faisons tous avec les personnages de fiction, les héros virtuels qui ont marqué notre enfance.

Naturellement, chacun a tendance à perdre son sens critique devant quelqu'un qui est reconnu par tout le monde comme étant supérieur. Ce sentiment est encore plus fort lorsqu'on ignore le domaine parfaitement maîtrisé par son interlocuteur. L'écart qui mesure la force du sentiment de déférence : plus une personne me semble supérieure à moi, plus je développe estime, déférence, admiration, désir d'imitation (« Ah ! Comme je voudrais lui ressembler ») et soumission à ses avis, conseils et recommandations. C'est automatique. En effet, il apparaît raisonnable, réaliste et intelligent de se comporter ainsi, cela procède du simple bon sens.

En revanche, comme il est quasiment impossible de contrôler la véracité des propos et conseils d'une personne qui en sait plus que nous, on est condamné d'office à faire confiance et à se soumettre aux avis de l'expert ou à chercher l'avis d'un expert plus expert que l'expert, etc. Bien que rien ne nous empêche de refuser ses conseils et ses avis, on hésite, car, dans ce cas, on reste seul, abandonné, sans savoir ce qu'il convient de faire pour trouver une solution à son problème. Bien sûr, cette peur de la solitude et de l'abandon (et de l'exclusion) enclenche fortement le mécanisme de soumission à l'expert.

Des avantages assurés

Lorsque celui que l'on reconnaît comme un expert jouit de notre estime et de notre admiration, il est en mesure d'en tirer avantage s'il le désire. Ceux qui savent mieux que moi ne peuvent que mieux me renseigner et m'informer, le médecin sait ce qui est bon pour me guérir, le mécanicien ce qui est utile pour réparer ma voiture. Il apparaît même dangereux de ne pas suivre ce qu'ils me conseillent. Ils m'apportent la sécurité. Avec eux, le monde est plus sûr. Le plus fort que moi, s'il est mon ami, saura me défendre. Chacun a tendance à imiter ceux qu'il admire pour obtenir les avantages que ces personnes ont l'air d'obtenir par leur habileté, leur intelligence ou leur haute valeur morale. Leur présence bienveillante procure un sentiment de confiance et de tranquillité rassurante, très agréable. On se sent en bonnes mains.

Chacun garde le souvenir des avantages qu'il a pu tirer d'avoir suivi les avis d'un expert, et des inconvénients qu'il a subis en ne suivant pas des personnes réputées compétentes. Ces personnes qui nous sont supérieures ont souvent des salaires plus élevés et des positions plus intéressantes qui font l'objet de l'admiration de beaucoup de personnes dans notre entourage. Chacun se dit qu'en les imitant ou en suivant leurs conseils il sera possible d'obtenir les mêmes avantages ! Cela permet de vivre dans un monde moins inquiétant et plus sûr.

Comment s'y prendre pour manipuler en faisant jouer l'effet expert ?

Bien sûr, l'effet expert peut permettre d'obtenir des autres ce que l'on souhaite si on déclenche chez eux le mécanisme que l'on vient de décrire. S'ils pensent qu'ils ont devant eux une personne digne d'être considérée comme un expert, grande est la probabilité que se déclenche automatiquement la soumission à nos demandes. « Puisque c'est lui qui le dit, cela ne peut être que bon pour moi. Il ne peut pas se tromper, c'est sa spécialité, il sait. » Mais comment arriver à se faire considérer comme expert par les autres ?

Choisir les domaines où l'on peut faire autorité

Prendre conscience de son domaine d'expertise : tous experts !

On ne sait pas toujours que l'on a une compétence professionnelle et des expériences spécifiques qui peuvent être considérées par les autres comme un domaine d'expertise intéressant : on est tous experts. Et pourtant certaines personnes se dévalorisent et ont le sentiment que ce qu'elles savent faire facilement, par routine, est donc facile et accessible à tous et ne présente aucun savoir-faire remarquable ; c'est sans doute vrai pour soi, mais pas pour les autres.

La première opération consiste donc à prendre conscience de sa valeur et de ses capacités à être expert. Ce qui compte, ce n'est pas ce que l'on ressent mais les capacités objectives et expérimentées que l'on manifeste : à quelles occasions des personnes m'ont demandé conseil ? En faire la liste et voir en quoi ses compétences personnelles peuvent permettre d'avoir de l'influence sur les autres. Il est intéressant de faire le recensement de tous les cas où les personnes ont réellement suivi vos conseils. Ces cas représentent vos capacités à mettre en jeu l'effet expert puisque vous avez eu du pouvoir de conseil sur les autres. En faire la statistique permet de savoir son degré de capacité d'être expert auprès des autres qui suivent vos conseils.

Les expertises différentes

Nos compétences particulières permettent d'avoir de l'influence. Plus les domaines d'expertise sont nombreux et variés, plus on peut jouer de son influence. C'est l'intérêt des carrières où l'on donne l'occasion à la personne d'acquérir des compétences dans des domaines différents : production, commercial, gestion, France, étranger, etc. Par exemple, cela donne de la force à l'argument du technicien qui affirme que ce qui est demandé est « techniquement impossible » face à celui qui ne connaît pas sa technique et qui ne peut donc que se soumettre. On peut ainsi choisir judicieusement les compétences à acquérir selon les ouvertures qu'elles promettent en capacité d'influence. Ce choix étant guidé bien entendu selon ses aptitudes naturelles, et surtout en fonction des compétences de son entourage.

Il peut, par exemple, être efficace de changer d'entreprise, après avoir acquis, une bonne connaissance des pays étrangers, pour entrer dans une entreprise très franco-française qui souhaite s'internationaliser davantage. On peut aussi choisir des expertises peu recherchées parce que moins prestigieuses, mais qui donnent davantage de pouvoir. Un exemple classique est la rédaction du compte rendu du travail en groupe que personne ne veut faire, car c'est considéré comme un travail de « secrétaire » et pourtant ce rôle donne un très grand pouvoir. Accepter une mission que personne ne veut, parce qu'elle semble peu intéressante, en faire son territoire spécifique et la transformer en spécialité que l'on est seul à connaître : par exemple, accepter, quand on est formateur, d'animer un stage très classique d'animation de réunion, en devenir un vrai spécialiste, écrire un livre et gagner en notoriété.

De même, oser accepter une mission à haut risque peut être astucieux : dans l'hypothèse d'un échec, on ne peut pas vous en vouloir car, de toute façon, c'était très difficile. En revanche, en cas de réussite, on devient un héros! Un seul point important : il convient que la difficulté de la mission soit reconnue par les personnes que l'on souhaite influencer ensuite. C'est le rôle stratégique de la croyance.

Développer la croyance des autres en son expertise

Une loi psychologique

Ce n'est pas le pouvoir que l'on a qui compte, mais le pouvoir que les autres croient que l'on a. Ce n'est pas l'expertise que l'on a qui compte, mais ce que les autres pensent. « La réalité est ce que l'on croit être la réalité [1]. » Cette loi est particulièrement vraie pour l'utilisation de son expertise auprès des autres pour les manipuler. Par définition, il est plus facile d'être considéré comme un expert en un domaine si les interlocuteurs sont ignorants ou peu informés. Plus l'écart est important, plus la manipulation est facile. Ainsi, une expertise moyenne peut apparaître très élevée auprès de personnes qui sont très éloignées de ce type d'expertise.

Qui n'a pas entendu parler de cette expérience menée par Stanley Milgram à l'université de Yale qui révèle à quel point la docilité et la soumission face à l'autorité sont fortes et ancrées : des étudiants sont conviés à participer à une expérience dirigée par un professeur reconnu. Ce grand expert leur demande d'envoyer des chocs électriques à une personne volontaire, afin de progresser dans l'étude des mécanismes de la douleur. Il n'y avait pas de courant et le volontaire (complice de l'expérimentateur) avait pour consigne de mimer la douleur. L'expert commandant aux étudiants d'augmenter progressivement le courant (jusqu'à 450 volts), la personne manifestait des signes de douleurs de plus en plus insupportables. Le cobaye suppliait alors en vain les étudiants d'arrêter. 62 % des étudiants ne tenaient pas compte de sa souffrance, faisaient confiance aveuglement au professeur, expert en la matière, qui leur demandait de poursuivre, au point de perdre tout esprit critique classique : c'est l'effet Milgram [2]. À chacun de réfléchir sur cette loi !

Les signes extérieurs

Il est parfois de bon ton de mépriser les signes extérieurs de son expertise. Si cela est valable pour les grands experts reconnus et célèbres (et encore...), pour tout un chacun, expert sans être une célébrité, il convient de ne pas négliger certains attributs significatifs de ses compétences. Le titre peut jouer souvent un grand rôle. Prenons le cas classique du client qui accompagne une réclamation au téléphone d'un ton violent et choquant pour celui qui a décroché. Lorsque le directeur, soucieux de la qualité du service au client, rappelle le client mécontent en annonçant son titre, dans 99 % des cas, le ton change et devient plus respectueux.

Il est également recommandé de ne pas négliger son allure qui doit transmettre un message clair : c'est un expert. Avoir l'air d'un expert est le seul but visé, car le même vêtement peut envoyer des messages très différents selon le contexte, la blouse blanche n'a pas le même poids à l'hôpital ou dans un magasin ! L'uniforme est parfois signe de grades supérieurs ou, au contraire, de grades inférieurs.

La seule question à se poser consiste à se demander ce qui est en mesure de renforcer la croyance en son expertise. Il existe aussi des lieux symboliques comme l'étage réservé à la direction ou, au

1. Cf. P. Watzlanick, *La réalité de la réalité*, Le Seuil, 1978.
2. S. Milgram, *Soumission à l'autorité*, Calmann-Lévy, 1974.

contraire, les sous-sols sans fenêtre, à la lumière artificielle. Ainsi ce chef de bureau qui, quand on lui posait une question dont la réponse devait être une décision difficile affirmait : « Je vais en parler au 3e étage (lieu des responsables) », manifestant par là qu'il avait ses entrées en haut lieu. Il disparaissait alors, puis revenait et donnait sa décision comme si elle venait du 3e étage. Chacun s'y soumettait car il avait une expertise (une connaissance au bon étage) qui lui donnait du pouvoir. Jusqu'au jour où un collaborateur l'a discrètement suivi et vu que ce n'était qu'une fausse croyance, car le chef de bureau ne faisait que marcher dans les couloirs sans parler à personne.

Cependant, s'il est vrai que certains types de bureau (moquette, plante verte...) peuvent avoir de l'importance auprès de clients (ou autres) pour manifester son expertise, il peut être également très astucieux de se présenter « en toute simplicité », sans cravate, bureau modeste. Cette attitude « anti-signes extérieurs » qui peut rendre son expertise encore plus valable et susciter une plus grande soumission. Ainsi les signes extérieurs sont incontournables quoiqu'ils doivent être utilisés avec tact et précaution, car ils peuvent jouer en sens inverse. Lieu, bureau, vêtement, allure générale, etc. peuvent aider ou desservir l'expert qui a besoin d'affirmer une expertise réelle mais encore peu connue.

Le marketing de ses compétences

Le savoir-faire professionnel est source d'influence sur les autres, mais tout autant le « faire savoir ». Il ne suffit pas d'être expert pour faire autorité, il faut aussi oser l'affirmer avec la tranquille assurance de celui qui sait et est sûr de son savoir. Tout le monde connaît le contraire : celui qui a plus d'assurance que de connaissance ! Ce n'est pas une raison pour être trop modeste : ton de voix et attitudes indiquent l'expertise et la certitude. Les mots précis, jargon si nécessaire, pour être plus exact dans son information sans réplique – le ton de l'évidence de celui qui sait – renforcent la croyance et l'expertise. Il est utile de montrer sans complexe ses connaissances et son intelligence des problèmes, être brillant, si l'on veut faire jouer l'effet expert.

Mais il est vrai aussi que cette attitude peut heurter. Être en retrait et silencieux (« distancié » comme on dit), donner peu son avis et même avoir l'air du savant embarrassé peut, *a contrario*, faire une excellente impression d'expert modeste, sérieux, réfléchi et en recherche pour approfondir toujours davantage. Une seule question : quels effets sur les autres a mon attitude pour mieux les persuader de mon expertise et ainsi « faire autorité ». C'est un univers complexe et il n'y a pas de loi.

En revanche, il est indispensable de s'en préoccuper, d'expérimenter d'observer les autres experts si on a besoin de manipuler grâce à son expertise. Il y a tout un art de savoir intervenir, de prendre sa place dans un groupe, de savoir saisir les moments privilégiés de se faire connaître. Savoir intervenir au bon moment ne suffit pas, il faut se former et ne pas craindre de préparer ses interventions en réfléchissant à l'effet qu'elles vont produire pour accroître son influence. Mais, pour y arriver, il existe un préalable qui consiste à faire déjà soi-même le marketing de ses compétences. Être conscient et sûr de son expertise est en effet le meilleur moyen pour que les autres en soient sûrs.

Jouer de l'effet expertise sans être expert

La proximité

Si l'on n'est pas soi-même expert, mais s'il se trouve que l'on connaît bien une personne qui fait autorité dans le domaine concerné, il faut s'attacher à faire croire que l'on est son disciple, ou encore mieux, son bras droit. On peut ainsi profiter de tous les avantages de l'expert et manipuler ses interlocuteurs comme l'aurait fait l'expert lui-même. Il est essentiel que le manager tisse ainsi des liens avec des experts de l'entreprise qui ne sont pas de son domaine. S'il est à la production, il peut alors parler au nom des commerciaux qu'il connait bien et faire accepter ainsi certaines exigences de qualité que réclament les clients. C'est se présenter en représentant de l'expert.

L'identification

Si l'on ne connaît pas personnellement l'expert, on peut utiliser la puissance de ce qu'il a dit et écrit auquel, tout naturellement, l'interlocuteur ne peut que se soumettre. On est ainsi protégé de toute attaque. On se présente soi-même soumis aux écrits de l'expert, jouant de la force de l'exemple : on a ainsi à sa disposition toutes les puissances des experts sans être soi-même expert. On peut ainsi être expert en technique, droit, législation, médecine, psychologie, etc. Mais on peut aussi utiliser le contenu et les traditions. Qui peut aller contre la tradition, « ce qui s'est toujours fait jusque-là et a très bien marché ».

L'interprétation des paroles et des écrits de l'expert devient expertise, si cette capacité d'interprétation est elle-même reconnue par la personne qui fait autorité. Il est bon d'avoir un mandat officiel (c'est la notion de fondé de pouvoir) qui habilite sa capacité d'interprète officiel. Les religions utilisent en général ce mode d'influence : leurs leaders officiels sont les représentants de leur dieu sur terre, leurs écrits sont les paroles de Dieu et seuls les interprètes officiellement reconnus ont pouvoir d'expert. Tout naturellement, chaque fidèle leur accorde un grand pouvoir et les suit. Ainsi chacun, avec ses expertises propres, peut utiliser les mêmes mécanismes pour influencer les autres dans le sens qu'il souhaite.

Élargir son expertise

Quand une personne est forte dans un domaine, on a tendance à lui attribuer d'autres expertises.

La globalisation

Il semble logique et raisonnable à chacun de penser qu'une personne qui manifeste de grandes capacités intellectuelles d'analyse, de créativité ou d'approche logique dans un domaine saura utiliser ces mêmes capacités dans un domaine différent. Il est en effet fréquent de demander son avis à un savant sur les problèmes de la vie en société. Ils écrivent des livres scientifiques, puis des livres hors de leur spécialité. Et les livres se vendent. L'expert est souvent interrogé à la télévision et sa présence fait monter l'audience. Pourquoi ne profiterions-nous pas, à notre niveau, de ce phénomène de globalisation. Il suffit de passer de la notion d'expert en un domaine à celle, par exemple, de grande capacité de réflexion ou de grande ouverture d'esprit qui constitue un extraordinaire moyen d'influence.

L'anti-expert

Il est également un puissant moyen de manipuler par l'expertise en s'opposant ouvertement aux experts de tout poil. En jouant du réflexe d'agressivité que provoque parfois l'expert, on devient soi-même, de manière paradoxale, l'expert qui en sait suffisamment pour dénoncer les méfaits de la soumission aux experts. On devient ainsi vizir à la place du vizir. Il suffit de mettre en exergue les fatales faiblesses de l'expert.

On a le choix entre plusieurs thèmes classiques qui ont chacun leur efficacité spécifique. Cet expert est un technocrate sans âme, il est trop loin du terrain, c'est un théoricien qui ne connaît pas les vrais problèmes. On fait appel au bon sens et à l'intelligence émotionnelle face au raisonnement théorique et à la logique abstraite. Cet appel à une certaine agressivité contre l'expert a autant de chance d'être entendu que l'appel à la soumission à l'expert, car ce sont les deux faces d'une même attitude psychologique plus affective que réfléchie et raisonnée.

Expert en ignorance et incompréhension

Il est également possible de transformer un point faible ou un handicap en un point fort, levier de pouvoir et d'influence. Que peut faire l'expert en économie qui veut expliquer les raisons techniques et logiques de sa décision si son interlocuteur lui répond tout simplement : « Je suis ignorant en économie, je ne peux donc pas savoir si ce que vous dites est exact et juste. En revanche, ce que je vois, c'est que votre décision va à l'encontre de mes intérêts économiques personnels... Alors, avant de me laisser influencer par votre expertise, je souhaite m'assurer que vous avez réellement raison » ? L'expert peut continuer à expliquer les raisons de sa décision et à ajouter des arguments pertinents et indiscutables, si la personne lui répond simplement : « Je ne comprends rien à ce que vous me dites ! », il se montre désemparé. Finalement, l'expertise d'ignorance et d'incompréhension l'emporte et oblige l'expert à abdiquer. Il perd ce qui lui permettait de « faire autorité ».

Cette manipulation est encore plus forte si la personne qui le dit n'est pas ignorante et même réputée intelligente. En effet, le message envoyé par l'interlocuteur devient : « Vous êtes peut-être expert en votre domaine, mais certainement pas en communication avec une personne qui est capable de comprendre si on lui explique clairement et correctement. » C'est la classique remarque du supérieur à son collaborateur qui veut faire passer un projet. Et la réplique : « Je ne comprends pas ce que vous voulez », signifie que ce collaborateur n'a pas su communiquer clairement son message.

En ce cas, la manipulation est efficace et, tout expert qu'il est, le collaborateur n'arrivera pas à faire accepter son projet. En ce cas l'expertise en communication l'emportera sur l'expertise technique et l'expertise en incompréhension sera la plus forte [3] !

2. Du bon usage de l'effet expert

Maintenant que cet effet expert a été décortiqué et explicité, il est possible de montrer comment cette connaissance peut être utilisée efficacement pour qu'elle soit utile et bénéfique. Voyons les points importants.

Caractéristiques communes aux personnes qui se laisseront le plus facilement manipuler par l'effet expert

Ce sont souvent des personnes qui manquent de confiance en elles, qui ont facilement honte et, par là, sont davantage dépendantes que d'autres. Elles ont plutôt un tempérament de suiveur et d'adjoint.

Elles ont accumulé des expériences au cours desquelles elles ont été dominées par des personnes plus fortes qu'elles et plus intelligentes (un frère aîné, des parents, des camarades de classe).

Elles sont parfois trop perfectionnistes, anxieuses de ne pas se tromper et cherchant à s'entourer de tous les avis susceptibles de les aider à trouver une solution parfaite.

Il arrive aussi cependant que des personnalités qui ne semblaient pas manipulables le deviennent. C'est le cas où la personne se trouve devant un problème grave et ne trouve pas de solution : maladie, chômage, difficultés psychologiques, problèmes familiaux, échecs professionnels. Tout naturellement, elle devient fragile et dépendante de tous ceux qui peuvent lui apporter une solution qu'elle n'a pas su trouver.

L'art de se défendre des abus de l'expert

Les savants qui savent mieux que les autres et le montrent déclenchent ainsi un sentiment d'ignorance et de manque d'expérience chez ceux qui les côtoient.

Comment reconnaître un expert manipulateur abusif

Plusieurs types d'expert manipulateur abusif se dégagent :

- *Les dévalorisateurs* pleins de certitudes péremptoires affirment avec étonnement : « Ah ! comment est-ce possible ? Vous ne savez pas… Pourtant tout le monde sait que… » On a honte. On ira se renseigner auprès de lui la prochaine fois.

---

3. Par contre, un collaborateur qui affirme ne pas comprendre le projet présenté par son supérieur a des chances d'être considéré comme peu intelligent, car la croyance officielle en l'intelligence de son supérieur est sans doute la plus forte. On voit là l'importance de la croyance en une expertise pour la réussite de la manipulation.

• *Les experts terroristes* qui ne supportent pas le moindre doute sur leur expertise et veulent une confiance et une soumission absolues opèrent en général quand la personne se trouve en situation difficile, sans solution, dans l'impasse. Ils évitent soigneusement les experts concurrents aussi valables, sinon mieux qu'eux.

• *Les méprisants* qui ne s'intéressent qu'aux interlocuteurs jugés dignes de leur conversation d'expert. Ils impressionnent et l'on se sent inférieur devant eux.

• *Les experts universels* et les encyclopédies vivantes, ils peuvent répondre à tout et sont intarissables sur tous les sujets. De toute façon, il est impossible de les contredire ou de donner quelque avis. Mais leurs connaissances dans tant de domaines impressionnent leur auditoire qui a du mal à prendre du recul.

• *Ceux qui utilisent un jargon incompréhensible dans leur conversation.* D'autres personnes, informées, ont l'air de les comprendre et leur donnent la répartie mais ceux qui écoutent en silence et se sentent nuls et exclus ne comprennent pas très bien tout ce jargon.

• *Les perfectionnistes culpabilisateurs* qui savent voir tout de suite l'erreur, une imprécision ou une approximation que leur interlocuteur commet. On se sent vite coupable en face d'eux, sinon humilié, surtout si c'est en groupe. Pour ce faire, ils utilisent parfois une ironie mordante et percutante qui montre qu'ils possèdent bien leur expertise.

Repérer les utilisations abusives de l'effet expert

Le manipulateur fait jouer le levier facile que constitue la confiance donnée par ceux qui se sentent moins compétents que lui. Voici quelques exemples de ces abus.

Confiance

Un signe classique pour détecter cet abus est l'emploi fréquent et répété du mot « confiance » par le manipulateur : « Écoutez, on ne peut rien faire si vous n'avez pas confiance en moi. » Un autre signe est l'absence d'écoute devant lui, on a le sentiment de ne pas exister à ses yeux. Si, par hasard, on a le loisir de formuler un avis, il est immédiatement foudroyé par une attitude de mépris condescendant, accompagné de quelques critiques sur l'imprécision de la question ou l'approximation de la démarche : « Je ne comprends pas très bien ce que vous voulez dire, mais je pense qu'il s'agit... » La remarque que l'on a osé faire est alors interprétée et donne lieu à un discours qui ne tolère pas de réplique.

On en est réduit à faire confiance sans se risquer à poser quelque nouvelle question qui serait jugée fort mal venue. Le choix est hélas fort réduit, soit on acquiesce à ce qu'il dit, soit on se fait rejeter et on perd l'avantage de profiter des compétences réelles de l'expert. Si la personne a un problème angoissant et lourd pour elle, elle tombe assez vite en soumission ! Enfin, il est bon de noter qu'il n'hésite pas non plus à s'attribuer des titres, diplômes ou des résultats qui n'existent pas ou peu, surtout en public, et personne n'a les moyens de vérifier. Celui qui sait est tellement estomaqué qu'il n'ose pas contredire.

Croyance

C'est l'art d'utiliser à son maximum cette loi : « Ce qui compte n'est pas la capacité et l'expertise elles-mêmes, mais la croyance que l'autre a en ces compétences, ce n'est pas le pouvoir qu'a la personne de résoudre les problèmes qui compte, mais la croyance des autres en ce pouvoir. » Fort de ce principe, le manipulateur s'occupe davantage de fortifier cette croyance que d'affirmer son expertise par une étude sérieuse du problème pour mieux le résoudre. Voici quelques méthodes qu'il utilise :

• *Être affirmatif et précis :* annoncer un nombre à 3 chiffres après la virgule est plus crédible ou donner une date précise avec une tranquille assurance accroît la croyance naturelle que l'on a bien affaire à un expert. Le ton de l'évidence a aussi un bon impact : on ne discute pas une évidence. Le manipulateur abusif va jusqu'à mentir avec un culot confondant quand il trouve que l'on connaît le sujet. Mais c'est aussi à la portée de tous : qui n'a pas affirmé avoir lu un livre, alors qu'il n'a lu que l'introduction et la page de couverture ? C'est un bon début pour devenir un manipulateur abusif plus professionnel !

• *À l'inverse, être flou et irresponsable.* Dans ce cas, il convient d'abord d'être lointain, de n'avoir jamais de contact direct et de travailler par intermédiaires : envoi de notes, de mails, utilisation d'émissaires : « Il m'a chargé de vous dire… Que dois-je lui répondre ? » Pratiquer l'évitement et la fuite pour échapper à toutes confrontations, savoir remettre à plus tard, en un mot « faire le sphinx » de façon à ne jamais officiellement être responsable, ce qui protège de toute erreur, car un expert ne doit pas prendre le risque d'être pris en faute pour que sa réputation n'en soit pas ébranlée.

• *Pratiquer une réserve de bon aloi* peut permettre de donner le change : dans l'éventualité d'un coup dur, l'attaque sera déplacée. On est silencieux, donc profond et réfléchi, en retrait, donc distancié et sachant prendre de la hauteur ; on donne peu son avis, donc modeste malgré sa grande expertise ; on glisse sur les questions embarrassantes, donc en recherche pour approfondir…

• *Abuser de la proximité et de l'identification.* Faire croire que l'on est le bras droit, un familier du premier cercle des intimes de l'expert. Aussi invérifiable est de rapporter ce qu'a dit ou pensé ou estimé l'expert. Par exemple, rapporter ce qu'il dit, ce qu'il pense en lâchant une petite phrase énigmatique du genre : « Je ne suis pas sûr qu'il apprécierait et donnerait son accord », crée doute et peur chez les autres. Du coup, ils n'osent pas prendre le risque. Mais s'ils transgressent malgré tout cette recommandation, il est encore possible de s'arranger pour leur mettre des obstacles inattendus : il y a toujours des gens qui souhaitent qu'un projet ne se fasse pas, ce sont des alliés à utiliser pour faire échouer le projet en cours. Ne sachant pas l'origine de cet échec, ceux qui le subissent l'attribuent à leur désobéissance aux avis de l'expert. La croyance en son infaillibilité en sortira renforcée.

L'art de se défendre de l'effet expert

Il est recommandé de se reporter aux descriptions précédentes pour ne pas se laisser prendre aux jeux de l'expert abusif et de s'exercer à développer, vis-à-vis des experts, une dose de méfiance de bon aloi et à pratiquer un scepticisme raisonnable.

Une méfiance utile

La confiance excessive est aussi dangereuse que la méfiance abusive. C'est un équilibre à trouver. Le discours habituel sur le management par la confiance peut donner trop facilement la part belle aux manipulateurs abusifs. L'attitude efficace consiste à ne pas avoir de complexe devant l'expert. Tout le monde est intelligent pour certaines choses et pas pour d'autres. Il ne faut pas se laisser prendre à l'aspect extérieur ni aux attitudes affirmatives ou soi-disant réfléchies décrites : les connaître, c'est déjà savoir s'en défendre.

C'est faux de penser qu'une expertise dans un domaine rend intelligent pour d'autres domaines. Il ne faut pas croire sans vérification un expert lorsqu'il intervient en dehors de son domaine. D'ailleurs, le signe d'un expert qui n'abuse pas de sa position est qu'il sait dire qu'il ne sait pas. C'est un signe très utile à repérer. L'agressivité ou la méfiance excessive contre l'expert est aussi dangereuse que la soumission. Les deux remplacent la réflexion par l'émotion irréfléchie.

Un scepticisme raisonné

Le grand argument de l'expert abusif pour maintenir la croyance soumise à ses compétences est que la vérification du bien-fondé de son expertise est par définition impossible, puisqu'il est le seul à savoir. C'est vrai que l'on ne peut pas vérifier les résultats obtenus avant d'accorder foi en ses dires. Il ne faut pas en rester à la seule croyance. C'est trop dangereux. Il convient de confronter les avis et de pratiquer la contre-expertise. L'essentiel étant de ne pas se mettre entre les mains d'un seul.

L'utilisation honnête et bénéfique de l'effet expert

Tout ce qui a été dit du mauvais usage de l'effet expert indique que tout le reste est utilisable pour établir des relations positives. Voici quelques points particuliers que l'on peut développer avec profit.

Estime de soi et pouvoir

Une saine et objective estime de soi aide à savoir développer le pouvoir dont on a besoin et, par là, à manipuler positivement les autres. La première démarche est vraiment essentielle. À chacun de découvrir en quoi il est expert, en quoi il se dévalorise. Le manque de confiance en soi, on l'a vu, rend la personne manipulable. Tout ce qui est dit dans ces deux paragraphes est utilisable honnêtement.

Le partage réfléchi de ses expertises

Le rôle du manager est d'être un détecteur de compétence et un développeur d'expertise. Il le fait déjà en partageant son expertise avec ses collaborateurs (la délégation), en ayant bien conscience qu'il développe en même temps leur pouvoir. Ce partage est en général bénéfique, car il permet de mieux gérer son propre temps en se dégageant de certaines tâches pour mieux assumer les responsabilités propres à sa charge. Il permet aussi d'obtenir de meilleurs résultats en accroissant l'efficacité de tous.

Mais ce partage peut aussi nuire au bon accomplissement des rôles du manager. Il est important en effet de bien sélectionner les expertises à garder et celles à développer chez les autres, en gardant les expertises qui donnent le pouvoir de manipuler dont on a besoin pour bien exercer son métier de manager. Il ne faut pas oublier que ce sont parfois des expertises moins nobles qui donnent le plus d'influence et qu'il convient alors de conserver, si on en a besoin. En général, tout ce qui concerne les informations et les relations pour mieux comprendre les problèmes du terrain relève du domaine des expertises stratégiques.

Le marketing honnête de ses compétences

La loi psychosociologique de la croyance – ce qui compte, c'est ce qu'il croit – est très importante pour réussir dans sa vie. Il ne suffit pas d'avoir une expertise, il faut qu'elle soit connue et reconnue : passer du temps pour ce marketing est indispensable. Développer chez les autres la croyance en sa propre valeur va de pair avec l'estime de soi, à condition que cette croyance soit fondée sur des faits objectifs prouvés, ni inférieurs ni supérieurs à la réalité.

En dehors du mensonge et du bluff malhonnête à éliminer bien évidemment, il n'est pas si simple d'avoir une vue objective de ses expertises à faire connaître aux autres. S'en occuper (quitte à se faire aider) permet d'accroître ses capacités d'influence. Se tromper peut, au contraire, avoir des résultats négatifs soit en n'ayant pas le pouvoir dont on a besoin, si l'on minimise ses capacités, soit en passant pour un menteur qui fait croire à des expertises inexistantes. Tous les conseils donnés plus haut permettent un bon usage de la manipulation.

Refuser une globalisation inconsidérée

Connaître un expert et en profiter est efficace seulement si on est vraiment proche de lui, physiquement et intellectuellement, pour pouvoir s'en réclamer honnêtement. Il faut que l'on soit sûr qu'il approuverait tout ce que l'on dit en son nom. Si l'on n'en est pas sûr, il convient de l'annoncer clairement : « Ceci me semble proche de ce que dirait M. X, mais il s'agit de mon interprétation, c'est à vérifier. » De même, lorsque l'on s'identifie à un expert, il est important de connaître parfaitement le domaine pointu de son expertise.

C'est particulièrement vrai en formation – quand les animateurs appliquent une méthode connue : ils obtiennent une bonne part de pouvoir à l'identification, à l'auteur même de la méthode. S'ils font de l'analyse transactionnelle, ils sont « Éric Berne réincarné ». S'ils se montrent crédibles, ils auront des résultats positifs, sinon ce sera une identification frelatée et ils seront rejetés.

Enfin, il convient de rejeter purement et simplement la globalisation excessive et savoir dire : « Je ne sais pas. Je ne suis pas compétent en tout et, en la matière, je ne suis pas expert. » C'est en même temps un bon moyen d'accroître encore la croyance (décisive) en la réalité honnête de son expertise, source de manipulation efficace.

3. Savoir jouer de la peur de l'exclusion : l'effet harmonie

C'est une manipulation très puissante dont chacun connaît les effets. Mais d'où vient cette force? Quel est le secret de son efficacité? Comment en profiter pour obtenir ce que l'on souhaite dans ses contacts avec les autres? C'est ce qui va être expliqué ici.

D'où vient la puissance manipulatrice de la peur de l'exclusion et de l'espoir d'harmonie

Cette espérance est si forte et ce désir est si profond que tout ce que l'on peut proposer à l'autre pour permettre de mieux vivre en harmonie sera accepté avec empressement. Ainsi celui qui saura jouer de l'effet d'harmonie obtiendra plus facilement ce qu'il voudra des autres.

La vie avec les autres : fatalité, piège et espoir

On ne peut pas vivre sans les autres, c'est une fatalité : la famille, l'école, la vie professionnelle, les amis sont les compagnons incontournables de toute vie. Tout le monde vit au sein de groupes différents. C'est alors que le piège se profile : bien évidemment, chacun désir avoir des liens positifs avec les membres de ce groupe, souvent par nécessité, mais aussi par simple souci de confort, parfois par espoir de bonheur. C'est alors que l'angoisse commence : vais-je y arriver? Dès sa venue au monde, le bébé commence son apprentissage des relations avec son entourage pour obtenir ce qu'il veut et continue de le poursuivre tout au long de sa vie avec plus ou moins de réussite.

Chaque être humain vise deux objectifs précis et concurrents. Il veut accomplir deux désirs et ressent deux peurs. Il désire d'abord bien s'entendre avec les autres tout en ayant peur de ne pas y arriver et d'être exclu. Mais il désire aussi se distinguer des autres, ce qui fait naître immédiatement en lui la peur de perdre son entente avec eux en cherchant à s'en distinguer!

Le piège se referme et le rêve fou commence! Le rêve d'une vie avec les autres où liens positifs, affirmation de soi, identité personnelle seraient réussis en toute harmonie. Le rêve d'une entente excellente et d'une fusion sans conflit avec tout le monde et à tout moment. Cette grande illusion est confortée par des réussites momentanées et partielles de belle harmonie avec les autres. On voit que cet espoir d'entente a des racines très profondes en nous.

Un rêve valorisé et avantageux

Cet espoir devient une valeur enseignée, recommandée, partagée. Ce n'est plus un rêve, c'est un idéal et un objectif. C'est bien de s'intégrer et d'être membre du corps social. La solitude est dangereuse et pénible. Malheur à ceux qui se font rejeter d'un groupe ou de la société ! On les montre du doigt, on les dit malheureux, pire, on les accuse d'avoir des problèmes psychologiques, d'être des asociaux. L'esprit d'équipe est recommandé et entretenu par des encouragements marqués des managers de l'équipe.

La solidarité est une valeur nationale indiscutée. L'amour du prochain, la compassion, la charité sont de grandes valeurs religieuses d'Occident et d'Asie. Dans les stages de formation, on apprend à mieux communiquer et à avoir de bonnes relations avec les autres. Il convient d'écouter, de comprendre, de tenir compte de l'avis des autres, etc.

Cet espoir d'harmonie a aussi bien des avantages. Il simplifie la vie : il n'est pas nécessaire de remettre en question ce qui se fait ni de repenser ce qu'il est préférable de faire à chaque instant. Il suffirait donc de se conformer à une vie sociale sans heurt où chacun agit sans choquer les autres, en toute harmonie ? Quelle tranquillité ! quel bonheur !

Des expériences pénibles de mésentente

Ce bonheur est d'autant plus espéré que chacun a des souvenirs douloureux de mésentente. L'enfant est très sensible aux disputes de ses parents, pourtant banales et incontournables, et il peut les raconter quelquefois bien des années après. Tout le long de la vie, à l'école, au travail, en toutes circonstances, chacun a vécu les inconvénients de l'absence d'harmonie.

Les désaccords des responsables de l'entreprise et les luttes d'influence alimentent les conversations autour de la machine à café. Les difficultés à s'entendre pour bien harmoniser la répartition des tâches, les jalousies, les compétitions excessives, les susceptibilités sont le lot de la vie quotidienne : que de temps perdu et que d'énervement ! Que de souffrances dans la vie dues à l'absence d'harmonie !

Ces expériences communes à tous ne peuvent que renforcer ce rêve fou d'harmonie et cet espoir. Tout naturellement, chacun aura plutôt tendance à se soumettre à toutes les propositions qui semblent pouvoir apporter davantage d'harmonie dans la vie. Comment en jouer ?

Comment utiliser cette peur de l'exclusion et cet espoir d'harmonie pour manipuler ?

Chacun se sent capable de jouer de cette peur de l'exclusion si cela lui permet d'avoir de l'influence. Voici quelques exemples de comportements et d'agissements qui peuvent donner la possibilité à chacun d'obtenir ce qu'il veut.

Le désir d'intégration

Chacun désirant généralement être bien vu, bien apprécié et s'intégrer là où il doit vivre et travailler, il est habile de jouer de la peur de l'exclusion du groupe.

La force de similarité : « Qui se ressemble s'assemble »

Une façon simple de ne pas être exclu consiste à observer ce que font les membres du groupe auquel on souhaite s'intégrer, et à travailler à leur ressembler, et de cette façon passer inaperçu. C'est ainsi parfois que des hommes politiques prennent inconsciemment la voix de leur leader, car ils souhaitent rester dans le cercle. Chacun cherche à maintenir cette ressemblance et on veille à imiter ceux qui semblent proches des idées et des valeurs que l'on apprécie pour ne pas rompre les liens. On est prêt à minimiser les différences et les désaccords pour rester ensemble. Puisque ceux qui se ressemblent s'assemblent, on veille à ressembler à ceux avec qui l'on veut s'assembler !

C'est pourquoi une personne est plus facilement influencée par quelqu'un qui est proche de ses façons de voir. Puisqu'on est du même bord, il est possible de le suivre et de faire ce qu'il dit. Chacun a ainsi tendance à s'aligner sur les autres pour ne pas briser l'harmonie, ne pas perdre l'estime et être bien vu. Affirmer les ressemblances qui existent entre des personnes renforce leur lien. Cultiver les ressemblances et les favoriser développe l'harmonie dans le groupe. Il est ainsi possible de donner en exemple les personnes que l'on souhaite voir imiter par les autres en les valorisant et en envoyant ce message simple : « Celui qui s'intègre bien ressemble à ces personnes exemplaires. » Ensuite, il suffit de laisser jouer l'effet de ressemblance.

Si on arrive, bien sûr, à être soi-même le modèle de référence dans le groupe, celui à qui il convient de ressembler, on a automatiquement des possibilités d'influence accrue. On peut ainsi commencer avec quelques personnes qui cherchent à ressembler à leur leader, et de proche en proche, de ressemblance en ressemblance, peut se créer un mouvement fort. L'espoir d'harmonie peut être très puissant pour entraîner les personnes à agir dans le sens que l'on souhaite. Ainsi il n'est même plus besoin de se préoccuper de faire respecter les normes prévues pour la qualité ou le service au client. Les nouveaux venus, soucieux de s'intégrer dans ce domaine, se rangeront aux pratiques du groupe. C'est l'entraînement collectif, l'harmonie qui fait le travail du manager.

Les différences font les différends : la peur du conflit

On peut jouer de l'effet diamétralement opposé au désir de ressemblance en utilisant la force de la différence. Puisque ceux qui se ressemblent s'entendent bien tout naturellement, ceux qui sont différents des autres sont montrés du doigt et accusés de casser l'harmonie issue de la ressemblance, et on leur fait savoir qu'il y a des limites à respecter. Les blagues et les moqueries remettent dans le droit chemin celui qui veut être différent. Autrefois, pour punir dans la classe on mettait l'élève au coin : il était exclu du groupe, il devenait différent à un endroit différent. On ne le fait plus, mais on a bien d'autres moyens d'exclure les autres de la vie sociale ou de menacer subtilement d'exclusion celui qui ne se conforme pas aux normes de la vie collective ni ne ressemble aux autres.

S'il se présente un désaccord dans un groupe où l'on souhaite rester, on a peur que l'harmonie disparaisse. Chacun craint le conflit et la séparation. On fera tout pour continuer à avoir les mêmes goûts et les mêmes idées. On n'osera pas dire à celui que l'on tient en haute estime que le livre qu'il aime n'est pas intéressant. On a peur que la différence devienne un différend.

Les membres d'un groupe soudé et harmonieux ont tendance à se moquer des comportements. À l'usine, on parlera des « bureaucrates » du siège de la société qui le leur rendent bien en parlant des « ploucs » de l'usine perdue dans la campagne. Toute personne qui souhaite l'harmonie dans son groupe va tout de suite abandonner un comportement ressemblant par trop à ceux qui sont en usage dans un groupe différent. Les autres lui diront : « Arrête, tu te crois au siège, ici, on n'est pas des bureaucrates. » La rencontre de gens différents renforce alors le comportement grégaire par peur du conflit avec ses semblables, comme on aime les appeler.

La pression majoritaire

L'harmonie c'est l'unanimité. Être minoritaire, c'est être cause de dissension, c'est casser l'espoir de bonne entente. Il est difficile d'être seul contre tous. La peur d'être exclu devient si forte que le minoritaire se rallie à la majorité. C'est rassurant d'agir comme la majorité et c'est source de bonne entente avec les autres. On ne se fait pas remarquer. On pense que les comportements majoritaires ont davantage de chance d'être appréciés et les demandes plus facilement prises en compte.

Chacun sait que, pour faire passer un changement, il convient de se renseigner sur les degrés d'adhésion et, en travaillant individu par individu, de s'arranger pour avoir une majorité de leaders d'opinion favorable à ce changement. Les chances sont grandes alors pour que les autres se rallient. Il est prudent d'organiser une réunion sur un projet auquel on espère faire adhérer les participants et de ne le mettre en œuvre qu'à partir du moment où une forte majorité est déjà convaincue du bien-fondé de ce projet. Avant, il faut faire un travail individuel de persuasion.

Dès le moment qu'il y a vie collective et groupe, l'effet harmonie (et peur de l'exclusion) va jouer. Il est judicieux que, pour un tour de table bien organisé, la majorité puisse vite se manifester. La pression majoritaire est si forte qu'elle a tendance à pousser chacun au conformisme pour ne pas se sentir exclu. Dans certains milieux, il apparaît incongru de venir avec un journal qui peut choquer parce qu'il ne présente pas les idées majoritaires de ce milieu. À d'autres moments, il arrive à tout le monde de dire qu'il a lu certains livres parce que la majorité les a lus et que l'on ne veut pas faire bande à part.

Il est prudent de ne pas toujours manifester un désaccord qui risque de mener à l'exclusion du groupe. Il vaut mieux ressembler aux autres. On peut certes agir façon un peu différente, mais il y a toujours une marge qu'il ne faut pas dépasser et que chacun connaît bien. Quand il y a échange et débats dans un groupe (les formateurs connaissent bien ce phénomène) et qu'une majorité se dessine, c'est toujours tout naturellement aux minoritaires que l'on demande de s'expliquer. Jouer de la pression majoritaire pour obtenir ce que l'on veut peut être un moyen très puissant de manipulation.

Être porte-parole c'est être le groupe

Il est bien rare de voir un porte-parole trahir son groupe. Au contraire, on voit plutôt des personnes qui n'adhéraient que modérément aux idées du groupe se mettre à défendre de plus en plus les idées du groupe lorsqu'elles sont chargées de représenter ce groupe et d'en être les porte-parole. Plus on est chargé de prouver, plus on y croit. On se fait de l'auto-endoctrinement sans s'en rendre compte.

Il peut être ainsi efficace d'amener le plus grand nombre à défendre les projets du groupe pour renforcer leur adhésion. Un porte-parole, encore plus que les autres, a peur d'être exclu pour son amateurisme et sa mauvaise réputation. Il adhérera d'autant plus aux projets qu'il est chargé de les présenter. Rendre les personnes responsables des projets prévus en leur demandant de les défendre elles-mêmes ne peut que les renforcer dans leur conviction pour maintenir l'harmonie avec le groupe.

Les circonstances stratégiques où la peur de l'exlusion et l'espoir d'harmonie s'accroissent

Ce sont évidemment les moments où il est le plus facile de manipuler. Quelles sont ces circonstances ?

Les isolés

Il y a toujours des personnes qui sont en situation de se sentir plus ou moins étrangères à la collectivité ou au groupe de travail dont elles font officiellement partie. C'est le cas classique du « nouveau » qui vit un moment stratégique pour réussir son intégration au groupe. Mais c'est aussi le cas de ceux qui ne sont pas initiés ou ceux qui sont mal informés et se demandent avec anxiété : « Que faire ? Où va-t-on ? Qu'est-ce qui est bien vu ? Que faut-il éviter à tout prix ? » C'est enfin ce que ressentent ceux qui vivent dans un milieu où les normes collectives sont quasi inexistantes (on parle de loi de la jungle), ce qui est souvent à l'origine d'une forte insécurité.

Autant de situations qui mettent la personne en état psychologique d'accepter tout ce qui va lui permettre de sortir de son isolement et de s'intégrer harmonieusement dans le groupe. D'ailleurs, le premier groupe qui saura répondre à ce besoin aura tout de suite son adhésion. C'est souvent le cas dans les entreprises où le management est faible. Les syndicats assurent en général le relais pour sortir les personnes de leur isolement.

Les moments d'incertitude et de confusions collectives

On a remarqué qu'en cas d'accidents la présence de plusieurs témoins amenuise les chances d'être sauvé : chacun croit que c'est l'autre qui va s'en occuper et pense que l'inactivité de son voisin signifie qu'il n'y a plus rien à tenter. On ne prend plus d'initiative et l'on se comporte comme tout le monde. Chacun compte sur les autres et reste isolé dans son coin, renforçant l'effet qui a été décrit au paragraphe précédent. Si on va à une manifestation culturelle ou sportive ou à un endroit inconnu, on a tendance à suivre la foule là ou elle va. On est prêt à accepter tout ce que voudra la collectivité, à se conformer à la majorité, à chercher à lui ressembler, surtout pour ne pas paraître différent, et à faire ce que conseillent les porte-parole officiels de cette collectivité. On est mûr alors pour se laisser manipuler au nom de l'effet d'harmonie. C'est le moment où cet effet peut être utilisé au maximum.

Il existe actuellement dans les entreprises de nombreuses circonstances où règnent incertitudes et confusions et où peut s'appliquer l'effet « harmonie ». Pour se rassurer, chacun est prêt à suivre quiconque apportera une diminution de l'incertitude et de la confusion.

Divisions et mauvaises communications

Plus les personnes sont étrangères les unes aux autres, plus elles sont passives et conformistes. Les groupes de touristes à l'étranger forment en général des groupes très dociles. Souvent composés de personnes qui savent prendre des initiatives et des responsabilités dans leur vie privée, ces groupes se retrouvent comme des enfants soumis à leur guide.

Une personne dans un groupe divisé a tendance à régresser et à devenir comme un enfant, soit passive et docile, prête à suivre le premier venu qui indiquera ce qu'il faut faire, soit agressive et rebelle, prête à créer la zizanie et à diviser. Chacun a des souvenirs de groupes de travail divisés et sans communication réelle où l'on pouvait constater, *de visu*, cette régression des participants. À ce moment, l'espoir d'harmonie est à son plus haut niveau et chacun est prêt à suivre celui qui saura y répondre.

Les attaques venues de l'extérieur

Quand un groupe se sent attaqué, en général, il resserre les rangs et souhaite l'excellente entente contre l'ennemi commun. Le malheureux qui veut exprimer un avis contraire est vite traité de

« collaborateur avec l'ennemi » et de traître à la cause commune ! Il convient de se conformer aux valeurs dominantes du groupe. Chacun connaît bien les guerres de position entre les services dans l'entreprise, mais aussi le changement complet d'attitude et la solidarité retrouvée s'il faut défendre l'emploi ou se battre pour éviter un rachat ou une fusion intempestive.

On sait aussi que, dès que les attaques contre le groupe s'arrêtent, les vieilles querelles reviennent et l'effet harmonie n'est plus opérant. En ce sens, il est souvent illusoire de vouloir persuader un groupe pour le faire changer. Ces attaques ne font que renforcer les convictions et la solidarité interne : l'effet harmonie joue à plein. Et le représentant du groupe sera lui-même encore plus convaincu (cf. l'effet porte-parole) du bien-fondé de la réaction unitaire autour des valeurs communes.

Les actions qui renforcent l'intégration dans un groupe

Quand des personnes trouvent leur compte dans leurs relations avec leur entourage elles cherchent à resserrer de plus en plus leurs rangs pour réaliser leur espoir d'harmonie. Ceux qui prennent leurs distances quittent le réseau et leur place est immédiatement prise par d'autres qui s'y intègrent parfaitement. Comment attirer une personne dans un groupe ? Que faire pour qu'elle s'y sente totalement intégrée ? Voici quelques exemples de manipulations qui le permettent.

Répondre aux besoins de la vie en commun

D'abord, il faut faciliter la démarche du groupe pour atteindre le but commun et réussir ensemble. Plus la faisabilité sera facile, plus facile sera l'harmonie. Pour cela, chacun doit bien savoir quelles seront sa contribution et celle des autres, quelle sera la responsabilité de chacun et quels objectifs il devra atteindre. Un plan et un programme préciseront les marches à suivre pour arriver aux buts prévus. Chacun disposera des capacités et des moyens adaptés pour apporter une contribution qui tiendra compte de ces capacités.

Des mécanismes seront prévus pour apporter une aide pour accroître les capacités et les moyens. Des évaluations régulières permettront de savoir où l'on en est. Des rectifications d'itinéraires ou d'objectifs pourront intervenir pour tenir compte des circonstances. Le comportement des uns fera l'exemple pour les autres. En suivant cette démarche, on obtiendra que chacun apporte plus facilement sa contribution au groupe ou l'aidera ainsi à y trouver son compte.

Ensuite, il faut s'occuper de la vie collective du groupe pour la rendre aisée et efficace. Pour cela, il faut que tout le monde connaisse, comprenne et accepte suffisamment les objectifs du groupe et les critères de performances attendus. Ceux qui doivent travailler ensemble le font et savent comment le faire pour que tout se passe bien. Les règles communes de fonctionnement du groupe sont comprises et considérées comme justes et impartiales. Les griefs sortent et sont traités rapidement en veillant particulièrement à ceux qui pourraient faire éclater le groupe. Les suggestions sont acceptées, étudiées, bien considérées et encouragées. Chacun se sent le représentant du groupe et est prêt à en parler. Chacun sait qu'il peut trouver de l'aide auprès de ses collègues, s'il en a besoin. On se parle, on communique et on se sent solidaire.

Enfin, il faut s'occuper de chaque individu (pratiquer ce que l'on appelle le management personnalisé) pour s'assurer qu'il trouve bien son compte, qu'il sache bien comment il contribue au résultat global et qu'il est bien nommé au degré de responsabilité qui lui correspond. Il doit sentir qu'il est considéré et apprécié pour les résultats obtenus, qu'il existe en tant qu'individu différent des autres (et non pas noyé dans la masse), il doit être sûr d'être écouté quand c'est nécessaire et que l'on répond à ses griefs : le groupe lui permet de réussir.

Assurer les fonctions qui permettent la réussite collective

L'harmonie est directement liée à la réussite collective. Un groupe qui est en échec est rapidement divisé et les conflits interpersonnels se multiplient. En revanche, quand les membres d'un groupe ont un sentiment partagé de réussite, ils se sentent plus solidaires.

Pour réussir les objectifs communs, un groupe a besoin que certaines fonctions soient assurées, peu importe qui s'en charge. Il faut des réalistes engagés et organisés qui poussent au travail quand il y a besoin, et non pour le principe. Il faut des créatifs qui apportent des astuces originales quand c'est bloqué : ce sont les machines à résoudre les problèmes. Il faut des prudents circonspects qui s'assurent que les idées tiennent la route. Il faut des poseurs de question qui font avancer vers l'objectif parce qu'ils savent très bien faire sortir le meilleur des autres et utiliser les ressources de tous. On a aussi besoin des indispensables finisseurs qui ont le goût d'achever dans le détail le projet commun, font preuve d'une grande capacité à faire des suivis impitoyables et se montrent attentifs aux détails pratiques.

Il reste encore les diplomates qui préviennent les conflits et qui facilitent les relations en douceur, réduisent les frictions, sont sensibles aux autres et assurent une subtile influence pour créer une bonne ambiance. Ils sont aussi indispensables que les forces explosives qui ne craignent pas de manifester leurs désaccords et de lancer des défis, ou autres instigateurs d'actions et meneurs impatients que l'équipe réussisse, car avec eux il faut foncer.

Exercer un leadership reconnu et accepté

Tout groupe a besoin d'autorité parce qu'il souhaite une bonne organisation harmonieuse. Il souhaite une autorité souple qui sache faciliter cette bonne organisation, et non une autorité formelle désignée. Car, de toute façon, le groupe se structure spontanément et des leaders apparaissent, les autres étant des suiveurs tant que le leader garde le pouvoir. Le groupe devient le théâtre d'une lutte pour le pouvoir entre plusieurs leaders potentiels. Le vainqueur sera celui qui sait apporter cohérence et harmonie par un leadership reconnu et accepté.

Il existe quelques moyens utiles à connaître pour manipuler un groupe et y prendre le leadership :
– Être celui qui sait organiser le groupe pour que tout se passe bien, en toute harmonie.
– Définir les situations dans lesquelles se trouve le groupe et l'informer de ce qui se passe (chacun est isolé et cherche des renseignements).
– Savoir ce qu'il faut faire dans les conjonctures aléatoires qui impliquent le groupe et risquent de troubler son harmonie.
– Maintenir et promouvoir des valeurs, des principes et des normes communes du groupe.
– Représenter efficacement le groupe vis-à-vis de l'extérieur en étant le symbole unique d'un groupe uni.
– Ne pas laisser d'autres exercer ce type d'actions, sauf exception.

Quand les personnes s'aperçoivent que ces actions apportent l'harmonie qu'elles désirent, elles auront tendance à accepter de faire tout ce que demandera le leader.

4. Du bon usage de l'effet harmonie

La première étape est de savoir si l'on est manipulable en fonction de son caractère et de son passé. Ensuite, il faut apprendre à se défendre du mauvais usage que certains en font. Enfin, il convient de voir comment cette manipulation peut être tout à fait profitable pour soi et pour les autres.

Reconnaître les éléments qui rendent les personnes manipulables par l'effet harmonie

– Les personnes qui manquent d'assurance et n'osent pas dire non ni refuser ce qui ne leur convient pas.
– Les personnes paniquées par l'incertitude, qui souhaiteraient que tout soit bien prévu et organisé.
– Celles qui ne supportent pas la solitude et aiment vivre bien intégrées dans un groupe qu'elles connaissent bien et qu'elles retrouvent souvent.
– Celles qui n'aiment pas se retrouver au milieu de personnes étrangères et inconnues qui leur font facilement peur, même si elles ne sont pas hostiles.
– Celles qui ne supportent pas de ne pas être appréciées et aimées par la plupart des gens qu'elles côtoient ou qui souhaitent être toujours davantage appréciées et estimées.
– Celles qui ont très peur d'être exclues ou qui ont vécu des moments difficiles d'exclusion qu'elles ne voudraient pas voir revenir.
– Celles qui ont peur des conflits et mésententes et ont un espoir irréaliste d'harmonie.

– Celles qui ont une morale élevée qui préconise l'amour du prochain.

– Celles qui se sentent mal à l'aise lorsqu'elles se trouvent seules à avoir un avis différent des autres.

– Les personnes timides et réservées.

L'art de se défendre des abus des manipulateurs qui utilisent l'effet harmonie

Portrait de ces types de manipulateurs

C'est un leader-né qui a le goût de mener et d'entraîner dès qu'il est en groupe, dès qu'il le voit attaqué, qui se porte tout de suite volontaire pour représenter le groupe et être son porte-parole. Il a un leadership naturel, reconnu et accepté. Il n'aime pas tellement que l'on ne soit pas d'accord avec lui, il juge cette attitude comme une preuve d'individualisme et de manque de souci du bien commun – et pourtant il se montre volontiers individualiste lui-même dès qu'il est responsable – il prône l'esprit d'équipe et le sens du travail commun. C'est un leader qui sait arranger les choses pour que tout le monde y trouve son compte et sait faire régner une bonne ambiance.

Ensuite, il y a la personne qui a une grande maîtrise d'elle-même, très calme, ne s'affolant jamais et surtout pas stressée par l'incertitude. Elle contrôle sans la moindre angoisse apparente les situations délicates qui font souvent peur aux autres. On se rassemble autour d'elle en cas de pépin car elle rassure.

Enfin, il y a la personne qui se caractérise par l'attachement à des valeurs et à son idéal. Pour elle, le souci des autres et la bonne entente sont essentiels dans la vie. Elle est à l'écoute des besoins de chacun et sait y répondre. Elle a de bonnes relations, est sympathique, sinon séductrice et charmeuse. Il est difficile de lui refuser ce qu'elle demande. Elle crée autour d'elle harmonie et bonne ambiance.

Les utilisations abusives de l'espoir d'harmonie

Prôner le conformisme en abusant de la peur de l'exclusion

Il existe plusieurs manières pour un manager manipulateur malhonnête d'abuser de cette peur. Il peut exiger un conformisme rigide dans le groupe dont il est responsable, de manière à ce que le sentiment d'exclusion naisse naturellement chez chacun pour la moindre légère déviation ou exception. Résultats ? Personne n'ose plus agir différemment des autres sans avoir peur de se faire mal voir.

Il peut aussi renforcer cette pression de groupe en exagérant les comportements des autres. « Les gens qui ne nous ressemblent pas sont dangereux, mauvais et non fréquentables. » Tel est son discours manipulateur qui peut tout à fait influencer une personne soucieuse d'être bien intégrée. Il suffira qu'il lui reproche de ressembler à ces gens qui sont si différents pour qu'elle se dépêche de rentrer dans le moule des gens bien, c'est-à-dire de ceux qui se ressemblent tous dans son groupe de référence.

Le manipulateur va prôner l'esprit d'équipe, considérant comme nocif au groupe tout désaccord. « Ce n'est pas dans l'esprit de notre groupe », dira-t-il souvent. Son interlocuteur aura peur et se soumettra : il se sent coincé entre quitter le groupe et se conformer entièrement aux habitudes du groupe. Ce manipulateur sait aussi utiliser la minorité en organisant des réunions où chacun est convié à donner son avis. Les minoritaires, dévoilés, craignent pour leur poste et se rallient par désir de sécurité.

Abuser de certaines situations quand croît l'espérance d'harmonie

Ce type de manipulateur tenu par l'effet d'harmonie profite de l'arrivée d'un nouveau, fatalement perdu au milieu de collègues qu'il ne connaît pas encore. Il peut même créer artificiellement les mêmes circonstances en changeant d'affectation le déviant et en mutant d'un poste à un autre la personne qui ne lui convient pas et n'est pas assez docile, afin qu'elle soit perdue, comme un nouvel arrivé, et qu'elle se trouve plus facilement en position de se soumettre aux habitudes du nouveau milieu où elle se trouve. Il sait aussi profiter des moments d'inquiétude et d'incertitude où les gens sont perdus et affolés, prêts à suivre celui qui va les rassurer.

Certains manipulateurs vont même jusqu'à lancer eux-mêmes des rumeurs inquiétantes pour créer cette ambiance d'incertitude et de confusion. Il se plaît à créer des désaccords et de mauvaises communications entre ses collaborateurs. Comme personne n'arrive à s'entendre sur ce qu'il faut faire, chacun remonte automatiquement au niveau supérieur, c'est-à-dire jusqu'à lui demander quelle est la ligne à suivre.

Il apparaît alors seul capable de remettre de l'ordre et de l'harmonie en tranchant et en décidant parmi tous les avis opposés. Il aime bien mettre ainsi une ambiance de guerre en exagérant, par exemple, les agressions de la concurrence pour mobiliser ses troupes (il aime employer des termes guerriers). Il joue avec brio des menaces pour créer une harmonie artificielle qui lui permet de mieux tenir en main son « équipe », car il se dit un adepte inconditionnel de l'esprit d'équipe et culpabilise ceux qui ne se conforment pas suffisamment à cette valeur.

Ainsi, partant de l'espoir légitime de plus grande harmonie, il impose un conformisme de groupe qui amène chacun à agir d'une façon qui ne lui convient pas forcément ou même qui le bride, mais qu'on ne peut éviter. Pourtant, ce manipulateur abusif devrait se méfier. Dès que les circonstances vont changer, l'étau va se desserrer et la soumission va devenir rébellion.

L'art de se défendre des abus de l'effet harmonie

Dépendance et autonomie : le pilotage automatique

Le légitime espoir d'harmonie peut créer une dépendance excessive et contraire à ses intérêts. Il est normal et judicieux de vouloir s'intégrer à la vie collective. C'est indispensable et profitable. Il suffit donc d'être conscient du danger de dépendance et se mettre en état d'alerte dès qu'il y a risque de soumission excessive.

Il est évident que la bonne harmonie dans un groupe est utile et confortable. On partage les mêmes valeurs, les mêmes façons d'agir pour les mettre en pratique. C'est très reposant car il suffit d'agir comme les autres pour bien agir. On est en pilotage automatique. Il n'est plus nécessaire de réfléchir et de se remettre en cause. Tant qu'il ne se présente pas de situations nouvelles ou plus complexes, il n'y a pas de problème. Cette dépendance vis-à-vis du groupe peut être efficace. Mais imaginons que la situation change, il est alors préférable de retrouver son libre arbitre et son indépendance. Il convient d'être vigilant dès que les indices de risque de dépendance excessive à la vie collective clignotent.

Les clignotants à repérer : être vigilant

Le meilleur moyen de se défendre des abus des manipulateurs est d'abord de repérer ce qui nous rend manipulable. En particulier, il est important de savoir si l'on a un goût marqué pour les relations harmonieuses avec les autres et si l'on a des souvenirs désagréables (ou même traumatisants) de mésententes et de conflits.

Ensuite, il faut bien repérer si l'on est dans une situation où précisément les dangers de manipulation risquent de s'accroître. Ces circonstances sont connues, ce sont celles qui ont été décrites plus haut : on se sent inquiet car on risque d'être marginalisé (changement de poste, nouvelle structure, fusion, nouveaux marchés, vie à l'étranger). On est entouré de personnes étrangères ou inconnues ou, au contraire, dans un groupe très soudé où tout le monde s'entend très bien et où les moindres désaccords risquent d'être mal perçus, ou encore on est dans un service où l'information ne circule pas et où les communications entre les personnes sont très faibles. Son groupe est attaqué fréquemment par d'autres personnes ou d'autres groupes extérieurs. On se sent une citadelle menacée.

À chacun de passer en revue tout ce qui a été dit ultérieurement. Quand le manager, au cours d'une réunion, fait un tour de table pour demander les opinions de chacun il est conseillé de s'organiser pour passer le dernier afin de placer son avis parmi les autres et ne pas se mettre en situation d'exclusion ni se laisser étiqueter comme un adepte des minorités manipulables. Cela permet en outre d'avoir le temps de prendre du recul.

Enfin, en acceptant de devenir porte-parole du groupe, il devient possible de faire le point sur ses opinions et de prendre clairement une option dans le débat. Là aussi, les deux mots clefs pour se défendre des dangers de l'effet harmonie sont vigilance et autonomie.

L'utilisation honnête et bénéfique de l'effet d'harmonie

Le préalable à toute utilisation bénéfique et honnête de l'effet d'harmonie consiste à être conscient, d'une part, de l'impossibilité de l'harmonie totale et durable, d'autre part, de l'utilité des désaccords pour progresser.

Une harmonie réaliste au service des personnes

L'effet harmonie peut alors être utilisé pour développer un esprit d'équipe qui laisse sa place aux désaccords utiles. On joue alors de la force de la similarité et de l'exemple en créant des normes communes qui sont respectées, des habitudes collectives qui facilitent la vie en commun et permettent de travailler efficacement ensemble. Le manager est alors le premier à les respecter et donne l'exemple. Cet effet de masse est une manipulation positive qui fait qu'un nouveau va tout naturellement suivre le mouvement et bien s'intégrer. On lui propose une harmonie qui doit créer un conformisme utile et efficace. Mais, dans le même temps, on accepte et encourage les différences. Chacun a le sentiment d'y trouver son compte et de pouvoir enrichir ses expériences et ses capacités par ce travail harmonieux en commun. Cela suppose des méthodes précises de traitement des désaccords et de travail en groupe.

À l'opposé de l'harmonie utopiste, créatrice de conformisme au détriment des personnes, on développe une harmonie réaliste qui rend service à chacun. La peur de l'exclusion peut alors se transformer en une utile pression psychologique pour développer ce type d'harmonie, car l'exclusion de celui qui ne veut pas respecter les normes collectives utiles apparaît à tous efficace et équitable. Dans ce type de groupe et d'entreprise, les pressions majoritaires changent alors selon les problèmes à traiter et chacun se trouve alternativement être du côté de la majorité, de la minorité, en harmonie ou en distorsion selon les situations.

Le porte-parole du groupe se sent obligé de bien présenter et défendre les intérêts du groupe, mais sans se sentir obligé de renoncer à son individualité ni à ses opinions personnelles puisqu'il a pu participer à la construction collective. Si le fait de représenter le groupe l'aide à adhérer davantage à l'avis collectif, cette pression psychologique est bénéfique au groupe sans lui faire perdre son esprit critique.

Savoir profiter honnêtement des circonstances

C'est le cas du manager qui profite de l'arrivée du nouvel embauché pour lui faciliter l'intégration. C'est le moment où celui-ci souhaite suivre les normes du groupe et les habitudes collectives, c'est donc aussi le bon moment pour les lui faire accepter et lui donner des habitudes de vie en collectivité cohérentes avec les autres. On le manipule plus facilement en ce sens, ce qui est utile et efficace pour tout le monde. C'est aussi vrai dans les moments de confusion et d'incertitude, moments stratégiques pour faire accepter des changements de comportements et d'habitudes. Une seule condition, essentielle, à respecter pour que la manipulation marche : ce qui est proposé doit diminuer les incertitudes et la confusion, autrement, le rejet sera encore plus fort.

Il en est de même des divisions entre les personnes et les mauvaises communications entre les services. Le désir d'harmonie s'accroît d'autant plus. Le manager qui aide à diminuer les divisions et à établir des coopérations efficaces entre les personnes a toutes les chances de faire facilement accepter ses propositions. C'est également vrai pour celui qui protège son service des agressions extérieures et sait défendre les intérêts de ses collaborateurs contre des décisions technocratiques venues d'en haut ou contre des clients abusifs qui profitent de leur position. Ils s'en souviendront, et il sera plus facile de les manager par la suite car la solidarité sera plus facile dans le service.

Les actions qui renforcent l'harmonie : les manipulations réciproques collectives

Tout ce qui a été dit à ce sujet peut être l'occasion de manipulations réciproques bénéfiques. La clef est toujours de mettre la collectivité au service de la personne qui se trouve alors obligée, ou presque, de se mettre au service de tous, car elle y trouve son compte. Un groupe n'existe pas, il n'existe que des individus qui forment un rassemblement efficace et durable quand le groupe devient un moyen d'épanouissement personnel.

Celui qui sait répondre aux besoins de la vie collective en assurant les fonctions qui permettent la réussite collective, et en orchestrant l'ensemble, prend automatiquement un pouvoir important. Les personnes qui en bénéficient sont sous son influence, il peut donc les manipuler plus facilement, car elles savent et constatent que ce qu'il demande et exige permet la réussite collective, et donc la leur. Cette manipulation est positive. D'autant plus qu'elle laisse bien des espaces de liberté et d'autonomie dans le système et que les manipulations seront réciproques.

En effet, le manager ne peut répondre aux besoins et assurer les fonctions de la réussite collective que s'il permet et encourage ses collaborateurs à l'influencer et le manipuler dans des échanges réciproques honnêtes et connus de tous. Si on veut que la collectivité réponde efficacement aux besoins concernant la tâche, la vie des individus et le fonctionnement du groupe, mais, aussi et surtout, si on veut que toutes les fonctions qui permettent à une collectivité de réussir soient réalisées, il est utile et efficace que tout le monde manipule tout le monde. En ce sens, l'effet harmonie peut jouer à plein et efficacement si les influences et manipulations réciproques permettent les ajustements harmonieux de toutes les forces dynamiques des membres de la collectivité vers les objectifs communs orchestrés par un leadership reconnu et accepté.

exposé 5

Le goût de l'exceptionnel et l'irrésistible comparaison

Qui n'a pas peur de la routine, que ce soit dans la vie privée ou au travail ? Qui n'a pas de souvenirs forts et puissants quand les circonstances lui ont permis vivre des moments exceptionnels ? Qui n'a pas le réflexe de comparer instinctivement entre ce qu'il vit et ce qu'il espérait. Ces moments de déception ou d'heureuse surprise forgent, pour une bonne part, nos personnalités et influencent nos vies. C'est ce dont nous allons parler dans cet exposé. D'où vient ce puissant goût pour l'exceptionnel qui peut être une manipulation très efficace pour celui qui sait l'utiliser ? Précisément, on verra comment l'utiliser et en faire un bon usage.

Il sera expliqué ensuite comment il est possible de jouer du choc des comparaisons pour obtenir ce que l'on veut des autres et comment faire un bon usage de la manipulation par la comparaison. Cet exposé montre comment on peut jouer des différentes facettes de ce profond désir de certains êtres humains d'être surpris, étonnés et attirés par l'inattendu. On en verra deux facettes : le goût de l'exceptionnel et l'irrésistible comparaison.

1. Savoir jouer du goût de l'exceptionnel

Être banal, fondu dans la masse « comme tout le monde », n'a rien d'attractif. On rêve tous, plus on moins, d'être connu pour nos qualités ou nos performances, il est quasiment naturel de vouloir sortir du rang. C'est pourquoi l'exceptionnel est une arme d'influence.

D'où vient la puissance manipulatrice de l'exceptionnel

Ceux qui savent l'utiliser jouent sur deux phénomènes naturels. Il est d'abord de notoriété publique que les gens réputés « exceptionnels » sont admirés, ou du moins entourés d'égards. Ceux qui arrivent à être acceptés dans l'entourage d'une « vedette » ou ceux qui sont eux-mêmes déjà un peu « vedette » dans leur domaine constatent qu'ils sont plus facilement entourés et admirés. C'est pourquoi la manipulation par l'exceptionnel est si puissante parce qu'indiscutable et connue de tous.

Ensuite, être peu ou prou exceptionnel ouvre des perspectives intéressantes pour arriver à se défendre contre toute atteinte à son indépendance ou à sa liberté de choix. Elle permet d'espérer pouvoir faire ce que l'on veut, comme on veut : réflexe très présent dans la culture française. En effet, en devenant « exceptionnel », on voit automatiquement augmenter son territoire, son indépendance et son pouvoir d'obtenir tout ce que l'on veut ! S'arranger pour être exceptionnel, de près ou de loin, peu ou prou, est donc un bon moyen pour mener cette lutte en faveur de sa liberté et de son indépendance.

Enfin, cette manipulation joue aussi sur des valeurs reconnues par notre société. En effet, les gens exceptionnels ont toutes les vertus, ce sont des héros ! Les médias les encensent. Participer à cette fête, même de loin, ne peut que susciter l'envie. Rechercher davantage de liberté et d'autonomie, grâce à cela, ne peut être considéré que comme intelligent.

L'art d'utiliser cette puissance : tout sauf l'égalité

Nos valeurs et notre culture nous conditionnent à être en faveur de l'égalité, contre les inégalités et les privilèges. Bien sûr, chacun s'élève contre les privilèges obtenus par d'autres, bien qu'ils souhaitent pouvoir en profiter un jour[1]. Il ne s'agit pas de méchanceté pour leurs semblables, mais d'une juste revendication. Jouer de ce sentiment ambigu, un peu honteux et pourtant si naturel, peut être assez puissant pour manipuler les autres. Comment s'y prendre pour répondre à ces aspirations légitimes ?

Deux possibilités s'ouvrent à nous : offrir des privilèges et permettre à chacun de ressembler quelque peu aux privilégiés ou encore donner des occasions d'être traité de façon exceptionnelle. Voici quelques exemples de ce que l'on peut faire pour manipuler grâce à ces deux stratégies.

Répondre au désir d'être traité de façon exceptionnelle

Les occasions de créer des différences entre les gens ne manquent pas, c'est un champ très vaste.

Inégalité

Le principe d'équité, qui veut que chacun soit traité de la même façon, suivant les mêmes critères, est certes fort respectable. Mais l'application trop rigide de ce principe peut créer un monde terne et démotivant, car chacun rêve secrètement d'être mieux considéré que les autres et espère entendre un jour, le plus souvent possible,

1. Cf. M.-J. Chalvin, *Ne comptez plus sur l'école*, Éditions First, 1999.

cette petite phrase : « Écoutez, je ne fais pas cela d'habitude, mais je vais le faire, cette fois-ci, *parce que c'est vous.* »

Chacun s'élève tout naturellement contre les inégalités injustes, mais accepte favorablement les inégalités justifiées. Et il va de soi de penser qu'une inégalité opérée en sa faveur est une inégalité justifiée. Si presque tout le monde a obtenu une médaille, il devient insupportable de ne pas l'avoir et on est prêt à faire n'importe quoi. On devient manipulable. En revanche, dès que l'on est en possession de ladite médaille, on n'est plus manipulable, car il y a égalité entre tous, donc banalité.

En revanche, si on s'aperçoit qu'elle n'est accordée qu'aux meilleurs pour service « exceptionnellement » remarquable, on devient alors hautement manipulable car l'espoir de l'obtenir rend vulnérable et multiplie sa propre capacité d'acceptation. Savoir jouer de ce désir d'inégalité en sa faveur permet d'accroître son influence sur les autres : petits (ou grands) passe-droits, félicitations personnalisées (pas aux autres), petits (ou grands) avantages, savoir quelquefois fermer les yeux, montrer ses préférences (à l'opposé de la fameuse phrase : j'apprécie tout le monde ici de la même manière, il n'y a pas de préféré...), etc.

Fréquence

Il est possible de jouer sur le facteur « temps » pour traiter quelqu'un de façon exceptionnelle. « Ce sera la seule fois, car il ne m'est pas possible de vous accorder à nouveau ce... » Sous-entendu ce privilège, puisqu'il n'a lieu qu'une fois. De cette façon, le plus banal peut devenir exceptionnel ! C'est ainsi que certains managers se montrent les esclaves du téléphone qui sonne. Ils n'arrivent pas à laisser sonner sans répondre par peur que « ce soit la seule fois », que rappeler plus tard fera rater le contact peut-être fructueux. Le téléphone nous manipule et soumet chacun à ses désirs. Gérer son temps, c'est gérer son téléphone.

Il est ainsi possible de prendre contact avec quelqu'un par téléphone, alors qu'il est, en général, impossible d'obtenir un rendez-vous. D'ailleurs, celui ou celle qui a obtenu de haute lutte un rendez-vous avec lui en fait les frais, car le manager aime tellement le téléphone qu'il y répond devant elle, au lieu de poursuivre la conversation avec elle. C'est encore plus vrai avec le mobile. Ayant peur de rater au téléphone une affaire ou un contrat exceptionnels, chacun devient l'esclave du téléphone. On voit là, la force de manipulation par l'exceptionnel.

Il est aussi possible de faire accepter plus facilement un service désagréable et pénible à rendre si l'on rajoute : « Rassurez-vous, c'est la dernière fois que je vous le demande. » Si l'on veut attirer l'attention de son interlocuteur, il suffit de lui dire « C'est la dernière fois que je vous le dis, ensuite... » Ces mots sonnent comme le dangereux dernier « avertissement » bien connu de tous les contribuables.

On peut enfin jouer de la présence fugace qui devient importante et attirante parce que rare, donc à saisir sur-le-champ. Est-ce que quelqu'un qui est facilement disponible peut être quelqu'un d'exceptionnel ? On peut faire ainsi accepter un rendez-vous à des heures très inconfortables si l'on annonce que l'autre rendez-vous possible est à une échéance très éloignée. Tout ce que l'on risque de perdre, le *périssable*, prend de l'importance.

Ainsi s'affirme la puissance de la présence fugace. Ce qui risque de devenir impossible prend un grand attrait. Être surmené permet de manipuler plus facilement les autres. Obtenir très vite ce que l'on souhaite enlève de la valeur, en revanche, un délai très long peut donner de l'importance à ce que l'on a eu avec tant de mal, faire quelque peu traîner son adhésion peut la rendre exceptionnelle.

Interdiction

L'interdit est attractif parce qu'il déclenche un réflexe de défense de la liberté et de l'autonomie, du territoire personnel, de la « patrie en danger ». On a horreur de perdre une liberté et une autonomie acquises difficilement tout au long de sa vie. Tout interdit devient donc une menace de perte d'avantages acquis. Tout ce qui est permis prend de la valeur dans un contexte de forte interdiction. Celui qui accorde les permissions prend du pouvoir sur l'autre qui sera prêt à accepter ce qu'il veut pour obtenir ces permissions. Mais cela ne prévaut que dans un environnement de forte interdiction, autrement, ce sera banal puisque presque tout est permis. Il n'est donc plus utile de pratiquer l'exceptionnel. Le sentiment de liberté n'est sûrement qu'un milieu oppressif. C'est pourquoi cette possibilité de manipulation devient actuellement plus faible.

Mais il existe toujours des interdits informels et subtils sur lesquels on peut jouer. Ce sont de belles occasions de pouvoir traiter les autres de façon inégale, donc exceptionnelle. Les comportements réputés corrects et habituels, les méthodes que tout le monde applique, les critiques ou suggestions qu'il est possible de faire (selon les personnes, les domaines, les lieux...). Être attentif à tout ce qui est réellement permis et accepté dans son entreprise. On peut plus aisément repérer qui ne l'est pas et jouer, selon les cas, avec les interdits pour traiter de façon exceptionnelle ses interlocuteurs et prendre du pouvoir sur eux.

Pour subir une dose plus faible d'interdits, que ne sont-ils pas prêts à accepter ? C'est que ce qui est souvent exprimé en ces termes. « Je préfère changer de job, même s'il faut faire plus d'heures, se déplacer, avoir davantage de soucis... Mais je serai davantage libre et autonome. » On voit bien la puissance de ce type de manipulation. Savoir assurer une certaine permissivité permet de prendre du pouvoir sur les autres.

Le désir de ressembler aux privilégiés

Être dans le secret des dieux

La possibilité de rencontrer celui qui est considéré supérieur en hiérarchie, en compétences ou en influence correspond au désir d'être proche des « dieux ». Encore faut-il que la distance soit suffisamment importante pour prouver que l'on a eu vraiment accès à l'inaccessible, donc au privilège. Pour jouer cette carte, il faut savoir se montrer assez lointain et que les rendez-vous soient difficiles à obtenir. Mais c'est facile car tout responsable manque de temps disponible et sélectionne ses contrats. Quelques dérogations judicieuses déclencheront l'effet « exceptionnel » aussi sûrement que de savoir donner à ses collaborateurs la conviction d'être parmi les quelques privilégiés ayant l'accès à des informations confidentielles (ou perçues comme telles).

L'expression « être dans le secret des dieux » traduit bien cet aspect exceptionnel. Recevoir certaines informations devient une faveur subtile. Il est possible de donner le sentiment d'être dans « le secret des dieux » en distribuant les informations goutte à goutte et de façon incomplète (la méthode du *teasing*), assorties de jargons incompréhensibles ou simplement confus.

Tout peut être difficile, extraordinaire et très recherché

Une erreur psychologique classique consiste à penser que, si l'on annonce qu'une activité est facile, son interlocuteur sera davantage enclin à accepter. Ce n'est pas toujours le cas, car c'est en même temps le dévaloriser, ce qui incite les meilleurs à refuser. En tout cas, on se prive ainsi de l'effet « exceptionnel ». Il est plus astucieux de valoriser les activités proposées : annoncer que c'est tout à fait nouveau donc extraordinaire, que la personne sera la première à tester cette méthode et qu'elle a été choisie et sélectionnée. Il est également possible de montrer toute la difficulté de la tâche et toutes les grandes qualités qu'elle exige, ce qui est toujours vrai, car la difficulté d'une tâche est relative selon les capacités de la personne – donc tout peut être difficile et extraordinaire. Il y a toujours un angle sous lequel une tâche est difficile : degré de fatigue, de technicité, d'habileté relationnelle, d'expériences, de rapidité, etc.

La compétition constitue aussi un bon moyen de faire jouer l'effet exceptionnel. Il existe de nombreux types de compétitions : avec soi-même (se surpasser), avec d'autres (les dépasser), que ce soient des collègues ou des concurrents. À chacun de voir la mise en situation la plus astucieuse.

Une stratégie classique qui marche bien consiste à mettre plusieurs personnes en même temps sur l'affaire. On fait savoir à l'intéressé que cette tâche intéresserait sûrement d'autres personnes si, par hasard, il ne la prenait pas (sous-entendu, s'il ne sautait pas sur l'occasion…). Si cette tâche est recherchée, s'il y a compétition en ce domaine pour l'avoir, « elle est donc exceptionnelle »! L'important est que ce soit ressenti comme difficile et extraordinaire et que cela se sache, car ce qu'il est difficile d'obtenir a plus de valeur que ce qui est à la portée de tout le monde. Être privilégié, c'est d'abord ne pas être comme tout le monde. Là est le ressort essentiel de l'effet exceptionnel.

2. Du bon usage de l'effet exceptionnel

L'effet exceptionnel est couramment utilisé dans notre environnement quotidien. Il est donc essentiel d'être plus lucide et plus vigilant en connaissant les étapes à suivre importantes pour un bon usage de cet effet. Les voici.

Les personnes manipulables

Il existe plusieurs types de personnes sensibles à cet effet :
– Elles ont besoin d'être admirées. Elles voudraient bien être célèbres et connues et sont prêtes à accepter beaucoup de choses pour y arriver. Comme les vedettes, elles n'aiment qu'en faire à leur tête.
– Elles ont besoin de liberté et d'autonomie. Elles sont indépendantes et gardent jalousement leur espace et leur territoire. Elles ne supportent pas les restrictions à leur liberté de choix imposées.
– Elles sont prêtes à changer de job, s'il le faut, pour être plus indépendantes.
– Elles sont dynamiques et prennent des initiatives. Elles aiment être en compétition, avec elles-mêmes ou avec les autres. Elles aiment se surpasser, dépasser leurs collègues pour se faire remarquer et être sélectionnées pour assurer des responsabilités.
– Elles aiment les honneurs (les médailles, pourquoi pas?), les considérations et les reconnaissances sociales. Sans forcément l'afficher, elles aiment les privilèges. Rien ne leur fait plus plaisir que d'avoir un avantage que les autres n'ont pas.
– Elles aiment transgresser les interdits, car c'est une manière d'être au-dessus des lois, donc au-dessus des autres. Elles aiment être « dans le secret des dieux », savoir ce que les autres ne savent pas et faire savoir qu'elles le savent!
– Elles aiment relever des challenges difficiles, elles en veulent toujours plus, elles sont frustrées et avides de réussite, sans doute parce qu'elles se sentent inférieures : elles ont besoin de prouver à elles-mêmes comme aux autres leur valeur. Elles manquent d'affection et de reconnaissance. Elles ont une faible estime de soi.
– Elles dépendent de leurs évaluations et de l'avis des autres, surtout des personnes qu'elles estiment supérieures à elles, et elles sont nombreuses.

L'art de se défendre de ce type de manipulation

Portrait de ces manipulateurs

Il est indispensable de savoir les repérer. Il en existe trois grands types.

• *Certains d'entre eux savent habilement s'y prendre pour présenter le travail ou les missions qu'ils confient.* C'est toujours une tâche difficile et importante dont tout le monde attend beaucoup. Mais, en même temps, ils ne lésinent pas sur les compliments et même les flatteries pour rassurer leur interlocuteur sur leur grande capacité à assumer de telles tâches. Avec eux, on a toujours l'impression d'être quelqu'un d'important et d'indispensable : il est difficile de refuser ce qu'ils demandent.

• *Les autres ont l'art d'être au courant de tout,* en tout cas, c'est l'impression qu'ils donnent. On aimerait bien qu'ils transmettent ces informations nombreuses et importantes, souvent confidentielles, qu'ils possèdent. Quand, plus tard, on les apprend, ils affirment qu'ils les connaissaient déjà. Seuls ceux qui sont assez intimes avec eux sont au courant de quelques secrets. Ils ont cette chance, mais elle n'est pas accordée à tout le monde ! De toute façon, il est très difficile de les rencontrer. Ils sont débordés et obtenir un rendez-vous est une faveur qui n'est pas accordée à tout le monde.

• *Les derniers paraissent contradictoires.* D'un côté, ils semblent très stricts. Chacun sait qu'il y a des choses qui ne se font pas. Les interdictions ne manquent pas. Quand un nouveau venu arrive, les autres le mettent au courant de ce qui est permis et défendu, car, lui dit-on, « le patron ne s'amuse pas avec ça ! » Cependant chacun sait qu'il y a des arrangements avec certains, mais encore faut-il en bénéficier. Car il est très mal vu de se permettre soi-même de contourner une règle. Ces manipulateurs savent très bien jouer de ce mélange contradictoire d'interdits et de permissions. Ce n'est pas toujours facile à vivre et souvent inquiétant !

Les utilisations abusives de l'effet « exceptionnel » : un exceptionnel sûrement mais arbitraire et artificiel

« Tout sauf l'égalité » est sans doute un bon principe pour motiver les gens, mais, appliqué de manière arbitraire, il déclenche rejet et rancune. Car les inégalités inéquitables sont très mal supportées. Pourtant le piège est subtil et attractif. En effet, celui qui est mieux traité que les autres de façon arbitraire en est ravi et manifestera toute sa reconnaissance, et on s'assure ainsi un grand pouvoir pour le manipuler aisément.

Le problème, ce sont les autres qui ressentiront un grave sentiment d'injustice. Et il est besoin de rappeler que, par définition, ils sont majoritaires ! Bien sûr, on peut toujours diviser pour régner et réellement prendre du pouvoir, mais attention aux lendemains qui déchantent ! Avoir sa cour composée de ceux qui profitent des bontés du manipulateur pour ses préférés est une méthode abusive : elle existe cependant et fait preuve d'une certaine efficacité.

On peut également faire croire que l'on est très occupé (ou l'être réellement), et donc ne pas pouvoir facilement ouvrir sa porte aux interlocuteurs qui le demandent. Être une personne d'accès difficile donne du pouvoir, mais on risque en même temps d'être isolé et de ne posséder que les informations des rares interlocuteurs rencontrés.

Une autre façon d'abuser de l'exceptionnel consiste à promettre que le service difficile que l'on a demandé sera réellement exceptionnel (une fois et jamais plus), alors que l'on sait très bien que cette promesse sera quasi impossible à tenir, mais, en attendant, on a obtenu ce que l'on voulait. Certes, à moyen terme, on risque de perdre de sa crédibilité. Abuser du téléphone est devenu tellement courant que cet abus-là est, hélas, peu dangereux !

Multiplier les interdits pour pouvoir donner des passe-droits qui seront reçus avec bonheur est une autre façon abusive d'exploiter le besoin d'exceptionnel. Cela permet à celui qui le met en pratique d'avoir l'air généreux et bienveillant en accordant des permissions qui ravissent les bénéficiaires, mais qui sont totalement artificielles puisque les interdits le sont également ! Le manipulateur abusif aime accorder des libertés inutiles pour l'efficacité du travail, mais bien utile pour créer sa cour et ses réseaux d'influence.

Il aurait plutôt la manie du secret et des domaines réservés. Mais ces secrets sont secrets de polichinelle et servent surtout d'appât pour flatter ses courtisans. Il aime employer un jargon incompréhensible et s'amuse de voir certains interlocuteurs faire semblant de comprendre, alors que manifestement ils ne suivent pas.

Il aime bien aussi exciter la curiosité en distillant des informations ou des rumeurs confuses, rares et incomplètes. En pratiquant la méthode du feuilleton à suspens que chacun aura envie de continuer à regarder pour connaître la suite.

Ce manipulateur abusif a l'art d'exagérer la difficulté des tâches qu'il confie pour faire croire qu'il s'agit d'une mission exceptionnelle et mettre les gens en rivalité. Avec lui, on se sent quelqu'un d'extraordinaire qui doit profiter d'une bonne occasion en acceptant cette tâche. Mais, au bout d'un certain temps, on s'aperçoit que tout cela n'a rien d'extraordinaire. Il en fait trop et la compétition est artificielle. Certains gardent le sentiment agréable d'avoir été traités comme des personnes extraordinaires. Pour certaines personnes, ce n'est déjà pas si mal et toujours mieux qu'être méprisé et dévalorisé. Un jour viendra où elles en auront assez d'être ainsi abusées, où elles ne se laisseront plus faire et sauront s'en défendre.

L'art de se défendre de ces manipulateurs abusifs

Il est difficile de se fixer une stratégie défensive, car l'attirance pour l'exceptionnel est très affective et obscurcit facilement notre capacité de réflexion.

Un signal d'alerte

L'« exceptionnel » est très attractif et anxiogène, car il présente des occasions fugaces à saisir de suite ou à perdre inexorablement : un passe-droit tout à coup accordé, une occasion de surpasser les autres, pouvoir être dans le secret des dieux. Autant de moments dont il faut savoir profiter immédiatement, autrement ce sera trop tard, et peut-être pour longtemps ! Il faut réagir très vite, et donc quasiment sans prendre le temps de réfléchir. En effet, ce type de manipulation provoque une sensation d'attraction rapide et irréfléchie qui laisse peu de place à l'analyse raisonnable.

Celui qui prend conscience de la présence de ce signal émotionnel et affectif doit y voir un signal de danger de manipulation abusive et arrêter la réaction. Peu à peu, l'association se fera entre cette sensation et la réaction d'alerte : stop, danger ! C'est le moment de réfléchir et de se dire « Ne nous emballons pas ».

Réfléchir à l'utilité et au prix du danger

Il est judicieux de prendre le temps de se poser la question du prix à payer pour s'offrir ce plaisir et de calculer au plus juste le rapport qualité/prix. C'est le moment de réfléchir aux conséquences et aux risques liés à l'accession à l'exceptionnel. Être dans « le secret des dieux » ou accepter une tâche où l'on devra se surpasser peut avoir des conséquences négatives comme positives dans les relations avec son entourage : admiration ou jalousie progressives... Si le prix est correct, pourquoi ne pas s'offrir les plaisirs de l'exceptionnel. Si l'utilité et l'intérêt sont grands, il est raisonnable de se laisser manipuler et d'en assumer toutes les conséquences bien prévues et réfléchies. Sinon, il faut savoir dire non et refuser d'être manipulé abusivement, après avoir réfléchi aux conséquences en cas de refus.

Voici quelques bonnes questions à se poser pour peser le pour et le contre. Quel est l'intérêt réel de ce passe-droit? En quoi est-ce vraiment utile pour moi d'obtenir ce rendez-vous si difficile à obtenir? Son côté inaccessible m'avait paru intéressant, l'est-il vraiment? Quel est l'intérêt d'être un privilégié en dehors du plaisir de l'être? Au fond, il est possible alors de se rendre compte que ce rendez-vous n'a pas un grand intérêt ni une grande utilité, mais en revanche, il apporte le plaisir, par exemple, de rencontrer un personnage important. Et pourquoi ne pas s'offrir ce plaisir d'être un privilégié exceptionnel pendant un instant?

L'utilisation honnête et bénéfique de cette manipulation

La manipulation positive repose sur les deux grands principes suivants : tout être humain a un côté exceptionnel qu'il est intéressant de découvrir et de développer; tout être humain tient à son autonomie et sa liberté qu'il convient de respecter. L'efficacité de cette manipulation prend sa source dans l'inefficacité de l'égalité à tous prix où relation, évaluation et compétition sont bannies sous prétexte qu'il peut y avoir des abus (et il y en a comme dans toutes les manipulations). Le manipulateur positif croit en l'homme, crée une inégalité équitable flagrante et veille à éviter les abus.

Un exceptionnel justifié et équitable

Il convient de traiter les personnes de façon différente selon des critères que l'on estime valables et, le plus possible, connus et acceptés par tous : ce sont des inégalités justifiées et équitables. Ainsi celui qui est plus méritant que les autres peut avoir droit, à l'occasion, à une faveur, à certains passe-droits ou à quelques arrangements.

Il est efficace aussi de gérer son temps, toujours limité, en accordant davantage de celui-ci à ceux que l'on estime les meilleurs et les plus utiles pour la réussite commune. La porte ouverte à tous devenant vite la parole ouverte à personne. Il est plus astucieux de recevoir certaines personnes qu'il n'est pas normal de rencontrer, la portée en sera d'autant plus grande que les rendez-vous seront sélectionnés.

On peut aussi demander exceptionnellement pour la première et la dernière fois un service ou des travaux supplémentaires, mais il faut que ce soit réellement rare. On peut aussi plus facilement fixer des rendez-vous à des moments inconfortables, encore faut-il qu'ils représentent vraiment une faveur rare.

Il est possible de permettre certains accommodements avec les normes et les interdits établis, mais les personnes qui en bénéficient doivent être bien choisies parce qu'on en a besoin pour mieux exercer son influence, ce sont des personnes relais de son propre pouvoir. Ces accommodements ne doivent être accordés que de façon exceptionnelle et en choisissant bien les personnes qui auront cette faveur.

Il faut que ce soit une stratégie d'influence et non pas une faiblesse démagogique. Il convient que les autres voient aussi de cette façon : qu'il y a des personnes qui sont mieux considérées parce qu'elles travaillent mieux, sont plus efficaces et se comportent comme on le souhaite. Il faut que le message soit clair : à bon entendeur, salut ! Pour que l'effet exceptionnel demeure, il est important que ces passe-droits soient rares pour éviter de tomber dans l'arbitraire et la manipulation abusive.

La considération des personnes

On a tendance à trouver facile et pas très extraordinaire le travail effectué par des personnes de compétences moindres, ce qui est sans doute souvent vrai. Et, pourtant, cette personne, elle, peut trouver que son travail est difficile et demander beaucoup de compétences. C'est pourquoi il est recommandé de trouver en quoi chacun de ses interlocuteurs peut se trouver exceptionnel, c'est-à-dire digne de considération. Il sera alors possible de savoir dire la considération que l'on porte au travail difficile qu'elle réalise. Ce ne sera plus une flagornerie, mais une manipulation positive qui sera reçue avec satisfaction.

Il n'est pas malhonnête d'exagérer parfois une tâche pour manifester de la considération à quelqu'un. Cette démarche sera efficace si l'interlocuteur lui-même a le sentiment que c'est un travail qui peut être réellement difficile pour lui. Il dira même souvent : « Enfin, il s'aperçoit que ce n'est pas si simple ce qu'il demande de faire. Pour une fois, il me considère à ma juste valeur ! »

Bien sûr, pour que l'effet exceptionnel demeure, il ne faut utiliser cette manipulation qu'occasionnellement, quand on a besoin d'un accord qui n'est pas acquis d'avance. Trop de considération tue la considération, mais trop peu de considération sape son influence.

Ce qui a été dit sur l'art de mettre quelqu'un dans la confidence (le secret des dieux) est aussi un excellent moyen de porter de la considération à quelqu'un qui se sent pendant un moment la personne de confiance. Il convient, là aussi, d'utiliser ce moyen avec modération.

Rendre exceptionnel ce qui est important

Prenons le cas d'un événement qui, en soi, n'a rien d'exceptionnel, mais qui est important et doit marquer les esprits. L'astuce est de le rendre exceptionnel pour qu'il ne passe pas inaperçu. Il suffit de créer de l'exceptionnel qui va marquer les esprits. Ainsi chacun va associer cette information à cette situation insolite lors de laquelle cette information a été diffusée. Il suffit de changer de salle ou d'endroit : affichage dans le restaurant à un endroit inhabituel plutôt qu'une note de service, un CD que chacun va lire sur son PC ou un mail avec une pièce jointe musicale, etc. Il est possible de jouer une heure inhabituelle.

Par exemple, au fur et à mesure que les personnes arrivent, on leur annonce qu'il va y avoir une déclaration importante à 11 heures, mais on ne sait ni où ni comment. L'expérience montre que plusieurs mois ou années après (selon l'intensité de l'exceptionnel), les personnes se souviennent du message et ajoutent « Tu sais, c'était le jour où le patron est venu sans cravate pour nous dire... », et son interlocuteur se souvient tout de suite : « Ah oui ! il était sans cravate, on ne l'avait jamais vu ainsi et il nous a prévenus que désormais il fallait... »

Un seul point délicat : il faut doser l'exceptionnel, car autrement il est trop fort. Il va choquer et les interlocuteurs ne se souviennent que de la manifestation exceptionnelle en oubliant le message qui l'accompagnait. La situation insolite peut être fortuite, il faut apprendre à en profiter. Pendant la réunion, une explosion a lieu dans le quartier et tout le monde va aux fenêtres... C'est le moment de faire passer un message important. Il y a de bonnes chances que les participants se souviennent des deux en les associant « C'était le jour où il y a eu la fameuse explosion et où il nous a annoncé la sortie du nouveau produit... » C'est ainsi que l'exceptionnel peut aider à faire passer un message important.

3. Jouer du choc des comparaisons : tout est relatif

Qui n'a pas fait l'expérience de cette manipulation ? Elle peut donner un grand pouvoir sur les autres et met ainsi chacun en état de docilité aux désirs de l'autre.

D'où vient la puissance manipulatrice des comparaisons ?

Chacun regarde le monde en fonction de ce qu'il en connaît, de ce qu'il a vécu. Nous envisageons l'avenir avec optimisme ou pessimisme selon nos expériences passées : on est les enfants de notre enfance. Chacun voit le monde à travers sa propre subjectivité. L'être humain est ainsi conditionné. Chaque événement nouveau ne s'inscrit pas dans le cerveau sur un terrain neutre, mais un terrain déjà défraîchi par le passé. Et chacun compare ce qui lui arrive avec joie ou tristesse, peur ou enchantement, en fonction de ce qui lui est arrivé avant. C'est ce phénomène humain fondamental, connu de tous, généralisé, qui est à la base de la manipulation par la comparaison.

Tout est lié à l'état d'esprit avec lequel on aborde une situation nouvelle. Il n'est pas drôle d'être pauvre, mais c'est pire si l'on a été riche et si l'on s'appauvrit. Celui qui a été pauvre, puis riche, supporte mieux de redevenir pauvre. Prendre des responsabilités en remplaçant un manager mal perçu et peu populaire est plus facile que de remplacer un manager adoré de ses troupes. Des personnes qui ont failli mourir affirment qu'elles ne voient plus la vie comme avant. Cette loi est très puissante. La manipulation par la comparaison utilise cette loi universelle fondamentale et incontournable de la vie humaine, elle joue de la subjectivité et de la relativité : c'est sa force et sa puissance. Comment l'utiliser ?

L'art d'utiliser la manipulation par la comparaison

Le mécanisme consiste à utiliser le passé immédiat d'une personne pour la faire agir d'une certaine façon dans le présent. Par comparaison avec ce qui lui est arrivé, elle ne peut être que d'accord avec ce qu'on lui propose. Quelques exemples d'utilisation de ce type de manipulation.

Provoquer un refus pour avoir une acceptation

Dramatiser

Si un agent immobilier veut faire une affaire et vendre une maison à coup sûr, il présentera d'abord la moins confortable pour finir par la plus proche des vœux du client afin de faire agir l'effet comparaison en sa faveur et faire passer le client sur les inconvénients de la dernière. Il en est de même dans la vie quotidienne. Si l'on pense que la réunion va être très difficile et que les risques de conflit sont très grands, il y a de grandes chances pour que cette réunion apparaisse finalement réussie. En revanche, si on espérait une rencontre fructueuse avec des échanges coopératifs, il est sûr que la réunion assez réussie sera considérée comme une catastrophe ! Tout est relatif. Là est le ressort de l'effet contraste.

L'utilisation pratique de cet effet est simple. Il suffit de mettre dans la tête de son interlocuteur que ce qui l'attend est horrible, difficile et insupportable. Le travail proposé exige des qualités exceptionnelles et le contexte est défavorable. Hormis quelques samouraïs (il en existe et l'effet contraste ne marche pas avec eux), il est certain que la personne sera ennuyée. Il convient de la laisser mijoter un moment : « Ne me donnez pas la réponse tout de suite ; réfléchissez, on en reparlera... »

Il peut être astucieux de lui envoyer quelques mails supplémentaires allant dans ce sens ou quelques documents. La personne est ainsi disposée à refuser. À ce moment il suffit de lui accorder quelques arrangements en jouant sur la durée, la technicité, les types de relations, les moyens. On peut aussi annoncer que de nouvelles informations sont arrivées et que le problème se présente de façon bien différente. L'effet de contraste joue et la personne est tellement soulagée et heureusement surprise qu'elle ne peut qu'accepter, après un tel stress ! C'est ainsi que prévoir le pire peut faire passer plus facilement une situation qui risque d'être difficile.

Cet usage de l'effet de contraste peut servir à préparer l'annonce d'une mauvaise nouvelle : dans une entreprise en difficulté, une personne reçoit des documents inquiétants dans lesquels les phrases sont toujours tournées de telle façon que l'interlocuteur a l'impression qu'il va y avoir un plan social et qu'il risque d'être licencié. Quand il en est bien persuadé, on lui annonce que, pour lui, il ne s'agit que d'une mutation, certes ennuyeuse mais tellement anodine à côté d'un licenciement, qu'il va donner son accord à cette mutation qu'il n'aurait sans doute pas acceptée si facilement si elle avait été présentée tout de suite sans lui faire peur auparavant.

Il est également possible de jouer de l'effet contraste pour exprimer son désaccord ou ses reproches en se montrant excessif et émotionnel en dramatisant. On se fait respecter et l'on fait peur. Ensuite on se radoucit, et cette nouvelle attitude apparaît d'une extrême gentillesse par comparaison à l'autre. On peut envisager d'exprimer son mécontentement avec une force modérée qui sera très bien accueillie, alors qu'elle serait apparue comme violente sans ce préalable dramatique et qu'elle aurait donc été refusée. Finalement, l'interlocuteur estime s'en être bien tiré tellement il a eu peur au début.

Le contraste des interlocuteurs

Pour annoncer une mission difficile, il est parfois efficace de faire exposer la mission par plusieurs personnes pour en atténuer l'effet d'annonce. On confie donc à deux personnes différentes le soin de l'expliquer quand le premier dramatise les difficultés et la pénibilité prévues, provoquant ainsi un refus. Le second rassure et tempère ces propos. Il ne faut rien exagérer, il connaît le dossier et les capacités de son interlocuteur à régler cette affaire, il est à sa disposition pour l'aider... Il propose d'agir auprès de qui de droit pour que cette mission soit moins difficile (délai plus long, remise plus large à négocier, aides possibles, etc.).

Il revient quelque temps plus tard avec une bonne nouvelle. Il a tout obtenu. Son interlocuteur le remercie alors chaleureusement et accepte avec joie cette mission à sa mesure. Il avoue son soulagement car il se sentait coincé : refuser la mission l'aurait fait mal voir, mais l'accepter au risque d'échouer aurait été pire encore ! Que d'angoisses disparues ! Il repart tout heureux et plein de reconnaissance pour son médiateur.

Le jeu à deux est délicat. En effet, l'un des deux doit jouer le rôle qui lui donne une mauvaise image, sévère et dur, exigeant des résultats dans des conditions trop difficiles : c'est le risque de l'opération. Ce risque est moindre si l'on décide que c'est le collègue le plus lointain qui sera le plus exigeant et sévère. L'idéal est qu'il soit d'un service différent. Par exemple, le siège exige d'avoir les documents complets sans délai. De toute façon, le siège n'a jamais une excellente réputation. Cette affaire ne changera rien à cette réputation et avoir un manager qui a de l'influence sur les gens du siège ne peut être que bénéfique. La règle reste de donner le rôle positif à celui qui est proche.

L'interlocuteur n'a pas le droit de refuser

Il est malgré tout possible d'utiliser l'effet contraste quand l'interlocuteur ne peut que très rarement refuser la tâche qui lui est confiée, ce qui est le cas le plus fréquent. En ce cas, il est encore possible d'utiliser l'effet comparaison, mais ce sera la même personne qui jouera les deux rôles à un intervalle de temps plus proche. On sera sûr que son interlocuteur trouvera le travail confié plus facile et plus agréable que s'il avait été présenté sans la première présentation négative d'un travail difficile à réussir.

Provoquer un acquiescement pour obtenir un refus

Mode d'emploi

Si vous souhaitez qu'une personne ne participe pas à une activité, la première démarche indispensable est de lui demander de participer en n'hésitant pas à insister pour qu'elle soit présente et en lui disant qu'on attend beaucoup d'elle. Il s'agit avant tout que cette personne ne puisse pas se douter une seconde que l'on ne souhaite pas qu'elle vienne puisqu'elle a tellement envie de participer. Elle risquerait de prendre très mal un refus.

Il convient de la mettre en confiance et d'éloigner de son esprit tout doute ou méfiance. Il suffit alors de lui présenter rapidement l'ordre du jour pour obtenir son acceptation. On termine alors sur un… : « On en reparlera plus tard. » Il s'agit là d'ancrer dans son esprit que ce sera intéressant et agréable. La personne va y repenser en imaginant des moments positifs.

Peu de temps après, on va lui donner davantage de détails sur ce groupe de travail. Mais tous ces nouveaux renseignements vont dans le sens opposé à la première présentation. On parle de la présence d'une personne (qu'elle n'aime pas), d'horaires (difficiles), etc., l'essentiel étant de provoquer une comparaison désavantageuse. Il faut faire regretter à la personne d'avoir accepté trop vite de participer à ce groupe.

Quand elle se montre enfin manifestement perplexe et gênée, embarrassée, c'est gagné ! Il suffit d'ajouter : « La participation est volontaire, j'avais oublié de vous le dire. Je souhaite que vous veniez, mais sentez-vous libre. Je tiens au volontariat. Vous avez déjà en ce moment tellement de travaux en cours très importants. » La réponse va vite arriver : « Justement, en ce moment, je n'ai vraiment pas le temps, pourtant, j'étais très intéressé… »

Cette tactique peut être utilisée *a contrario* en présentant le travail à faire, attractif, comme facile et très intéressant, ce qui assure d'obtenir l'acceptation immédiate. Et, une fois que la personne a bien ancrée dans sa tête le côté positif, on va lui présenter, peu de temps après, le côté négatif en noircissant le tableau sans avoir l'air de penser que ce que l'on présente est négatif. Au contraire, il faut en parler comme si c'était normal et pas spécialement difficile, ce qui accroît l'effet négatif. Le refus a de bonnes chances d'arriver. Comme on le voit, cette manipulation est délicate et nécessite de respecter certaines conditions.

Conditions de réussite

• *Bien doser le degré de facilité* et, ensuite, le degré de difficulté selon le caractère de l'interlocuteur pour créer un effet de comparaison qui provoquera automatiquement le refus : pas assez d'écart risque de maintenir l'acceptation, trop d'écart risque de provoquer la méfiance et le sentiment d'être manipulé.

• *La deuxième proposition, plus difficile, doit bien concerner le même but et la même situation qui restent toujours agréables.* Ce sont seules les conditions d'application qui peuvent changer si l'on veut rester crédible.

• *Le délai entre la première et la deuxième proposition doit être le plus court possible* pour que l'effet comparaison puisse jouer à plein et que le contraste soit fortement ressenti. Un jour est sans doute le maximum.

• *Ce doit être la même personne qui fait la première et la deuxième proposition* pour que la comparaison fasse son effet.

• *La nouvelle proposition ne doit pas apparaître différente* et semble conforme à la description normale, seulement plus détaillée que la première proposition. Le manipulateur ne doit pas avoir l'air de se rendre compte de la différence et, si on lui fait remarquer : « Attendez, mais c'est très différent ce que vous me proposez là… », il nie la différence.

• *Veiller à donner à son interlocuteur le sentiment qu'il fait un acte réfléchi et volontaire* en refusant la deuxième proposition.

4. Du bon usage de l'effet comparaison

Il ne suffit pas de savoir s'en servir efficacement, encore faut-il que ce soit pour un bon usage. Voyons comment.

Les personnes sensibles aux contrastes

Il existe deux sortes de personnes manipulables par l'effet comparaison :

• *Les premières sont des personnes anxieuses.* Elles se demandent si elles sont capables, surtout si on leur présente un travail nouveau qu'elles ne dominent pas très bien. Pessimistes, elles ont tendance à voir le côté négatif. Elles sont timorées et manquent de confiance en elles. Facilement angoissées, elles sont impressionnables.

• *D'autres personnes, sensibles à l'effet comparaison, ont un profil différent.* Elles sont hyperactives et décident vite, parfois trop vite. Elles n'aiment pas que les choses traînent et ont très vite le sentiment que l'on tourne en rond. Ce ne sont pas des personnes de réflexion. Elles foncent vers le but sans trop s'interroger. Ce sont des émotionnelles qui changent facilement d'avis sur un coup de tête. Elles sont influençables et on les impressionne si on dramatise la situation.

L'art de se défendre des abus de cette manipulation

Portrait des manipulateurs qui aiment utiliser l'effet comparaison

Ce sont des personnes dont le tempérament est opposé à celui des manipulables que l'on vient de décrire. Ni anxieuses, ni inquiètes, sûres de leurs capacités (trop sûres?), elles n'ont pas peur d'être responsables d'un nouveau travail. Optimistes, elles voient plutôt le côté positif des choses. Très confiantes en elles-mêmes et en leurs compétences, il en faut beaucoup pour les impressionner.

Elles sont réfléchies et savent gérer leurs journées. Elles ne vivent pas dans l'instant et prennent le temps nécessaire pour bien décider. Elles ne sont pas influençables, ce qui leur donne une bonne capacité à se dédoubler sans montrer ce qu'elles pensent vraiment. Plutôt froides et contrôlées, elles savent montrer le contraire de ce qu'elles pensent et ressentent. Bonnes comédiennes, elles peuvent jouer le drame ou l'optimisme heureux selon les circonstances, en fonction du but à atteindre. Elles sont stratèges et elles aiment s'entendre avec d'autres pour arriver à leur fin. Bien sûr, quelques-unes d'entre elles pratiquent le mensonge mais ce n'est pas la loi du genre : elles sont d'accord pour jouer un peu la comédie, exagérer, minimiser, mais pour mentir, pas nécessairement.

Les utilisations abusives de l'effet comparaison

Exagération, fabulation, simulation

La frontière peut être mince entre une attitude simplement excessive et le mensonge pur et simple. Par petits pas et avec l'air de ne pas s'en rendre compte (ou réellement inconscient, mais l'abus n'en existe pas moins), le manipulateur va jouer une comédie mensongère. Il va présenter le travail qu'il veut faire accepter en racontant des mensonges sur la difficulté même du travail. De l'exagération à la fabulation, puis à la simulation, et enfin au mensonge, le chemin est vite parcouru et il n'est pas toujours facile de s'en rendre compte. Le manipulateur lui-même peut s'y perdre. D'autant que c'est une vieille histoire, une vieille réminiscence de l'enfance, premier moyen d'exister en dehors de ses parents.

Souvent, le milieu ambiant peut s'y prêter. En effet, il n'est pas toujours facile de dire la vérité. Alors on peut passer au mensonge. Mais, attention, il est bien rare, mais malgré tout possible, que la réalité se laisse longtemps faire : elle se venge un jour ou l'autre. Quand on vit ensemble tous les jours, ces relations quotidiennes répétées font vite tomber « masque et camouflage ».

Jouer de la menace : les timocrates

Il est une comédie que certains managers aiment bien pratiquer, et qui finit par devenir une seconde nature. Ils aiment faire peur et tiennent leur pouvoir de la manipulation par la peur : ce sont « les timocrates ». Ayant expérimenté inconsciemment la menace depuis leur enfance, ils menacent, sachant que la menace a souvent plus d'efficacité que son exécution (qui peut avoir des conséquences trop lourdes, difficiles à gérer). Le soulagement est tel (effet comparaison) quand la personne constate que sa soumission a permis d'échapper à l'exécution de la menace et que celle-ci apparaît bien faible que la personne manipulée va même parfois remercier son timocrate de ne pas avoir mis la menace à exécution, alors que toute la manipulation consiste à ne pas l'exécuter, de jouer uniquement sur l'effet comparaison et d'en abuser.

Les mises en scène

Le manipulateur abusif élabore des scénarios, joue des uns et des autres, multiplie les effets de comparaison entre les personnes, présentant la réalité de façon différente à chacun de ses interlocuteurs pour les faire réagir et les monter les uns contre les autres. Il va dramatiser avec le premier en lui reprochant sa légèreté (parce que le manipulateur avait minimisé la difficulté), devant le deuxième, il va se présenter en sauveur qui va pouvoir tout arranger, et enfin il prend contact avec le client auquel il cherchera à faire croire que, s'il n'avait pas été là, il n'aurait jamais été livré à temps.

Pourquoi faire simple quand on peut faire compliqué ? Certains manipulateurs abusifs pratiquent ainsi l'effet comparaison en cascade, se répandant avec les uns et les autres, échafaudant des scénarios et distribuant des rôles entre des personnes qui ont peu d'occasions de se voir pour vérifier et déjouer ces mises en scène dont il est le seul toutefois à posséder le script dans son intégralité. Ce sont des adeptes du complot, de la conspiration et de la mise en scène.

L'abus de confiance

L'abus de confiance est particulièrement flagrant dans l'utilisation de l'effet comparaison quand on provoque une acceptation pour obtenir un refus. En effet, toute l'efficacité de la manipulation est d'endormir son interlocuteur en le mettant en confiance pour qu'il ne puisse pas penser une seconde que le but de la manœuvre est d'obtenir son refus, alors même qu'il peut avoir tout à fait intérêt à participer et que son refus va être désavantageux pour lui. Le jeu est dangereux, car il y aura bien un jour un collègue qui voudra obtenir des clarifications sur les raisons qui l'ont fait écarter de ce groupe de travail où il pense qu'il aurait tout à fait sa place. De questions en réponses, il s'apercevra qu'il a été grugé et que l'on a abusé de lui.

L'art de se défendre

Une manipulation très secrète, donc à dévoiler

La première démarche pour ne pas se laisser abuser par les adeptes de ce type de manipulation consiste d'abord à prendre conscience qu'il s'agit de l'une des stratégies de manipulation la mieux dissimulée. Elle est difficilement vérifiable puisque tout se joue sur la subjectivité du vécu de chacun. Et chacun croit vrai et réel ce qu'il ressent. Ensuite, elle joue sur un futur difficilement vérifiable et donc sur les sentiments que l'on éprouve vis-à-vis de ce qui n'a pas encore eu lieu, sur l'avenir. C'est donc une manipulation plus difficilement détectable que d'autres. En parler, la dénoncer, faire connaître son existence est donc déjà une manière de s'en défendre.

Montrer les dangers : le cas des délais

L'exemple des délais est significatif pour montrer les dangers de cette manipulation. Pratiquement, tout le monde dans la vie quotidienne utilise cette manipulation pour obtenir un délai souhaité. C'est le sens de la classique expression « Vous le voulez pour hier soir », ce qui est impossible. On a pris l'habitude de mettre sous pression (de dramatiser) son interlocuteur en demandant des délais manifestement trop courts, impossibles à tenir. On joue alors les grands seigneurs en accordant un délai supplémentaire (qui, en fait, ne l'est pas) et la personne remercie alors et respire (comparaison), ravie de savoir qu'elle va pouvoir tenir le délai.

Ce scénario classique a évolué, mais pas vraiment dans le bon sens, car tout le monde a déjoué l'exagération et l'effet contraste ne joue plus, car on sait que le délai indiqué pourra être dépassé. Pour retrouver cet effet, on a pris l'habitude de diminuer encore le délai si bien que personne ne croit plus à aucun délai sérieux et les retards s'accumulent. Il est temps de revenir à la vérité objective vérifiable : les délais réels et de l'annoncer.

Développer la vérité fondée sur les faits et l'objectivité

Dans cette société que l'on dit sans pitié, où les loups sont à l'affût des tendres agneaux, il est prudent de ne jamais prendre pour argent comptant ce qui est dit et de faire comme un bon journaliste, vérifier les dires (les faits) de son interlocuteur en fonction de ce que l'on connaît de sa propre personnalité (viser l'objectivité). Un point clef : savoir si l'on est optimiste ou pessimiste permet de rectifier ce que l'on ressent pour aller vers davantage d'objectivité. L'optimiste doit se montrer un peu plus pessimiste et le pessimiste un peu plus optimiste pour s'approcher d'une vision plus objective de la difficulté à surmonter. Dans le cas de cette manipulation, il est judicieux de se méfier de sa première impression.

Alerte aux changements

Il convient de se méfier des changements soudains de présentation d'une situation, surtout si l'on est soi-même facilement angoissé, espérant trop vite que les choses s'arrangent. Il convient de se méfier si brutalement tout devient plus facile ou plus difficile sans raison objective, car cela peut signaler que la recherche d'une acceptation ou d'un refus est en route : danger ! Il faut aussi se méfier des présentations trop optimistes par une personne, suivie d'une présentation trop pessimiste par une autre : la vérité a des chances d'être entre les deux.

L'utilisation honnête et bénéfique de l'effet comparaison

Voici quelques exemples :

Tenir compte du vécu récent de ses interlocuteurs

Chacun est influencé par ce qu'il vit ou vient de vivre, c'est sur cette observation que se fonde l'effet comparaison. C'est pourquoi il est utile de s'informer sur ce que son interlocuteur est en train de vivre actuellement, ou sur ce qu'il a vécu récemment. Nous le faisons déjà tout naturellement au téléphone en demandant : « Est-ce que je dérange, ça va ? » Chacun sait combien cette question est instructive et utile. On apprend alors qu'il est très occupé et certainement pas en état d'écouter ce que l'on souhaite dire. Ou bien on apprend que cela ne va pas du tout, qu'il est malade ou qu'il vient d'avoir un ennui grave, qu'il est donc parfaitement indisponible pour une communication, car, par comparaison, ce que l'on a à lui dire est bien dérisoire ou incongru. Et alors comment jouer de l'effet comparaison dans ce cas ?

On peut aussi, avant de proposer une mission à une personne, se renseigner pour savoir si elle a des souvenirs heureux ou malheureux de missions de ce genre. Elle n'osera sans doute pas en parler, mais, l'effet comparaison jouant, elle y pensera tout le temps durant la conversation et comparera ce qui lui est proposé avec ce qu'elle a vécu, en minimisant ou dramatisant elle-même les faits présentés. Connaissant son contexte, on pourra alors manipuler utilement soi-même en dramatisant ou minimisant pour s'approcher des réalités objectives. Il est aussi indispensable d'être attentif aux signes non verbaux qu'elle envoie, indiquant si elle est heureuse ou si elle doute ou si elle a peur ou si elle comprend. Ces signaux sont souvent plus instructifs que ce qu'elle peut dire. Il faut se rappeler que son interlocuteur ne peut enregistrer les informations qu'en comparant automatiquement avec ce qu'il a déjà vécu de comparable, et en tenir compte pour le manipuler dans le sens souhaité.

L'art de la présentation

Il existe de nombreux conseils sur l'art de bien présenter ce que l'on a à dire dans une conversation privée ou une présentation publique. Ce n'est pas le propos de cet ouvrage de présenter à nouveau toutes ces méthodes de communication, mais plutôt d'insister pour que chacun s'y forme pour éviter que l'effet contraste joue de façon aveugle. Rappelons quelques questions essentielles à se poser pour vérifier le bien-fondé de sa communication :

– Avant la communication, comment vont-ils prendre ce que je vais leur dire (comprendre, ressentir) ?

– Pendant la communication, comment ont-ils l'air de le prendre en ce moment ?

– Après la communication, comment l'ont-ils pris ?

Enfin, il est bon de réfléchir à ce point stratégique essentiel que constitue l'ordre de présentation des informations. Pour tenir compte de l'effet comparaison, il est essentiel de réfléchir à l'ordre dans lequel on va présenter les informations : ce qui est dit au début va influencer (par comparaison) ce qui sera dit ensuite, en fonction du ressenti de la personne et non pas seulement en fonction du raisonnement logique de l'exposé. Au début, il convient de lui donner des informations qui vont la mettre en attention et susciter son intérêt en répondant immédiatement à sa première attente, c'est-à-dire à la comparaison qu'elle va faire entre ce qui est dit et ce qu'elle espère. Si elle est déçue, tout le reste de l'entretien en sera entaché. En revanche, si elle est heureusement surprise (par comparaison à ce qu'elle espérait), elle est en position d'ouverture.

Changement et comparaison

L'effet comparaison est particulièrement efficace pour faire accepter un changement. Il est astucieux de bien expliquer tous les inconvénients que l'absence de changement risque de provoquer. Il est décisif que la manipulation soit honnête, c'est-à-dire que les prévisions soient crédibles. Pour cela, le témoignage de personnes qui ont pâti de leur refus du changement peut être décisif. Il est indispensable de se rappeler que, dans ces circonstances, tout le monde a le souvenir de manipulation malhonnête et stupide qui consistait à faire croire que tout allait être mieux dans le meilleur des mondes. Les interlocuteurs comparent en fonction de ce souvenir. La manipulation sera efficace si un déclic se fait : « Ah ! là, ce n'est pas pareil, il y a des témoins, c'est très vraisemblable ce qu'il dit. »

L'idéal est que les personnes puissent déjà vivre les inconvénients dus à l'absence du changement de méthode et en profitent pour comparer avec d'autres qui ont appliqué la méthode. Le système du groupe pilote qui sert de témoin de la réussite (d'un stage, d'une nouvelle méthode) est efficace parce qu'il s'appuie sur l'effet psychologique de la manipulation par la comparaison. Il existe de nombreux autres exemples où l'utilisation bénéfique de la comparaison rend bien service. À l'inverse, chacun a pu expérimenter les effets destructeurs de comparaisons montrant l'inefficacité d'un changement et la difficulté d'en proposer à nouveau un autre. « Non merci, on a déjà donné, on connaît, on ne se fera plus avoir. » On a bien là la preuve que chacun fonctionne suivant « l'effet comparaison ».

exposé 6

La tentation de l'innocence

Voici le huitième et dernier type fondamental de manipulation, et peut-être l'un des plus importants dans nos sociétés occidentales. C'est le vieux rêve d'un paradis perdu où nous étions tous purs et innocents, rêve qui reste à l'intérieur de chacun. C'est de cette vieille espérance que va jouer la manipulation décrite dans cet exposé. On verra d'abord d'où vient la puissance, puis on expliquera les différentes façons de s'en servir, et surtout le bon usage que l'on peut en faire.

1. D'où vient la puissance manipulatrice de la tentation de l'innocence

Elle a deux sources : le désir profond et général de tout individu d'être innocent et l'importance que la société attribue à cette innocence et surtout à son contraire, la culpabilité : les juges ont de plus en plus de pouvoir, par exemple. C'est ainsi que se déclenche cette manipulation.

Individu et société

Comment pourrait-on en vouloir à une personne d'avoir le noble souci d'apparaître, et surtout de se sentir quelqu'un de bien et de valable. Il est bien naturel de vouloir être innocent et c'est une tentation respectable de vouloir l'être toujours. C'est d'ailleurs le premier réflexe de toute personne se trouvant mise en examen. Qui pourrait vouloir être coupable et condamné ? Nous sommes tous prêts à tout faire pour clamer notre innocence. Une force puissante et irrésistible nous pousse à vouloir être purs et honnêtes. Il s'agit d'une tendance profonde et donc incontournable, profondément ancré dans l'inconscient de chacun.

L'innocence procure de nombreux avantages dans la vie en société : elle déclenche admiration et respect. Il est également très sécurisant et confortable psychologiquement, voire euphorisant, que de se savoir quelqu'un de bien et d'avoir sa conscience pour soi. Cela constitue une source d'énergie importante. Les psychologues nous affirment que le sentiment de culpabilité constitue une source de stress si forte qu'elle a des répercussions sur notre santé. L'innocence est une valeur importante dans notre société, signe de haute démocratie et de civilisation avancée. Pour toutes ces raisons, chacun de nous tient à être considéré comme présumé innocent de peur de se faire rejeter par son entourage en étant considéré comme coupable.

Le mécanisme de déclenchement

Personne ne peut être totalement innocent : chacun le sait. Tout le monde se sent coupable de ne pas être toujours à la hauteur et de ne pas appliquer à la lettre des comportements dictés par ses valeurs. Qui n'a jamais transgressé des valeurs qu'il veut pourtant sincèrement appliquer ? Les souvenirs d'enfance ne manquent pas, à l'école et en famille, chacun a eu l'occasion de ne pas être innocent ! Quand se présente à nouveau un soupçon de culpabilité, les vieux réflexes de défense ressortent instinctivement pour nous aider à retrouver l'innocence tant désirée et échapper à tous les ennuis et malaises qu'accompagne le sentiment de notre culpabilité.

Certes, tout le monde n'est pas aussi sensible à ce phénomène, mais il semble être si prégnant dans notre société qu'un philosophe français, Pascal Bruckner, l'a analysé dans un livre dont nous avons emprunté le titre pour cet exposé, *La tentation de l'innocence*[1]. On cherche tous à ressentir le soulagement de l'inculpé qui est déclaré innocent, le bonheur d'être bien, à la hauteur, de réussir et d'être reconnu comme tel par la société. Ce besoin est si impérieux que nous sommes parfois prêts à tout ou à beaucoup pour paraître innocent. C'est pourquoi il est possible de manipuler les autres en déclenchant chez eux ce mécanisme.

2. Comment s'y prendre pour manipuler : mode d'emploi

Les moyens pour mettre en jeu cette manipulation sont fort nombreux, c'est pourquoi son utilisation est si fréquente. Voici quelques exemples, les plus typiques.

Mettre en jeu les systèmes de valeur

Chacun a des convictions qu'il ne veut pas renier, des valeurs qu'il veut appliquer, venues de son éducation, de ses expériences antérieures, nées de ses engagements religieux, de ses réflexions sur la vie, de ses lectures. Même les personnes qui prétendent être libérées de

1. P. Bruckner, *La tentation de l'innocence*, Grasset, 1996.

toute valeur ont leur morale personnelle concernant les bonnes et les mauvaises façons de vivre. Ces valeurs représentent un véritable conditionnement, ce qui fait que l'on ne change pas facilement ! Il est difficile de ne pas s'y soumettre, car elles nous paraissent les meilleurs guides dans la vie. C'est pourquoi il est si efficace d'utiliser les valeurs pour manipuler les autres. Voici quelques exemples.

Donner l'occasion à une personne d'appliquer ses propres valeurs

Personne n'étant parfait, on se sent tous coupables (plus ou moins selon les caractères), et en conséquence on aime bien pouvoir prouver son innocence dès que l'occasion se présente. Comment ? En prouvant à tous, et d'abord à soi-même, qu'on est un être remarquable qui applique ses valeurs personnelles. Il suffit donc de demander à quelqu'un d'agir dans le sens de ses valeurs pour le mettre immédiatement à l'œuvre.

Il convient donc d'abord de trouver les valeurs auxquelles adhère la personne et d'analyser comment il est possible d'en tirer profit pour ses propres buts en lui faisant faire ce qu'il est intéressant de faire à ses propres yeux. L'angle d'attaque, pour lui demander d'agir, partira d'une valeur à laquelle la personne adhère : esprit d'équipe, travail bien fait, conscience professionnelle, maîtrise d'une nouvelle technique, challenger pour augmenter les bénéfices et la rentabilité. Pour la même tâche, on jouera sur des valeurs différentes suivant les gens. Plus la personne est attachée à une valeur, plus elle y croit, plus elle est manipulable. Tout dépend donc d'abord du degré de culpabilité que peut engendrer la désobéissance à cette valeur. Une autocensure forte empêche la personne de déroger à la valeur à laquelle elle croit et elle agira dans le sens souhaité par la personne qui veut la manipuler, même si cette personne ne partage pas les mêmes valeurs.

Il convient de jouer de l'autoperception que la personne a d'elle-même : si elle est persuadée qu'elle est généreuse, toute action à faire pour une cause généreuse la verra tout de suite mobilisée et elle se renforcera dans l'image de générosité qu'elle a d'elle-même. Il est ainsi de plus en plus facile de la manipuler sur ce thème. On peut aussi jouer de ce que pensent les autres de la personne : « On dit de vous dans le service que vous avez le sens de l'équipe, et je vous en félicite », et la demande d'agir dans ce sens a toutes les chances d'être acceptée.

Découvrir des valeurs communes

Qui n'a pas vécu cette agréable expérience de discuter avec un inconnu et de découvrir au fil de la conversation que l'on a de nombreux intérêts communs, et surtout des valeurs communes. Beaucoup d'amitiés se nouent de cette manière, car la proximité des valeurs crée des liens très forts. La stratégie de manipulation par les valeurs risque d'échouer lorsque celui qui l'utilise ne partage pas les valeurs de celui qu'il cherche à mobiliser. Il risque de faire preuve de trop peu de sincérité pour être crédible. C'est pourquoi la découverte de valeurs communes (on est catholique ou athée, on est de droite ou de gauche, on est passionné par une technique, on aime ou pas l'esprit d'équipe et l'entraide) a de grandes chances d'être plus efficace. Les différents interlocuteurs sachant qu'ils partagent les mêmes valeurs vont être prêts à l'écouter et d'accord pour agir en son sens. Ils vont s'influencer pour se comporter selon leurs valeurs communes.

Établir des lois correspondant aux valeurs

Pour aborder cette étape efficacement, il faut déjà avoir accompli les deux précédentes : avoir repéré les valeurs auxquelles adhérent les personnes prises séparément, être conscient de ses propres valeurs, avoir déterminé les valeurs communes. Il est rare de trouver un nombre suffisant de valeurs communes et, surtout, un degré d'adhésion permettant d'aboutir à des lois communes que tout le monde suivra. La clé de la manipulation est de donner au groupe des lois communes, des règles de fonctionnement, des références pour bien travailler ensemble qui soient fondées sur des valeurs partagées. Si on y arrive, on est assuré que tout le monde suivra ces lois puisque leur transgression développera un sentiment de culpabilité et le désir d'innocence prendra le dessus, même si ces lois sont contraignantes.

Prenons les lois de sécurité dans une usine où les risques d'accident peuvent être graves, elles sont généralement bien acceptées; ou encore les valeurs concernant le service aux clients : elles permettent de faire accepter certains comportements. Le lien entre les valeurs et la loi a une force manipulatrice très grande. Souvent le groupe lui-même fait pression et manipule les membres qui n'observent pas la loi. Ce n'est pas en faisant des discours ou des prêches que ce lien se fait. Il se constate d'abord.

Utiliser la fatale transgression de ses valeurs

Si l'être humain est fait de telle façon qu'il souhaite être innocent et si en même temps il s'aperçoit que l'on ne peut pas l'être tout le temps, le champ est ouvert à toutes les manipulations. Jouer de cette fatale transgression de ses valeurs apparaît un bon moyen de manipuler et d'être manipulé. En effet, personne n'est parfait mais tout le monde souhaite l'être. Tout le monde a des valeurs qu'il souhaite respecter et personne ne peut y arriver complètement. Comment utiliser cette fatalité, cette belle occasion de manipuler? D'autant plus belle qu'elle concerne tout le monde, ce qui n'est pas le cas des autres ressorts de manipulation.

Mettre en contradiction

C'était une loi du manuel utilisé par les adeptes du Black Power[2] (mouvement de lutte des Noirs américains contre le racisme). Tout le monde a son évangile. Reprocher à quelqu'un une action pour laquelle il est censé militer, mais qu'il ne met pas en pratique sur le terrain, est très favorable pour obtenir son accord. Il est poussé à se soumettre et à agir dans le sens souhaité. Voilà un moyen simple d'obtenir ce que l'on veut. La culpabilité de cette

2. D. Chalvin, *L'entreprise négociatrice, op.cit.*, où sont présentées les différentes lois de ce manuel.

personne est d'autant plus forte qu'elle se reproche elle-même de ne pas avoir suivi son évangile.

C'est pourquoi il suffit d'insister pour la placer devant ses contradictions en lui faisant comprendre que l'on n'est pas dupe : « Pour un catholique… pour un socialiste militant… » Il est possible de jouer toutes les valeurs attachées à une spécialité : « Pour un ingénieur, vous ne faites pas preuve de grande précision technique… », « Pour une psychologue, vous ne manifestez pas une grande connaissance de l'être humain et de ses ressorts inconscients… », etc. Il est possible aussi de lui renvoyer les reproches qu'il a coutume d'adresser aux autres : « Vous reprochez que l'on ne fait pas assez attention aux clients, et vous refusez cette demande qui ne peut que leur être bénéfique. » L'interlocuteur est alors en mauvaise position pour un refus. Cette approche est d'autant plus efficace que l'attachement de la personne à ses valeurs est important. Plus la personne est touchée en plein cœur de son désir d'innocence, plus elle est manipulable.

Retrouver l'innocence par la réparation

Puisqu'il y a toujours transgression possible, il y a toujours désir de rachat pour retrouver son innocence perdue, et donc toujours des possibilités de réparation. C'est d'ailleurs un réflexe courant chez celui qui est fautif : « Je suis désolé (ou je vous prie de m'excuser)… Qu'est-ce que je peux faire pour vous? » Il convient de se refaire une virginité ou de rattraper cette affaire, selon des expressions de la vie courante. C'est une habitude sociale bien ancrée dans les esprits. Il existe même un jeu de société bien connu par les enfants et les adultes où celui qui se trompe ou commet une erreur a un gage (chanter devant tout le monde, faire des grimaces, etc.). Dans de nombreuses religions, le pardon de ses fautes s'accompagne de pénitences réparatrices.

Pour être efficace, la manipulation doit s'exercer vis-à-vis d'une personne fortement coupable et avide de réparer pour recouvrer son innocence. Il convient d'analyser en priorité le poids exact de culpabilité ressentie par la personne plutôt que le poids exact de ses torts pour imposer une réparation équitable, car dans ces conditions il est possible d'obtenir beaucoup plus d'elle. En revanche, dans le cas où la personne ne ressent qu'une faible culpabilité, on se trouve en situation d'être manipulé soi-même ou encore de ne pouvoir demander qu'une réparation trop faible. Pour obtenir une réparation équitable, il faut songer à d'autres actions.

C'est ainsi qu'il est possible d'utiliser les fautes ou les erreurs commises pour obtenir quelques avantages. Il est parfois astucieux de ne pas lier directement la demande à la faute commise par la personne, mais d'attendre un moment pour que le service demandé n'apparaisse pas trop ouvertement une réparation, ce qui pourrait montrer que l'on profite abusivement de la situation. Il est même judicieux de se montrer généreux et grand seigneur (valeur appréciée) si la personne s'excuse et demande ce qu'elle peut faire. Elle sera encore plus culpabilisée puisqu'elle n'a pas pu retrouver l'innocence. Et il sera facile alors d'obtenir d'elle ce que l'on souhaite quelque temps plus tard, après un délai assez bref pour que l'oubli n'ait pas déjà fait son œuvre et que le besoin de réparation dure encore.

Les fautes commises vis-à-vis de la collectivité, qui sont peut-être les plus fréquentes dans la vie professionnelle, peuvent aussi être utilisées pour jouer sur ce ressort du besoin de réparer. Une personne qui a obtenu des résultats faibles est mûre pour accepter plus facilement un travail qu'elle n'est pas obligée d'accepter en temps normal. C'est une bonne occasion pour elle de montrer qu'elle est une personne de bonne volonté. Souvent, il ne sera même pas nécessaire de le lui demander : elle fera tout pour obtenir de meilleurs résultats et prouver qu'elle travaille bien. Il suffit de laisser jouer tout naturellement le besoin de retrouver son innocence.

Féliciter et reprocher

Faire des compliments, c'est indiquer à quelqu'un qu'on le trouve valable (donc appliquant ses valeurs, donc innocent) et c'est en même temps lui indiquer ce qu'il est bien de faire : les compliments et les félicitations indiquent une morale et sont une façon habile de faire la morale. C'est toucher la personne au cœur de sa tentation d'innocence. Cette manipulation par le compliment a psychologiquement le même effet que la manipulation par le reproche. Les deux comportements permettent d'orienter la personne vers les façons d'agir que l'on souhaite. Mais, comme on prend plus facilement les mouches avec du miel qu'avec du vinaigre, selon le dicton populaire, il est sans doute plus habile de jouer du compliment, excellente pression morale plus facilement acceptée.

En revanche, chacun le sait et le ressent plus ou moins consciemment, le compliment déclenche plus souvent méfiance et rejet : « Qu'est-ce que cela cache ? Que veut-il m'extorquer ? » Chacun se souvient de la fable de son enfance où le renard flatteur extorque un fromage au corbeau peu méfiant ! La manipulation ne peut donc fonctionner que si le compliment ou le reproche correspond à des valeurs auxquelles la personne croit fortement, c'est-à-dire à des félicitations et des reproches qu'elle se fait elle-même tout naturellement. Elle le dira d'ailleurs sur le mode de l'humour si c'est un compliment (« Vous avez raison, c'est vrai, je le mérite... ») ou sur le mode sérieux si c'est un reproche (« Ce n'est pas la peine de me le dire, je le sais, j'en suis conscient et ennuyé... »). À ce moment-là, compliment et reproche permettent de manipuler efficacement en renforçant le désir de la personne d'agir dans le sens souhaité.

La pratique du reproche pour faire agir quelqu'un dans le sens que l'on souhaite nécessite, plus encore que le compliment, une fine connaissance de ses valeurs. En effet, un reproche peut parfois, et si paradoxal que cela paraisse, renforcer l'interlocuteur dans ses convictions si ce qui lui est reproché est considéré par lui comme très valable. Il est ainsi encouragé à continuer d'agir dans le sens que, précisément, son interlocuteur ne souhaite pas. Faire la morale à un opposant peut donc le rendre encore plus sûr de la validité de son opposition. Si ce que l'on reproche à une personne ne correspond pas à ses valeurs personnelles ou à ses convictions, le résultat est opposé à celui recherché. Dans ce cas, la violence d'un reproche renforcera d'autant plus la soumission aux valeurs attaquées.

Faire la morale a ainsi des conséquences inattendues.

Une utilisation judicieuse du groupe de collègues permet de manipuler plus subtilement et efficacement avec les compliments et les reproches : rires, dérisions, moqueries sont autant de pressions venues de ceux qui ont les mêmes valeurs, et donc touchent et poussent à agir d'une certaine façon. Il en est de même des félicitations et des reproches venus de son groupe d'amis. Plus les liens sont forts entre les gens et plus la manipulation est puissante.

Punir et récompenser

Voici deux manières bien ancrées dans la tradition pour obtenir ce que l'on veut, quand c'est possible. Elles se révèlent souvent bien efficaces, mais à certaines conditions. En effet, on connaît bien des cas où punir et récompenser ne donnent pas les résultats prévus et même ont des conséquences négatives.

Si la personne sait qu'elle va être récompensée en agissant d'une certaine façon, mais qu'elle ne croit pas qu'il est utile et efficace d'agir en ce sens, elle en fait le minimum pour avoir la récompense (en étant stressée et malheureuse), elle triche et contourne la loi dès qu'elle le peut, elle risque d'avoir secrètement honte d'elle-même, d'être frustrée et insatisfaite, et elle aura besoin de récompenses de plus en plus importantes et nombreuses et en réclamera toujours plus. La récompense est alors une compensation mais la manipulation ne peut pas vraiment s'exercer. Comme pour les félicitations, la récompense ne constitue une manipulation efficace pour faire agir la personne dans le sens souhaité que dans le cas où la personne estime qu'en faisant ce qu'on lui demande elle restera valable. Il faut qu'elle considère qu'elle reçoit des récompenses légitimes mais que, même sans cette récompense, elle aurait agi de la même manière. Le mécanisme est le même en cas de punition. Si elle se déclenche contre des comportements que la personne estime légitimes, la punition provoque le refus et la rébellion : la personne en fait le moins possible, est de plus en plus agressive, joue double jeu, contourne habilement ce qui lui est demandé et ment dès qu'elle le peut. On n'est pas alors dans le cadre d'une manipulation. En revanche, si la punition correspond à des manquements que la personne se reproche à elle-même, si elle se sent coupable, alors la punition devient une manipulation utile et efficace. La personne se sent davantage punie par tout le mal qu'elle pense d'elle-même que par la punition qui lui est infligée de l'extérieur. En effet, on n'est jamais si bien puni que par soi-même.

Jouer du désir de ne pas être coupable

La tentation de l'innocence, c'est viser à être le moins souvent coupable. Pour agir sur ce point sensible chez chaque être humain, le manipulateur va provoquer la culpabilité chez l'autre afin de le pousser à en faire beaucoup pour y échapper. L'habileté consiste à leur faire faire alors ce que l'on souhaite.

Responsabiliser

Plus une personne se sent responsable, plus elle est coupable, car il lui est impossible d'assumer parfaitement ses responsabilités. Cependant, la fameuse expression « responsable non coupable » est vraie, puisqu'en effet on ne peut être coupable de ce dont on n'est pas directement la cause même si on est responsable de l'ensemble. Les affaires vont moins bien, les ventes et le chiffre d'affaire diminuent, car la conjoncture est mauvaise, ce qui n'est pas la faute du responsable, donc il n'est pas coupable de cette diminution, bien qu'il soit responsable de la vente et du chiffre d'affaire. Pourtant de nombreux responsables se demandent toujours s'ils ont bien fait tout ce qui est nécessaire pour réussir malgré la conjoncture et ils se sentent coupables de l'échec. Un grave accident du travail a lieu. Même s'il est prouvé juridiquement que le responsable n'est pas coupable, psychologiquement, bien des responsables ne se sentent pas innocents dans l'affaire. Ainsi la culpabilité est liée à la responsabilité.

Certaines personnes ont naturellement tendance à se sentir responsables et feront tout pour ne pas être coupables et être à la hauteur : elles sont plus manipulables. Mais il est aussi possible de responsabiliser les autres, de les mettre en risque de culpabilité et de les pousser ainsi à agir selon vos souhaits en jouant de leur désir d'échapper à la culpabilité. Déléguer des missions peut ainsi permettre d'avoir une grande influence sur la personne à qui on délègue, car elle se sent responsable et va tout faire pour être à la hauteur. Il n'est plus nécessaire de la pousser au travail, elle va se motiver elle-même pour obtenir les bons résultats que l'on attend d'elle et dont elle est responsable, car elle se sentira coupable si elle n'arrive pas bien à assumer.

Le sentiment de responsabilité collective peut jouer un rôle moteur : bien des personnes se sentent responsables de ce qui arrive dans la collectivité dont elles font partie, soit en étant fières, soit en étant coupables. C'est un puissant moteur pour agir. Le manager va dire : « Vous savez la réputation de mauvais contrôle de nos produits que nous avons en ce moment. Je pense que vous aurez à cœur de leur prouver le contraire. Nous sommes tous mobilisés pour gagner la bataille de la qualité. » En général, tout le personnel se mobilise et se sent responsable de la réussite. Car la responsabilité collective est souvent liée à l'image médiatique donnée de l'entreprise. En effet, les membres de l'entreprise sont souvent interpellés par leur famille et leurs voisins qui ont entendu parler d'eux à la télévision et ils se sentent responsables et coupables des produits mal contrôlés lancés sur le marché. Ce sentiment de responsabilité les manipule pour les mobiliser à tout faire pour rectifier l'image de leur entreprise et éviter la culpabilité. Jouer de cette responsabilité collective peut être très efficace.

Donner des buts élevés

La manipulation consiste à donner des objectifs difficiles à atteindre pour que la personne se dépasse pour y arriver, car elle se sentira coupable si elle n'y arrive pas. Comme elle ne supporte pas d'être coupable (la tentation de l'innocence), elle fera tout pour réaliser les buts prévus. Voilà un moyen de mobiliser et d'aider les gens à se dépasser. De manière plus subtile, il est possible de laisser les collaborateurs se fixer eux-mêmes des objectifs très élevés en les félicitant de savoir viser haut : impossible n'est pas français ! Comme il sera difficile et souvent impossible d'atteindre les résultats prévus, la personne fera tout pour s'innocenter de ne pas être arrivée à réaliser son idéal. Pour ne pas se sentir coupable de ne pas y arriver elle va se mobiliser pour être à la hauteur.

Pratiquer la compétition

C'est la situation idéale pour mettre une personne en risque de culpabilité et, par là, enclencher le désir d'innocence, donc de bien faire et d'agir avec intensité. C'est le moment de lui proposer des challenges à réussir, mieux que les autres compétiteurs. L'idéal est de mettre en compétition des personnes qui ont les mêmes valeurs, pour permettre des comparaisons crédibles. Il convient pour cela de traduire ces valeurs en normes qui permettent de comparer en se fondant sur des critères précis. La compétition entre personnes est une vieille pratique naturellement utilisée dès le plus jeune âge dans les familles : ta sœur est plus gentille que toi, ton frère travaille mieux, etc. C'est pourquoi, dès qu'elle est utilisée, elle réveille de vieux désirs d'être bien (innocent) en étant mieux que les autres... et provoque donc de fortes énergies pour être à la hauteur.

Cette habitude est souvent utilisée pour mettre en compétition un nouveau venu avec la personne qui occupait le même poste. On s'entend dire : « Mais, avec Monsieur Pelage, en général, on pouvait choisir sa méthode de travail du moment que le travail était bien fait. » Difficile de résister à de telles pressions morales si on a très peur de ne pas apparaître un bon manager, bien accepté par ses nouveaux collaborateurs. Les cas ne manquent pas de nouveaux responsables qui n'ont pas été acceptés dans le service et qui ont dû partir et quitter l'entreprise après une période difficile, « coupables de n'avoir pas su bien prendre le personnel comme savait si bien le faire le prédécesseur » !

Il est possible aussi de pratiquer la compétition entre deux comportements de la personne : « Mais, la dernière fois, vous avez accepté que l'on utilise cette méthode, pourquoi ne voulez-vous plus cette fois-ci ? », sous-entendu : « Vous êtes coupable de changer d'avis et d'être incohérent. »

Le désir de ne pas être coupable peut être si fort qu'on va accorder la demande puisqu'on l'a déjà accordée il y a quelque temps. En formation, donner l'occasion à une personne de se situer dans une grille normative (par exemple de style de management) déclenche le désir de s'améliorer. Par exemple, un questionnaire d'autodiagnostic permet à chacun de connaître ses points forts et ses points faibles en se comparant à une typologie qui décrit des comportements efficaces et inefficaces. Tout naturellement, le désir d'être bien et d'être mieux se déclenche et chacun est motivé pour savoir comment diminuer ses points faibles et développer ses points forts. La compétition a créé une dynamique puissante pour être moins coupable (diminuer ses points faibles) et pour être toujours plus valable (plus innocent) en développant ses points forts.

3. Du bon usage de la tentation de l'innocence

S'il est une manipulation qui peut donner lieu à un mauvais usage, c'est bien celle-là. C'est pourquoi il est indispensable de savoir s'en défendre.

Les personnes manipulables, parce que trop tentées par le désir d'innocence

– Avoir eu une éducation sévère, avoir peur de mal faire et garder des souvenirs de honte en famille, à l'école.
– Être susceptible, ne pas supporter la critique et être prêt à tout faire pour l'éviter, aimer avoir toujours raison.
– Être tendu et crispé, vouloir tout maîtriser, être tatillon, pinailleur, contrôler et vérifier plusieurs fois, être scrupuleux.
– Être prétentieux, employer des mots savants et faire de longues phrases.
– Être de haute moralité, avoir des principes et des convictions, être foncièrement sincère et honnête.
– Être exigeant pour soi-même et pour les autres, être perfectionniste.
– Être idéaliste, utopique et irréaliste.
– Avoir du mal à se décider et ne pas avoir le sens des priorités.
– Être un bourreau de travail, passer plus de temps que prévu pour accomplir ce que l'on doit faire, recommencer plusieurs fois car on estime que ce n'est jamais assez bien.
– Aimer la compétition, être un mauvais perdant et souhaiter être mieux que les autres, le meilleur !
– Avoir le goût du dépassement de soi et de réaliser des challenges impossibles.
– Aimer prendre des responsabilités.

L'art de se défendre des usages abusifs

Apprendre à reconnaître les manipulateurs adeptes de l'effet d'innocence

Certains de ces manipulateurs cherchent à susciter la culpabilité pour déclencher l'effet d'innocence et ne se gênent pas pour faire la leçon ou critiquer là où « ça fait mal », car ils cernent bien les failles, les erreurs, les contradictions entre les principes affirmés par la personne et ce qu'elle fait réellement. C'est plutôt le genre à ne rien laisser passer. Ils coincent leurs interlocuteurs et on se sent facilement coupable devant eux. Ils ne craignent pas de faire des reproches, justifiés en général (des reproches que l'on se serait faits soi-même) et incontestables. Ils le font parfois sur le mode de l'humour ou de la dérision, surtout si on est en groupe. Comme ils visent souvent juste, ils provoquent le rire général. Mais ils savent aussi dire ce qui va bien et faire des compliments.

On en trouve un autre type qui aime responsabiliser pour créer l'angoisse et le désir de réparation. Ils se plaignent et regrettent que, dans le monde actuel, beaucoup trop de personnes ne se sentent pas assez responsables. Quand ils sont eux-mêmes managers, ils savent donner des responsabilités au plus grand nombre, délèguent facilement et font confiance. Avec eux, si on n'est pas à la hauteur des missions confiées, on ne se sent pas bien. Ils fixent parfois des objectifs trop élevés sans toujours se rendre compte des difficultés exigées pour aboutir aux résultats demandés. D'autres aiment bien mettre leurs collaborateurs en compétition et n'hésitent pas à les comparer entre eux, surtout pendant les réunions où l'on présente les résultats. Ils jugent et distribuent aux uns et aux autres ces appréciations bonnes ou mauvaises. Ils créent des ambiances dignes des tableaux de maîtres représentant le jugement dernier !

Exemples d'utilisation abusive

■ Jouer sur les mauvais souvenirs familiaux et scolaires

Dans son enfance ou adolescence, chacun a pu vivre des manipulations abusives assez classiques. Quel aîné ne s'est pas senti coupable quand ses parents lui ont reproché de mal s'occuper de sa petite sœur qui venait de faire une bêtise grosse ou petite? Qui n'a pas entendu la phrase : « Je m'en vais faire les courses, tu t'occupes bien de ta sœur, s'il arrive quelque chose, ce sera de ta faute… »?. On avait dit « Oui ». On avait été distrait un moment et on a entendu le reproche : « Regardes ce que tu as fait… » Qui n'en reste pas encore culpabilisé à un âge avancé? Qui n'est pas encore tétanisé au souvenir de cette manipulation morale ? « Tu devrais t'occuper davantage de ta grand-mère malade, vas la voir, sois gentille, elle en a besoin, autrement, elle risque d'aller plus mal… » Qui ne ressent aucun malaise au souvenir de ces petites phrases à l'allure anodine qui décrivent tous les malheurs qui ont été liés à son arrivée sur terre : « Avant ta naissance, je faisais, je rêvais, j'espérais… »?

Qui ne se sent pas responsable des soucis, du travail, des difficultés, des ennuis causés à ses parents? Chacun sait que l'enfant est coupable quand il voit ses parents se disputer et annoncer : « Je ne divorce pas, à cause de vous, mes enfants », « Si je ne vous avais pas eu j'aurais pu… », « Vous me fatiguez… Vous me faites une vie impossible… Arrêtez de vous battre », « Sois gentille pour maman qui est si malheureuse. »

Qui n'a pas été envahi d'un sentiment d'indignité devant la confiance qu'on lui prodiguait en lui donnant une pseudo-autonomie? « Maintenant, tu es grande, voici ton argent de poche, tu en fais ce que tu veux ! » Qui n'a pas gardé les cuisants souvenirs des classiques reproches des mauvais achats effectués avec cet argent qu'on lui avait pourtant donné? Les souvenirs scolaires de honte devant la classe ou en cours de récréation font un terrain favorable pour accrocher des manipulations abusives de culpabilité. Au travail ou en couple, ces culpabilités sont ravivées et vécues d'autant plus fortement.

■ Les utilisateurs abusifs des valeurs

Ils ont appris à savoir détourner en leur faveur le désir légitime que toute personne a de suivre ses valeurs et a exploiter ses convictions à leur profit. Ce sont, par exemple, les mouvements religieux et politiques où les militants se font parfois joyeusement exploités pour la bonne cause. On sait aussi ce qu'il en est des sectes. Mais, dans la vie de tous les jours, nombreux sont ceux qui sont devenus des champions de l'exploitation des personnes dites généreuses et serviables, des « bonnes poires », comme l'on dit. Ces personnes exploitables et manipulables se font connaître par leurs propos : « Je suis consciencieuse, je suis franche… » Autant de valeurs que le manipulateur habile repère pour soumettre facilement la personne à ses souhaits : il saura obtenir de précieuses informations de celui qui se dit franc et du supplément de travail de celui qui est généreux.

La force de cette manipulation dans un groupe constitué réside dans les pressions collectives qui obligent les déviants et les fugitifs à réintégrer plus sûrement et plus vite le cocon protecteur. Ce type de manipulation est plus efficace avec un groupe, quand c'est possible et encore plus, en l'appliquant à soi-même en se prenant pour cobaye. Car nos propres valeurs peuvent devenir des points faibles qui servent à se manipuler abusivement quand on les suit sans nuance, étant trop dominé par elles. Par exemple, une personne qui estime qu'il est bien d'être toujours sincère et franc (« Moi, je suis honnête et directe ») va être amené à trop parler et à en subir les conséquences négatives. Le souci excessif du travail bien fait sera cause de surmenage et de stress dont souffriront la personne et son entourage.

■ Exploiter les transgressions de ses valeurs

Personne n'est parfait. Le manipulateur abusif va en profiter pour critiquer et dévaloriser les autres ou exiger l'impossible sans tenir compte des capacités de chacun. Il va jouer ainsi de la culpabilité qu'il sème et fait grandir pour que la personne fasse ce qu'il veut pour se faire pardonner. Il exige la perfection comme si c'était normal et naturel. Il abuse du désir de réputation en grossissant la faute ou l'erreur de façon démesurée pour exiger des réparations importantes. Sa manipulation prend souvent la forme de la colère agressive qui fait peur, ou de la critique ironique incessante (le harcèlement moral). Il aime utiliser la dérision en groupe et met les rieurs de son côté. Il préfère critiquer (humilier) devant tout le monde pour faire honte, car il sait que c'est un sentiment ravageur qui a des amarrages profonds dans l'enfance, et la personne est prête à de nombreux arrangements pour que la honte en public ne recommence plus.

Il peut pratiquer le chantage à la honte et exercer une forte pression morale sur la personne. Dans l'entreprise, cela est pratiqué par certains petits chefs, mais on a connu des comités de direction où il convenait de se mettre « derrière la colline » (selon l'expression des directeurs) pour ne pas subir la honte publique.

Les rumeurs dévalorisatrices permettent bien aussi de manipuler la personne sur ses fatales transgressions et la mettre en état de culpabilité. Elle n'ose plus agir comme elle le souhaite par peur de se faire mal voir. Elle se sent paralysée « Ici, dès que l'on veut exprimer son désaccord, on est catalogué de grandes gueules. » Le manipulateur joue sur les réputations qu'il sait créer. Et chacun doit réparer et se soumettre à ce qui est considéré conforme pour éviter les désagréables critiques, dévalorisation et honte en public. La pression peut être très violente.

Certains manipulateurs vont jusqu'à ne pas hésiter à « faire porter le chapeau », comme on dit, aux autres en exagérant leur rôle et en minimisant leur propre implication dans l'affaire. Certains vont jusqu'à la faute imaginaire, invérifiable, en grossissant une erreur qui n'a qu'un rôle minime. Par exemple, un collaborateur n'a pas répondu au téléphone à un client le jour même comme prévu, et ces manipulateurs prétendent que c'est à cause de lui que l'affaire est perdue alors que ce n'est pas vrai. Ils arrivent même à faire croire à la personne elle-même que son intervention maladroite dans la réunion a été décisive dans le refus, alors qu'ils savent justement que c'est le prix qui a été déterminant. Mais, ainsi, ils tiennent la personne, surtout s'ils ont vu qu'elle était fragile et facilement coupable.

Enfin, ils pratiquent l'absence totale de compliments pour maintenir les autres dans leur sentiment qu'ils ne sont pas spécialement valables, espérant les rendre encore plus soucieux de bien faire pour mériter quelques considérations. Ils maintiennent ainsi à feu doux les culpabilités latentes – « bien travailler est normal et ne mérite pas de félicitations ». Ainsi se maintient une certaine anxiété propice à la soumission, car personne ne sait si, vraiment, on est content de lui puisqu'on ne lui dit rien.

■ Utiliser avec excès le désir de ne pas être coupable

Ces manipulateurs pratiquent l'hyperresponsabilité, habillée de belles phrases sur la délégation et l'autonomie qui permettent à chacun d'être responsable. Bien sûr, pour les moyens et le temps, ils laissent à chacun le soin de s'organiser le plus efficacement possible puisque chacun est autonome et responsable. Mais vont vite proclamer que personne n'est à la hauteur, que l'on vient tout le temps se plaindre, que tout remonte à eux, alors qu'ils ne souhaitent que laisser liberté et initiative à leurs collaborateurs. Après avoir pratiqué l'hyperresponsabilité, ils pratiquent l'irresponsabilité : rien n'est de leur faute, tout est de la faute des autres. Ils donnent des objectifs trop élevés et difficiles à réussir ou, dès que la personne y arrive, on monte le niveau des objectifs. L'essentiel est que chacun ait le sentiment de ne pas bien y arriver. On serre le temps et les moyens prévus. Ils parlent de challenge à relever et de mobilisation à faire dans un environnement de plus en plus difficile. Ils sont pour la compétition : « Que le meilleur gagne ! » Ils font à toute occasion des comparaisons désagréables, sinon humiliantes. Chacun se sent coupable et cherche à se justifier. Ceux qui y arrivent le mieux commencent à croire que c'est possible et dévalorisent à leur tour les autres. Le classique « diviser pour régner » complète la manipulation. Tout est dans le dosage. Ces manipulateurs savent ne pas exagérer cette « mise sous tension », comme disent certains, car ils savent qu'une dose excessive amène un tel climat que l'efficacité s'en ressent et que les meilleurs partent. À dose bien étudiée, ces manipulations abusives peuvent fonctionner un moment au détriment des manipulés, anxieux, stressés et surmenés.

■ Jouer de l'attraction pour les interdits

L'attraction vers l'interdit est connue, comme le disait si bien une publicité : « Bon comme le péché ! » Un test facile montre que l'on peut obtenir ce que l'on veut d'une personne en lui interdisant quelque chose. Par exemple, on veut qu'une personne pense à une vache bleue, ce qu'elle ne ferait certainement pas naturellement sans cette intervention. Il suffit de lui dire de fermer les yeux et de lui interdire de penser à une vache bleue. Elle se met immédiatement à penser à une vache bleue ! C'est magique ! Pour nombre de personnes, surtout les tempéraments rebelles qu'il est pourtant difficile d'influencer, il suffit de leur interdire certains comportements pour qu'ils soient tentés de transgresser l'interdit. Le raisonnement est simple : si une personne (c'est mieux si elle ne partage pas les mêmes intérêts) lui interdit de se comporter d'une certaine façon, son interlocuteur se dit qu'il y a de bonnes chances pour que justement ce soit intéressant : l'attraction pour les interdits.

L'art de se défendre

Dévoiler ses capacités de culpabilité

La force de la manipulation est directement liée à l'inconscience du sujet manipulé qui ne peut accepter ni refuser d'être manipulé que si, déjà, il se rend compte qu'il est manipulé. La première défense consiste d'abord à repérer les comportements de manipulation décrits dans cet exposé, en particulier les comportements abusifs. Ensuite, il convient de prendre conscience de son degré de sensibilité à ce type de manipulation. Est-on facilement culpabilisable et déjà souvent culpabilisé dans la vie. Enfin, il est utile de réfléchir au genre de famille à laquelle on appartient, quelle vie scolaire on a eue et, surtout, de quels événements on se souvient, en particulier, les souvenirs de honte.

Clarifier ses valeurs

C'est le moment de réfléchir à sa morale personnelle et à ce que l'on souhaite faire de sa vie privée et professionnelle. C'est une bonne opportunité de faire une « toilette » des principes éthiques auxquels on croit, et qui déterminent nos comportements. Est-ce que je veux surtout gagner beaucoup d'argent ou surtout approfondir des techniques nouvelles ? Est-ce que je veux d'abord réussir une carrière de manager ou avoir un rythme de vie agréable et du temps libre ? Et bien d'autres questions de ce genre, sachant sur quelles valeurs on risque d'être manipulé. Et quand son interlocuteur parlera d'une belle occasion de gagner de l'argent ou d'approfondir une technique, immédiatement, on sera vigilant, car on sait qu'on est capable d'être abusivement manipulé si on fait miroiter de tels objectifs et de telles valeurs.

Se donner des objectifs réalisables

Quand on sera en présence d'opportunités intéressantes, on a moins de chance de se laisser piéger si on sait jusqu'où on peut et veut aller de façon réaliste. C'est le moment de remettre en cause certains principes qui ont pu être de bons guides jusqu'à présent, mais qui apparaissent de moins en moins adaptés à sa vie actuelle. Pour le savoir, voici quelques bonnes questions à se poser : est-ce que ces valeurs et principes me rendent service et me permettent de vivre comme je le souhaite ou, au contraire, représentent un embarras et un obstacle à la réalisation des objectifs que je souhaite réussir ? est-ce qu'ils sont un poids dont il est difficile de se débarrasser, un ensemble d'interdits qui briment l'épanouissement personnel sans contrepartie intéressante ? est-ce qu'ils apparaissent de plus en plus impossibles à mettre en pratique ? sont-ils source de malaise, de culpabilité et même de honte personnelle ? est-ce que ces principes sont trop rigides et s'adaptent de moins en moins au nouveau contexte de la vie actuelle ? etc.

De cet examen resteront quelques principes et valeurs utiles, applicables, sources d'efficacité et de bien-être pour soi et pour les autres, et, qui ne pourront plus être un piège pour une manipulation abusive, car si, dès lors, quelqu'un manipule une personne pour lui faire mettre en pratique, ce sera utile et efficace pour elle, en un mot, ce sera une manipulation positive. Dans ces conditions, si quelqu'un force cette personne à atteindre des objectifs trop difficiles, elle ne sera pas coupable (à l'intérieur d'elle-même) de ne pas y arriver et sera sereine pour s'organiser autrement ou négocier d'autres conditions, mais elle ne sera pas en soumission coupable ! Très consciente que personne n'est parfait et que, très normalement, elle n'arrive pas à réussir ce qui est trop dur pour elle, elle en profite pour réfléchir à sa carrière afin de l'orienter à son bénéfice et personne ne pourra exploiter ses transgressions de valeur, ses échecs, ses moindres performances. Elle les analysera avec sérénité et réalisme !

Être conscient de ses droits légitimes

Il est dangereux d'agir en pensant que ce que l'on fait dans la vie n'est pas légitime, car cela développe un sentiment de culpabilité.

Là aussi, il est utile d'être bien au clair sur ses droits légitimes[4], bon moyen d'éviter la culpabilité. Voici quelques bonnes questions à se poser : Quels sont les droits que j'exerce et que je pense être clairement légitimes? quels sont ceux que j'exerce avec un sentiment d'inquiétude et de doute, parfois de culpabilité, n'étant pas bien sûr que ce soit légitime? Par exemple, je suis sûr que j'ai le droit légitime de donner une opinion opposée à mon supérieur sur un problème technique que je connais mieux que lui, et de penser qu'il puisse reconnaître ma supériorité. Sachant que ce droit est légitime, la personne va l'exercer avec sérénité, et, si quelqu'un veut l'en empêcher, elle sera tranquillement solide pour se défendre sans culpabilité.

En revanche, si elle pense qu'elle exerce un droit peu légitime, elle sera facilement culpabilisée et en faiblesse pour se défendre. Par exemple, un manager a-t-il le droit légitime de s'occuper de la vie privée de ses collaborateurs? À quelles conditions? A-t-il le droit à l'erreur? Les réponses dépendent de soi-même, mais aussi du milieu qui reconnaît ou pas ce droit.

Faire face à l'ironie et à la dévalorisation

Les techniques de l'affirmation de soi permettent de bien se défendre. L'essentiel est de prendre ses distances et de se dédoubler. En effet, tant que la critique n'est pas ressentie à l'intérieur de la personne comme une faute dont elle se sent coupable, la manipulation abusive n'est pas possible. Il est essentiel de savoir si on est sensible à la critique, si on est susceptible, car le danger devient plus grand. Pour se défendre le principe est de ne pas contre-attaquer avec agressivité, mais plutôt, comme au judo, l'astuce consiste à aller davantage dans le sens de la personne. On lui demande de préciser et de décrire ce qu'elle reproche. Puis on trie ce qui paraît exact et ce qui est moins sûr, pour bien comprendre ce que souhaite l'autre. Ensuite, on précise avec lui ce qui pourrait être fait pour le satisfaire en pensant à ce que l'on se sent prêt à accepter et à ce que l'on ne souhaite pas accepter.

Quand il s'agit d'ironie qui met tous les rieurs du groupe du côté du dévalorisateur et contre soi, souvent (pas toujours) le mieux est de faire le canard dont les plumes ne laissent pas traverser l'eau, pour indiquer que l'on n'est pas touché et qu'en ce sens le dévalorisateur n'a pas atteint son but. Voilà quelques exemples des méthodes de l'affirmation de soi.

L'utilisation honnête et bénéfique

La mise en jeu bénéfique des systèmes de valeur

Les valeurs individuelles

Savoir utiliser les valeurs personnelles de chacun lui permettant de se réaliser est hautement honnête et bénéfique pour tous : votre interlocuteur va, en effet, sûrement travailler davantage, se montrer très motivé et très soucieux de bons résultats. C'est donc

4. Pour approfondir ses droits légitimes, cf. D. Chalvin, *L'affirmation de soi, op. cit.*

une manipulation bénéfique pour tous, mais qui demande une attention sérieuse et prolongée, des conversations et des échanges sur les centres d'intérêt, les goûts et les objectifs de chacun. Ce qui est bon pour les autres, l'est également pour soi en ce domaine. L'automanipulation peut être utile. Chercher un job, en fonction de ses valeurs est efficace. Dans ce cas de manipulation honnête et positive, il est sans danger de se laisser faire par son patron si l'on voit qu'il veut manipuler en cherchant à confier des missions où il y a des chances que l'on travaille plus et mieux. L'essentiel est de s'en apercevoir et, par là, d'être vigilants pour qu'il n'y ait pas exploitation abusive.

Il peut être cependant maladroit d'en faire trop quand on connaît les valeurs qui font « courir » les personnes de son entourage. Le risque est grand alors de les exploiter et de les surcharger de travail, en les amenant au surmenage. Ce n'est pas nécessaire ; elles font déjà bien ce qui correspond à leurs valeurs.

Les valeurs communes

Il est bienvenu aussi de développer l'esprit d'équipe autour des valeurs communes comme, dans la vie privée, de fonder des relations solides sur des valeurs partagées. Ces valeurs communes renforcent les liens. Il existe un danger si la manipulation positive devient trop forte, car l'esprit d'équipe se ferme à l'arrivée des nouveaux qui, en général, ont du mal à s'intégrer et ne restent pas, faisant perdre ainsi l'arrivée de sang neuf. Des valeurs différentes, acceptées dans un esprit de tolérance, sont des richesses qui aident à l'adaptation aux changements et favorisent la créativité.

Des interdits bénéfiques

L'annonce des interdits à respecter pour soi-même et pour les autres, interdits individuels et collectifs, permet de bien développer des valeurs communes. La manipulation positive par les interdits est très puissante, source de grande liberté et promotrice d'initiatives individuelles et collectives. De tels propos vont à l'encontre de la culture française où la manipulation par l'interdit est souvent considérée négativement. C'est normal, car, en général, elle ne respecte pas quelques règles simples qui permettent de réussir une manipulation positive : les interdits ne doivent pas être nombreux ni se surajouter à des lois et des règlements déjà pléthoriques. Il convient qu'ils apparaissent clairs, compréhensibles, justifiés et utiles pour tous. Enfin, un point essentiel : tout ce qui n'est pas interdit est permis. Dans bien des cas, il est préférable de remplacer toutes les règles et recommandations par quelques interdits bien ciblés et de laisser liberté et initiatives pour tout ce qui ne concerne pas les interdits.

Des lois communes

L'établissement des lois communes fondées sur des valeurs est à rechercher, mais en veillant à ce que les lois respectent certaines conditions si l'on veut que la manipulation réussisse. Il convient de garder les lois qui obéissent à certains critères pour que les liens avec la valeur soient plus solides. Voici quelques exemples de critères à respecter. Que la loi soit :

– utile à la vie commune du groupe, c'est-à-dire apparaisse clairement servir à la mise en pratique de valeurs communes;
– protectrice de l'individu et du groupe et ne semble pas être une brimade sans lien avec la valeur voulue;
– applicable sans trop de difficulté, signe qu'elle correspond à des expériences positives vécues par chacun, car l'utilisation à une valeur vient d'expériences positives vécues en l'appliquant (le service client bien fait a amené d'autres clients);
– exprimée dans un contrat clair entre le législateur et les personnes soumises à la loi, la force d'une loi fondée sur une valeur provenant de ce que cette valeur ne peut exister pour quelqu'un que s'il y croit lui-même (automanipulation). Autrement, ce sera une manipulation abusive rejetée;
– souple, permettant des possibilités d'exceptions dans certains cas prévus ou discutés, puisque la valeur vient d'abord de la personne elle-même.

Opportunité de l'échec dynamique

Utilisation positive de la transgression

Nous avons constaté qu'il est difficile d'appliquer les valeurs auxquelles on croit. On est souvent amené à les transgresser. Jouer astucieusement de cette fatale transgression est parfois une bonne manière de rendre un échec dynamique[5] et porteur de promesses. Une manipulation positive se déroule ainsi : plutôt que faire des reproches à la personne en faute qui se sent plus ou moins coupable, on s'informe de ce qui s'est réellement passé en étant réaliste et tolérant, et l'on pose la question : « Et maintenant, qu'est-ce qu'on fait? ». La réparation devient plutôt une occasion d'améliorer les choses : une nouvelle organisation, nouvelles façons de s'y prendre, aides éventuelles pour que cela ne se renouvelle pas. L'échec est ainsi une opportunité de se perfectionner. Le malaise de culpabilité pousse à se mobiliser pour trouver des solutions, pour ne plus recommencer. Si l'on commet soi-même une faute, la démarche est identique, on mobilise son énergie pour voir comment on va trouver des astuces pour ne pas recommencer, quelles aides on va solliciter. L'apprentissage par l'erreur reste une pédagogie efficace et le désir de réparation, bien utilisé permet des manipulations positives.

Utilisation positive des compliments et des reproches

Comme ce sont souvent des manipulations négatives, on a tendance à ne plus oser les utiliser. Pourtant, il existe des astuces qui permettent de les transformer en des manipulations positives et d'obtenir ainsi les relations souhaitées. Le compliment est une façon subtile de dire à quelqu'un ce que l'on espère de lui, ce que l'on souhaite qu'elle continue d'être et de faire. L'absence de compliments, le silence vis-à-vis de certains comportements, désigne ce qui n'est pas vraiment souhaitable. Mais pour obtenir ces comportements de la personne, il faut respecter certaines conditions.

5. Cf. B. Cyrulnik, *Un merveilleux malheur*, Odile Jacob, 1999.

Le compliment doit être dosé (l'excès rappelle trop l'hypocrisie), personnalisé (il ne peut pas être fait quelqu'un d'autre), approprié (le compliment doit être adapté au genre de la personne et à son milieu), argumenté (il est fondé sur des faits), sincère (sans intention de flatterie intéressée), honnête et franc. Il suffit que ces conditions soient remplies au moins à 75 % (100 % seraient utopiques) pour que l'effet manipulation positive ait lieu. Il arrive cependant que l'on refuse les compliments par peur. C'est une méfiance raisonnable, pourtant les compliments peuvent dynamiser, motiver, orienter vers des actions positives. Encore une fois, il est parfois bon d'oser se laisser manipuler positivement. Dans ce domaine aussi, l'automanipulation peut être utile. Lister et se remémorer ses côtés positifs et ses points forts est le meilleur moyen de renforcer son estime de soi. Bien connaître ses côtés positifs donne confiance en soi et donne l'énergie nécessaire pour faire face aux ennuis inéluctables de la vie ! Faire des reproches peut également être une bonne occasion de déclencher l'effet de « l'échec dynamique ». Le reproche devient une occasion intéressante et une opportunité pour accroître sa puissance personnelle.

Cependant, pour qu'un reproche se transforme en une occasion de décupler son dynamisme, il doit être effectué dans un cadre particulier : ne jamais le faire en public (pour ne pas déclencher la honte et l'humiliation paralysantes), s'assurer que le reproche concerne bien cette personne (d'abord s'informer, l'écouter), éviter l'humour et l'ironie (car les risques de complications peuvent empirer), être descriptif, concret, précis (montrant le souci d'informations objectives), se référer au système de valeurs de l'interlocuteur, décrire les conséquences négatives qui découleront d'une absence de solution, situer le reproche dans l'ensemble des agissements de la personne pour qu'elle le relativise et sache qu'on apprécie ce qu'elle fait en dehors de cet incident, ne pas exiger l'impossible et proposer des exemples de solutions réalistes, acceptables. On transforme ainsi l'acte de reproche en exercice de résolution de problème.

Jouer positivement du désir de ne pas être coupable

Ce serait dommage de ne pas utiliser cette motivation qui déclenche en général une grande énergie pour bien faire. Il est donc positif de provoquer une certaine culpabilité pour mettre une personne en énergie si on la sent capable de réagir de manière dynamique. Il est donc essentiel d'analyser l'attitude de son interlocuteur et ne pas se contenter d'un refus ou d'un accord. Car c'est un domaine où la méconnaissance est souvent importante. Certains ont tendance à refuser, alors qu'ils sont capables : il faut les pousser et leur donner une belle occasion d'accroître leur estime de soi, car ils ont tendance à se culpabiliser trop vite et vont droit à l'échec. C'est à eux qu'il convient de proposer des risques mesurés malgré leur déclaration. Pratiquer l'émulation et la compétition[6] peut

6. Cf. L. Bellenger, *Être stratège, éduquer l'esprit de compétition*, ESF éditeur, 1998.

constituer une méthode positive pour pousser les personnes à donner le meilleur d'eux-mêmes et à se dépasser, ce qui leur permet de découvrir combien elles valent mieux que ce qu'elles pensaient. D'ailleurs, on observe habituellement que les milieux dans lesquels il n'y a aucune compétition ou émulation, sécrètent la dépression et l'absence de dynamisme : les meilleurs s'en vont, tandis que triomphent les médiocres.

Portait du manipulateur qui fait bon usage de la manipulation de l'innocence

Ce praticien a vraiment des convictions et pense que la vie ne vaut la peine d'être vécue que si on lui donne un sens. Il est à l'écoute des autres et souhaite partager leurs valeurs. C'est le genre de personnes qui suscite estime et confiance. Quand il s'agit d'un responsable, il demande toujours d'agir dans un certain sens, pour mettre en œuvre des principes et des valeurs. Il l'explique clairement et situe parfaitement cette action partielle dans un ensemble plus vaste. Il donne du sens à ce que l'on fait, et, du coup, on agit volontiers car on comprend où l'on va et l'on a le sentiment de se mobiliser pour des raisons valables. Certains n'aiment pas cette façon de mettre de la morale partout et cette attitude les énerve. Mais, ceux qui adhérent à ce qu'il dit acceptent de participer à son équipe soudée autour de valeurs communes : les règles du jeu sont connues, claires et cohérentes avec les valeurs affirmées. Cela crée des liens solides entre les différents membres de l'équipe. Pourtant, il ne fait pas la morale, il explique simplement pourquoi on va agir dans le sens qu'il propose. Ce type de manipulateur joue sur la relation de confiance fondée sur les valeurs partagées. C'est ainsi, qu'il sait utiliser honnêtement toute la puissance contenue dans la tentation de l'innocence.

Conclusion

Vous venez de lire ce livre. Vous possédez maintenant la grammaire et le vocabulaire de la manipulation. Vous avez les moyens de parler la langue de la manipulation, langue que vous pratiquez d'ailleurs depuis votre plus tendre enfance. Mais, cette fois-ci, vous avez la possibilité de parler cette langue en utilisant sa grammaire et toutes les richesses de son vocabulaire. À partir des huit manipulations fondamentales et de tous les divers moyens de les mettre en pratique, vous êtes désormais capable de découvrir de très nombreux autres moyens de manipuler en adaptant plus en détail tous ceux qui sont décrits dans ce livre. Vous allez pouvoir les utiliser en fonction de votre personnalité et de votre environnement. Vous allez ainsi construire votre panoplie spécifique et personnelle de manipulateur et vous continuerez toute votre vie à l'enrichir de vos expériences réussies. Désormais, vous êtes plus réalistes : vous connaissez mieux les dangers de la manipulation, mais aussi les moyens efficaces de vous défendre de ceux qui en abusent et, surtout, les conditions d'un bon usage honnête et bénéfique pour tous.

Vous avez maintenant davantage de moyens pour continuer à avoir des relations de plus en plus intéressantes et enrichissantes avec les autres. Et ce sont bien les relations qui sont la source décisive du développement de son énergie personnelle, qui permet de faire face aux problèmes souvent de plus en plus difficiles que pose pour notre époque. Bonne chance dans cette nouvelle voie !

Deuxième partie

APPLICATIONS PRATIQUES

Du bon usage de la manipulation

1

exercices

1. Autodiagnostic : êtes-vous un manipulateur au sens habituel du terme ?

Chaque exemple peut plus ou moins vous décrire. Donnez-lui un score comme suit :

– C'est tout à fait moi .... 7 points
– Ça me ressemble assez bien .... 4 points
– Ça me ressemble parfois .... 2 points
– Ça ne me décrit pas du tout .... 0 point

N°	Pour obtenir ce que je veux d'une personne...	Score
1	Je préfère dissimuler ce que je pense ou ressens, si je ne connais pas bien la personne.	
2	Je fais des promesses si je n'y arrive pas, je trouve toujours un moyen pour que ce soit la faute des autres.	
3	J'ai déjà eu l'occasion de faire des réorganisations qui m'ont permis de mettre sur la touche les personnes qui me gênaient.	
4	Je joue la franchise, c'est un bon moyen de créer la confiance et de l'avoir de son côté.	
5	J'agis plutôt par personne interposée, c'est plus facile et plus malin.	
6	Je sais bien faire adhérer à mes idées et amener où je veux.	
7	Je sais déformer une information : l'exagérer, la caricaturer ou n'en retenir qu'un aspect.	
8	Exagérer toutes les difficultés et dramatiser est souvent une bonne astuce.	
9	Je divise pour régner, comme tout le monde : on me le fait, je le fais aux autres.	

N°	Pour obtenir ce que je veux d'une personne…	Score
10	Quand je suis amené à critiquer, je m'arrange pour lui reprocher de ne pas suivre ses propres principes. Elle ne peut être que forcément d'accord.	
11	Je sais bien la culpabiliser, seulement si elle est sensible à ce genre de chose.	
12	Je sais jouer les victimes et les malchanceux et me plaindre au bon moment en exagérant pour mieux impressionner.	
13	Quand il y a un débat, je préfère me tenir en retrait pour voir comment cela va tourner.	
14	Je n'hésite pas à la flatter : c'est une bonne vieille méthode qui reste encore très efficace.	
15	Je sais utiliser les rumeurs et prêcher le faux pour savoir le vrai.	
16	Je sais mettre les rieurs de mon côté, il n'y a rien de tel pour prendre le dessus.	
17	Je sais adapter mes comportements et mes opinions selon les personnes et les situations.	
18	Je sais en général les personnes qu'il faut contacter et à quel moment pour arriver en bonne position auprès d'elle.	
19	Je m'arrange pour être dans le secret des dieux, cela m'a bien rendu service.	
20	Je n'hésite pas à la déstabiliser si nécessaire, surtout si elle manque d'assurance.	
21	Je joue la comédie pour arriver à mes fins et c'est bien efficace. Ça m'amuse !	
22	Je sais très bien tirer parti du système et des réseaux. Je suis débrouillard.	
23	Je sais organiser des délégations qui permettent de faire porter le chapeau à mon rival.	
24	Je fais attention de ne pas annoncer trop vite mes intentions, ce serait maladroit.	
25	Je n'hésite pas à m'attribuer les mérites du travail des autres quand il n'a aucune chance de s'en apercevoir.	
26	Je n'hésite pas à la manipuler sans qu'elle s'en rende compte.	
27	Je sais être flou et déguiser ma demande si c'est la voie efficace.	
28	On me considère, en général, comme assez malin et habile dans les relations.	

2. Une méthode pour développer le bon usage de la manipulation

Nous vous recommandons de faire cet exercice quand vous aurez fini de lire le livre et que vous aurez fait tous les autres exercices.

Cet exercice aide à mettre en pratique ce qui est dit dans l'exposé 1 et, en particulier, le dernier paragraphe : la mise en œuvre de la méthode.

Les huit fondamentaux

1. Le désir de persistance
2. Les situations propices
3. L'échange réciproque
4. Le besoin de sécurité
5. La peur de l'exclusion
6. Le goût de l'exceptionnel
7. L'irrésistible comparaison
8. La tentation de l'innocence

Établissez pour chacun des fondamentaux une fiche.

Fiche du fondamental

1. S'en servir

1.1. Est-ce que je me suis déjà servi de ce fondamental ? Avec qui ? À quelles occasions ?
....
....

1.2. Quels éléments ont été les plus efficaces ? Avec qui ? En quelles circonstances ?
....
....

On appelle « éléments » les différents moyens de pratiquer décrits dans les exposés ou paragraphes : comment s'en servir, mode d'emploi.
Par exemple, Fondamental : le désir de persistance.
Éléments :

1. Un acte facile
2. Un acte difficile
3. L'escalade
4. L'identification
5. Du sens
6. Liberté

....
....

1.3. En quoi ce fondamental va avec mon caractère ? Quels éléments en particulier ?
....
....

1.4. En quoi il correspond aux valeurs que je veux développer ? (Voir des exemples de valeur dans l'exercice 6)
....
....

1.5. Quelles sont les chances de bon usage réussi selon les personnes, les situations et les éléments utilisés ?

A (nom de la personne) : ....

Situations	Éléments	Chance
....	....	....
....	....	....
....	....	....

NB – Le degré de chance s'inscrit par un chiffre de 1 (très faible) à 5 (très forts).

B (nom de la personne) : ....

Situations	Éléments	Chance
....	....	....
....	....	....
....	....	....

1.6. Quels sont les risques d'abus possibles selon les personnes, la situation et les éléments utilisés ?

A (nom de la personne) : ....

Situations	Éléments	Chance
....	....	....
....	....	....
....	....	....

2. S'en défendre.

2.1. Suis-je manipulable par ce fondamental et à quelles occasions, par quels éléments et quelles personnes ?
(Lire le paragraphe « Manipulable » ou faire l'exercice d'autodiagnostic quand il existe)
A (nom de la personne) : ....

Occasions	Éléments
....	....
....	....
....	....

2.2. Comment je me défends ?
(Lire le paragraphe « S'en défendre »).
A (nom de la personne) : ....
....

2.3. Quelles nouvelles défenses, vais-je développer ?
A (nom de la personne) : ....

3. Se laisser faire.

3.1 Se laisser faire : avec quelles personnes ? dans quelles occasions ? quels éléments utilisaient-elles quand c'était bénéfique pour moi ?
A (nom de la personne) : ....

Occasions	Éléments
....	....
....	....
....	....

3.2. Comment, avec qui et quand développer le comportement de « laisser faire » bénéfique ?
A (nom de la personne) : ....

Occasions	Éléments
....	....
....	....
....	....

4. S'automanipuler.
Lire les exposés où sont expliquées les automanipulations.
Est-ce que j'ai déjà expérimenté avec succès l'automanipulation ?

Occasions	Éléments
....	....
....	....
....	....

Quelles nouvelles automanipulations vais-je développer ?

Occasions	Éléments
....	....
....	....
....	....

La partie 2 de cet exercice ne comporte pas de corrigé.

Corrigé de la première partie p. 177

Le désir de persistance 2

1. Autodiagnostic : utilisez-vous le désir de persistance pour obtenir des autres ce que vous souhaitez ?

Chaque exemple peut plus ou moins vous décrire. Donnez-lui un score comme suit :

– C'est tout à fait moi .... 7 points
– Ça me ressemble assez bien .... 4 points
– Ça me ressemble parfois .... 2 points
– Ça ne me décrit pas du tout .... 0 point

N°	Pour obtenir ce que je veux d'une personne…	Score
1	J'utilise la formation-tutorat bien adaptée à la personne et le *coaching*. Le coup de pouce ainsi donné fait des merveilles.	
2	Au dernier moment, l'air de rien, je demande encore un petit effort supplémentaire qui ne change pas vraiment ce que j'ai demandé.	
3	Parfois, je leur propose un défi difficile, un dépassement de soi qui suppose un engagement fort.	
4	J'ai remarqué qu'en parler au dernier moment « sur le pas de la porte » peut être très efficace, et je le pratique.	
5	Je décris les risques immenses sans assurer le résultat. C'est une affaire dangereuse : elle décide et choisit.	
6	Dès qu'elle me donne un premier accord, je lui donne une poignée de main en me levant, tout naturellement, et je la félicite.	
7	Je lui annonce que ces actions ne seront pas anonymes, bien au contraire : je ferai connaître son nom et ses exploits.	
8	Je demande déjà un premier effort très modéré, puis un deuxième, très cohérent avec le premier et qui a l'air de ressembler au premier, bien qu'il soit plus difficile, mais si peu…	

N°	Pour obtenir ce que je veux d'une personne…	Score
9	Je sais que toute action peut être présentée de façon très différente. Je fais attention à la présenter dans le sens des valeurs qu'elle estime et qui sont importantes pour elle.	
10	Je sais que l'essentiel est de changer son contexte et son environnement qui va l'inciter à agir dans le sens souhaité.	
11	Je lui laisse la possibilité de pouvoir définir elle-même dans les détails pratiques comment elle va l'appliquer pour être maîtresse de la situation.	
12	Je propose des actions qui n'engagent que très faiblement la personne.	
13	Je minimise les inconvénients de ce que je propose, et je valorise les avantages pour faire passer l'affaire.	
14	Contrairement aux idées reçues, décider dans l'urgence, en gardant soi-même la tête froide, est une pratique qui me rend service.	
15	Je sais créer des événements marquants qui l'impliquent fortement et lui permettent de ressembler de plus en plus à l'image d'être libre et responsable qu'elle souhaite développer.	
16	Je m'arrange pour que ce que je propose soit sa décision librement consentie. Je lui dis qu'elle « ne se croit pas obligée », qu'elle est responsable et libre.	
17	Je m'arrange pour que mon interlocuteur garde la possibilité de revenir en arrière sur ce qu'il promet : il me suffit d'un premier pas.	
18	J'ai une expression favorite : « la méthode du saucisson ». Je détaille l'acte global voulu en série de petites actions plus facilement acceptables.	
19	Je lui dis que l'action envisagée est très lourde et suppose un budget important.	
20	Je sais qu'elle n'aime pas qu'on lui impose de l'extérieur, qu'on la manipule, qu'on la menace ou qu'il y ait pression de groupe ou que l'on promette une récompense.	
21	Je veille à ce qu'elle trouve très intéressant ce qu'elle aura à faire : une occasion à ne pas manquer.	
22	Je vais faire un acte un peu différent de ses habitudes, mais qu'elle aime et sait faire.	
23	Je précise ce qui est sûr, moins sûr, seulement possible, sans faire de promesses inconsidérées.	
24	Je n'hésite pas à proposer un budget élevé, autrement, elle a l'impression que ce que je lui propose n'est pas valable.	
25	Je veille à situer ce que je propose dans un ensemble plus vaste qui a du sens pour elle : c'est un premier pas, mais qui va dans ce qu'elle estime être valable.	
26	J'obtiens déjà des petites concessions sans importance qui ne l'engagent à rien.	
27	« Une promesse verbale est sans conséquence », dit-on, j'en profite pour la faire promettre, puis je m'arrange pour qu'elle soit appliquée.	
28	Je fais savoir très vite qu'elle a accepté de s'occuper du projet que je nomme de son nom, en plus gros caractère que l'objet même du projet.	

N°	Pour obtenir ce que je veux d'une personne...	Score
29	J'annonce qu'elle va être obligée d'aller au-delà de ses capacités habituelles, ce qui va être pour elle un challenge grave.	
30	J'aime bien demander des petits services « qui ne se refusent pas » et, de fil en aiguille, j'arrive à mes fins.	
31	J'aime créer des ambiances agitées et urgentes avec certaines personnes qui s'y prêtent, et ça marche.	
32	Je n'hésite pas à indiquer qu'elle doit me faire confiance : « Elle est capable ». Mais je ne peux pas en dire plus, car personne ne sait ce qui va se passer.	
33	Je profite que mon interlocuteur soit pressé pour lui arracher quelques concessions intéressantes.	
34	J'annonce tout de suite que cela demandera des efforts importants, des heures nombreuses et un engagement total.	
35	J'obtiens déjà un accord en privé, puis je le fais discrètement savoir à quelques-uns, ensuite, en réunion, verbalement et en public, enfin, par écrit dans le compte rendu.	
36	Je mets en jeu toutes les valeurs que respecte la personne et fais bien attention qu'il y ait cohérence entre l'action proposée et ce qu'elle estime valable.	
37	Je ne prédis pas forcément la réussite et je précise sûrement les difficultés pour y arriver.	
38	Quand je revois la personne qui a donné son accord, j'établis une relation un peu privilégiée avec elle : petite tape sur l'épaule, regard (même à distance), en un mot, une complicité.	
39	Je sais que c'est le premier pas qui coûte et que les autres sont plus faciles. C'est pourquoi je n'hésite pas à lui demander de les répéter plus souvent : bientôt, elle aura l'habitude.	
40	Je lui donne l'occasion d'agir en toute liberté dans le cadre d'une situation que j'ai bien mise en place.	

2. Exploitation du questionnaire d'autodiagnostic « Est-ce que j'utilise cette manipulation ? »

Chacun annonce ses résultats et raconte les façons d'agir qui réussissent pour créer l'effet de persistance. Cette mise en commun se poursuit par des jeux de rôles où chacun mime ce qu'il réussit le mieux. Ceux qui veulent expérimenter cette manipulation s'entraînent en suivant les conseils de ceux qui sont plus expérimentés qu'eux.

3. Du bon usage du désir de persistance

Un échange d'expériences sur les résultats de cette méthode permet de préciser les conditions d'un bon usage du désir de persistance. Les éléments de l'exposé sur ce thème sont débattus et chacun témoigne de leurs applications.

Jeux de rôle pour adapter ce type de manipulation à son interlocuteur

Un stagiaire veut obtenir qu'une personne accepte de changer de méthode de travail, et désire appliquer les exemples donnés dans le questionnaire en en choisissant quelques-uns seulement. Son interlocuteur indique l'effet positif ou négatif que lui a fait cette manipulation. Il indique d'autres exemples trouvés dans le questionnaire qui conviennent mieux à son caractère. Le stagiaire s'exerce à utiliser ce type de manipulation d'une façon différente pour tenir compte des habitudes de son vis-à-vis.

4. Personnalisation et appropriation

Chacun sélectionne les façons de faire qui lui conviennent mieux et celles qui risquent de mieux convenir à leurs divers interlocuteurs selon leurs caractères.

Corrigé p. 178

exercices

Les situations propices et l'échange réciproque 3

1. Créer et utiliser des situations propices

L'art de se forger une réputation positive

Cet exercice est recommandé aux personnes qui manquent de confiance en elles et risquent de ne pas savoir utiliser cette manipulation.

– Écrire sur une feuille de papier la liste de ses qualités : les décrire en détail en donnant des exemples concrets. Cette liste doit comporter au moins 10 qualités. Recommencer l'exercice jusqu'à ce que vous arriviez à trouver 10 qualités.

– Se lever, se mettre devant la glace et les répéter jusqu'à ce qu'elles soient connue par cœur. Se promener dans la campagne et les répéter à haute voix avec un papier au début, puis sans papier.

– En stage : demander à chaque stagiaire de venir au milieu du groupe et d'indiquer ses qualités avec des exemples. Il est plus facile pour les timides de faire mettre les stagiaires par deux et chacun raconte à l'autre tout le bien qu'il pense de lui. Ensuite, chaque partenaire de l'échange présente les qualités de son interlocuteur qui peut compléter ou préciser.

– Jeux de rôle : mimer un entretien où une personne doit faire valoir ses qualités pour obtenir ce qu'elle veut.

– Pour les managers : savoir faire valoir les qualités de ses collaborateurs, en dresser la liste et décrire les points forts de chacun sans préparation.

Tisser des liens positifs

Les alliés et les ennemis

Dresser la liste des personnes qui peuvent être des alliés et donner de l'aide ; préciser dans quelles circonstances ou pour quelles actions. Indiquer le degré d'aide possible de 1 à 3 (très forte, assez forte, en réserve utile). Repérer les ennemis.

Mes alliés : ....

....

....

Mes ennemis : ....

....

....

Actions pour fidéliser mes alliés et me protéger de mes ennemis.

NB – Il est fréquent d'être obsédé par ses ennemis et on oublie de cultiver ses alliés et d'entretenir des relations positives avec eux.

Les fréquentations bénéfiques ou dangereuses

Faire une liste des personnes avec qui il est utile de se faire voir ou de faire savoir qu'on les connaît : 1. Très utile, 2. Assez utile, 3. En réserve. Repérer les fréquentations dangereuses et voir comment s'en protéger.

Un cas : l'arrivée d'un nouveau bien sympathique

■ Thierry vient d'arriver dans le service. Je ne sais pas pourquoi il m'a paru tout de suite sympathique. On a discuté ensemble au restaurant d'entreprise et, bien que nous ne nous connaissons pas bien, on s'est trouvé tout de suite de nombreux points communs : il aime les mêmes livres que moi et il connaissait déjà de nombreux auteurs que j'apprécie aussi. J'ai eu tout de suite envie de l'aider en lui indiquant de qui il devait se méfier ainsi que les personnes sur qui il pourrait compter dans le service. Il m'a remercié et, quelque temps plus tard, il m'a dit que ses premières impressions confirmaient bien ce que je lui avais dit. Nous ne sommes pas dans la même unité de travail, bien que dans le même service, pourtant il se trouve que nous nous retrouvons souvent au hasard des rencontres. Tant mieux, car j'apprécie sa compagnie. D'ailleurs, on dit qu'il a été embauché pour remplacer le chef de service qui doit être muté. Certains prétendent qu'il connaît déjà pas mal de monde à la direction et qu'il est venu ici parce qu'on a été le chercher (la chasse de têtes, paraît-il). J'ai donc intérêt à être bien avec lui, car il risque d'être peut-être mon chef. C'est pourquoi je n'ai pas hésité à lui rendre service l'autre jour, en faisant un travail supplémentaire, pour répondre au téléphone car il devait s'absenter (il m'a demandé si j'acceptais qu'il balance sa ligne sur la mienne). Il m'a parlé aussi d'aller voir un client un peu loin de mon circuit habituel. Je le ferai sûrement, c'est mon intérêt d'être bien avec lui. Il faut savoir être habile dans la vie. Il m'a annoncé qu'il pouvait parler de moi à certaines personnes qu'il connaît pour appuyer ma demande de mutation, mutation qui me permettrait d'être plus proche de mon domicile. Je l'ai aperçu l'autre jour discuter dans le couloir avec une personne de la direction qui était de passage. C'est bien ce que je pensais. Il a des relations.

Hélas ! cette histoire se termine mal. Je viens d'apprendre qu'il ne finira pas son temps d'essai et qu'il va partir bientôt. Il paraît qu'il a une affaire bizarre avec un client, qu'il aurait cachée en racontant des mensonges. Mais le « pot aux roses » a été découvert ! Mon manager m'a appelé ce matin et m'a affirmé que Thierry lui avait dit que j'étais l'instigateur de cette affaire. Je vais devoir me défendre. Cela faisait un moment que je ne le voyais plus. J'ai téléphoné à la secrétaire de l'unité qui m'a dit qu'il était parti hier. J'ai l'impression que je me suis fait avoir !

– Discussion de groupe : Quels sont les points clés qui ont créé cette situation propice à un excès de confiance ?
– Échange sur des cas comparables vécus par chacun.

Voir le côté positif d'un défaut

Voici une liste de défauts. Trouver les qualités de ces défauts, leurs aspects positifs.

1. Pessimiste
2. Agressif
3. Agité
4. Démagogue
5. Désordonné
6. Écorché vif
7. Excessif
8. Formaliste
9. Inquiet
10. Intolérant
11. Joyeux drille
12. Moqueur
13. Méfiant
14. Opportuniste
15. Fermé
16. Scrupuleux
17. Dépendant des autres
19. Vaniteux
20. Solitaire
21. Utopique

Entraînez-vous avec d'autres défauts.

2. Déclencher le mécanisme de l'échange réciproque

Autodiagnostic : êtes-vous sensible à l'échange réciproque et donc manipulable ?

Chaque exemple peut vous décrire. Donnez-lui un score comme suit :
– C'est tout à fait moi .... 7 points
– Ça me ressemble assez bien .... 4 points
– Ça me ressemble parfois .... 2 points
– Ça ne me décrit pas du tout .... 0 point

Vous pouvez demander à une connaissance ou à un témoin qui vous connaît de donner son opinion.

N°	Exemples de comportements	Opinion d'un témoin qui me connaît	Degré de ressemblance avec moi
1	Je crois trop facilement les promesses que l'on me fait. Je suis peut-être trop confiant(e).		
2	Je préfère donner plutôt que recevoir, faire des cadeaux qu'en recevoir.		
3	Je me livre facilement : je n'ai rien à cacher.		
4	Je ne supporte pas que quelqu'un ne me regarde pas quand je lui parle.		
5	J'avoue que j'aime tellement que l'on m'écoute que, quand je rencontre une telle personne, je suis amené à lui faire des confidences que je regrette ensuite.		
6	Je suis gêné si une personne me fait un cadeau très important alors que je suis incapable de pouvoir lui en faire pour la remercier.		
7	Je suis serviable et généreux (se) : on dit que j'ai le sens de la solidarité.		
8	Dès qu'il y a un silence avec quelqu'un, je ne peux m'empêcher de parler.		
9	J'aime bien intéresser les gens quand je parle, et que tout le monde m'écoute avec attention.		
10	Je pense qu'il est normal de veiller à une réciprocité équitable quand quelqu'un vous rend un service.		
11	Si quelqu'un m'a invité à dîner, je me sens obligé de l'inviter à mon tour, même si je ne l'apprécie pas beaucoup.		
12	Je m'intéresse aux gens et à leur vie.		
13	Je déteste qu'un interlocuteur fasse autre chose (téléphone, coup d'œil sur un texte…) quand je lui parle.		
14	Quand on peut se faire des confidences l'un à l'autre, il se crée des liens privilégiés.		
15	Je suis sensible à l'équité et à la justice, très soucieux (se) des autres.		
16	Dans un couple, il n'est pas normal que l'un en fasse beaucoup plus que l'autre : il faut un partage équitable des tâches.		

N°	Exemples de comportements	Opinion d'un témoin qui me connaît	Degré de ressemblance avec moi
17	Je n'aime pas que l'on me rende service.		
18	Je suis plutôt égocentrique et très soucieux de moi.		
19	J'ai toujours peur de déranger les autres et de m'imposer de façon inconsidérée.		
20	Je cultive mes amis en m'assurant de leur accorder autant de gentillesse qu'ils en manifestent à mon égard.		
21	Je fais très attention de donner un cadeau à une personne qui a eu auparavant la gentillesse de m'en donner un.		
22	Je suis curieux des secrets des gens et j'aime surprendre leur vie cachée.		
23	Je veille toujours à remercier les personnes qui ont eu la gentillesse de m'aider ou de me faire une faveur.		
24	Je me sens vite coupable et gêné(e) dès que quelqu'un veut m'apporter de l'aide.		
25	J'estime qu'il est normal de s'entraider et j'attends des autres qu'ils soient aussi serviable que moi.		
26	J'ai peur de demander de l'aide quand j'en ai besoin.		
27	Je pense qu'il existe de nombreux profiteurs qui abusent des autres et les exploitent en leur demandant beaucoup plus qu'ils ne donnent.		
28	On me dit dépendant(e) des autres et n'arrivant pas bien à me débrouiller tout seul.		
29	Je suis un rapide, très actif (ve), qui comprend vite ce qu'il y a à faire et le fait.		
30	Je n'aime pas les personnes qui s'emportent et se montrent sans gêne.		

2. Exploitation du questionnaire d'autodiagnostic

« Est-ce qu'on peut facilement abuser de moi en me demandant plus que ce que je donne ? »

Chacun annonce ses résultats et donne son avis sur ses risques d'être manipulés abusivement ou, au contraire, satisfait des relations de réciprocité avec les autres. Les autres donnent leur opinion sur ce qu'ils connaissent de la personne.

Comment se défendre des abus de la manipulation de l'échange réciproque ?

On constitue des groupes mixtes où les stagiaires qui ont eu des scores en dessous de 121 se mêlent à ceux qui ont eu plus de 121. Ceux qui ont moins de 61 se partagent entre les groupes. Les participants échangent sur les moyens de défense qu'ils utilisent pour éviter d'être abusés. Ceux qui savent mieux le faire (moins de 121) témoignent auprès de ceux qui ont plus de difficultés (plus de 121). Des cas précis de participants sont discutés pour voir comment ces moyens généraux de défense peuvent être adaptés selon les caractères de chacun (relire l'exposé 3, paragraphe « L'art de se défendre »).

Corrigé p. 179

Le besoin de sécurité et la peur de l'exclusion

4

1. Le besoin de sécurité : l'effet expert

Savoir repérer si votre interlocuteur utilise l'effet expert

Vous mettez une croix dans la colonne correspondante.

N°	Exemples de comportements de votre interlocuteur	C'est plutôt son genre	Ce n'est pas son genre
1	Il dit toujours : ce qui compte, c'est ce que les autres croient de notre compétence plus que notre compétence elle-même.		
2	Il a une compétence qui n'est pas spécialement extraordinaire ni prestigieuse, mais finalement elle rend service à tout le monde et lui donne de l'influence.		
3	Il prend des airs profonds et reste silencieux, montrant qu'il réfléchit. Mais les résultats déçoivent.		
4	C'est un débatteur redoutable. Il argumente, il persuade, il sait convaincre et il a souvent raison.		
5	Devant lui, on se sent inférieur. Dans les réunions, ils ne s'adressent qu'à quelques-uns qui lui paraissent être des interlocuteurs dignes de lui.		
6	C'est une encyclopédie vivante. Il a réponse à tout et est intarissable sur de nombreux sujets.		
7	Personne n'ignore jamais l'article qu'il vient de faire paraître, la table ronde dont il va faire partie, le succès qu'il vient de remporter.		
8	Il a accepté une mission dont personne ne voulait et, finalement, l'a réussie et en fait sa spécialité.		
9	Il a conscience de sa valeur et de sa force dans les domaines qu'il maîtrise bien.		

N°	Exemples de comportements de votre interlocuteur	C'est plutôt son genre	Ce n'est pas son genre
10	Il sait développer dans son entourage une croyance en sa propre valeur, qui est réelle. Il ne manque aucune occasion de le faire savoir.		
11	Il dit souvent : « Mais comment est-ce possible ? Vous ne savez pas... ». On se sent stupide et ignorant.		
12	Il n'a pas son pareil pour voir le défaut d'un raisonnement, l'erreur, l'approximation ou l'imprécision.		
13	Il sait intervenir au bon moment au cours d'une réunion ou d'un groupe de travail et sait bien se placer dans les débats.		
14	Il apparaît très fort pour des personnes qui le connaissent peu, mais, pour ses collègues, c'est moins sûr.		
15	On peut lui demander conseil et on s'en porte plutôt bien, quand il ne sait pas, il le dit.		
16	Il pratique un marketing honnête de ses expertises : il sait les faire connaître et sait s'en vanter habilement si c'est nécessaire.		
17	Il aime détecter les compétences et les mettre en valeur : c'est un développeur d'experts.		
18	Il aime le jargon, les mots anglais ou les mots codés que seuls certains connaissent ou disent connaître.		
19	Il sait faire savoir son savoir-faire. Il montre clairement ses compétences quand c'est nécessaire.		
20	Il a voulu devenir très compétent dans un domaine prestigieux et il l'est réellement : il en est très fier, mais on fait peu appel à lui.		
21	Il se croit très fort dans son domaine, mais ce n'est pas l'avis de ceux qui connaissent le métier.		
22	Ce n'est pas parce qu'il est intelligent et expert dans un domaine qu'il accepte de donner son avis sur tout et n'importe quoi, comme c'est souvent le cas.		
23	Il a horreur d'être contredit et mis en confrontation avec un autre expert de son domaine.		
24	Il fait sans cesse appel à la confiance avec ses interlocuteurs, seul moyen de bien travailler.		
25	Il sait tisser des liens avec des personnes de grande expertise qu'il peut utiliser quand il en a besoin.		

N°	Exemples de comportements de votre interlocuteur	C'est plutôt son genre	Ce n'est pas son genre
26	Il a vraiment l'art d'utiliser son titre pour impressionner son interlocuteur et obtenir ce qu'il veut.		
27	Il affirme « C'est techniquement impossible » et on sait que ce n'est plus la peine de discuter.		
28	Il a l'art d'annoncer des chiffres d'une précision impressionnante qui ne peuvent qu'être vrais puisque si précis.		
29	Il a plus d'assurance que de connaissance réelle et pratique, plus de jargons que de compétences.		
30	Il a une compétence que personne ne possède dans notre entourage.		
31	Il est très soucieux de son apparence et des signes extérieurs liés à son expertise.		
32	Bien qu'il soit très fort, il a l'air modeste et simple.		
33	Il pratique l'ironie mordante et souvent bien ajustée, montrant sa supériorité.		
34	Si ce n'est pas son expertise propre, il ose dire « Je ne sais pas », ou : « Je vais me renseigner. »		
35	Comme il est très fort et très intelligent dans son domaine, on a tendance à lui demander conseil dans d'autres domaines et il s'y prête volontiers.		
36	Il a une grande confiance en lui, mais sait dire qu'il ne sait pas. En revanche, quand il sait, il n'hésite pas à s'imposer.		
37	Il ne craint pas de savoir garder les compétences qui lui donnent le pouvoir dont il a besoin, même si elles apparaissent moins glorieuses mais efficaces.		
38	Il connaît vraiment beaucoup de choses. Il cite des auteurs, des méthodes, des experts qui font référence. C'est une ressource.		
39	Il transmet ses compétences et son expertise à ceux qui lui semblent capables de les développer.		
40	On se sent ignorant devant lui et on fait des complexes.		

Entraînez-vous à repérer le bon usage et l'usage abusif de l'effet expert

Vous lirez chaque exemple du questionnaire et vous mettez la lettre B si c'est un bon usage, et la lettre A si c'est un usage abusif, à votre avis.

Est-ce que votre interlocuteur fait un bon usage de l'effet expert ou au contraire en abuse-t-il ?

Vous utiliserez le classement des phrases en A et B et vous saurez ainsi si les réponses sont positives ou négatives.

Corrigé p. 182

Un cas : comment aller contre ce qu'il demande ?

■ Christian est cadre au service « contrôle de gestion ». Il a été chargé de contrôler ses collègues « contrôleurs de gestion ». Avant d'envoyer à la direction les chiffres définitifs, il se charge de faire une première analyse pour dépister d'éventuelles erreurs matérielles. Ces dernières semaines, les erreurs se multiplient. Christian veut réagir.

Pendant tout un mois, avec conscience, il s'applique à vérifier que l'informatique fonctionne bien et que toutes les données sont transmises par les autres services. Mais la direction retourne un « mémo » sec pour se plaindre, encore une fois, de certaines erreurs qui rendent le document inutile.

Christian transmet la nouvelle à ses collègues de travail : « La direction m'a dit de vous faire savoir que les informations que vous traitez sont si décisives et importantes pour la stratégie de la société qu'elle m'a demandé de vous éplucher le travail en détail ; aucune faute n'est permise. Votre rôle est fatidique. C'est pourquoi, mes chers collègues, je vous propose de renforcer la qualité pour être de plus en plus sûrs des données traitées... »

Au cours des mois suivants, Christian intervient de plus en plus... Il s'excuse chaque fois auprès de ses collègues de les importuner ainsi : « Excuse-moi, mon vieux, de t'embêter ainsi, mais tu sais... notre travail est attendu chaque mois par la plus haute autorité de la société et il en fait grand cas... Les conséquences de vos analyses sont essentielles... »

Peu à peu, le contrôle se resserre, mais ses collègues l'acceptent. Un jour, il les entend discuter entre eux :

« Tu ne crois pas qu'il exagère un peu avec ses contrôles...
– Écoute, il faut bien comprendre que nous avons un rôle fatidique, essentiel, dit l'un...
– Nécessitant une qualité « zéro défaut », renchérit un autre... La direction lui a dit...
– Dans un tel contexte, comment veux-tu aller contre ce qu'il demande ? »

Vous repérez les 5 utilisations de l'effet expert, bon usage ou usage abusif.

2. La peur de l'exclusion : l'effet harmonie

Un cas : une usine en mutation

■ C'est une usine de pneumatiques située en province. La direction a décidé une formation à la qualité en vue de la certification et pour se renforcer vis-à-vis de la concurrence. Durant cette formation, un séjour des ouvriers dans les dépôts et centres de distribution [1] installés dans toute la France est organisé par roulements. On ne voit pas de grands changements au début. Quand le troisième groupe revient, les « anciens » qui ont vécu le séjour commencent à discuter entre eux : « Ce n'est pas possible que cela continue ainsi dans l'atelier. On en voit qui ne font pas ce qu'il faut

1. Histoire authentique.

pour la qualité... » Un autre renchérit : « Il faudrait qu'ils voient ce que nous avons vu... » Un troisième, de raconter : « Tu te souviens quand on a vu le chauffeur de camion revenir et faire rouler son pneu abîmé en criant : « C'est fini, j'achète à la concurrence... "Vos pneus ne valent rien..." ? S'ils avaient vu ça, ils feraient attention à la qualité... » Quelque temps plus tard, une ouvrière fait la leçon à sa collègue qui n'avait pas l'air de respecter les consignes pour la qualité. Celle-ci l'envoie balader. Le temps passe et le nombre d'agents de production qui ont participé à la formation et au séjour chez les distributeurs grandit. Le groupe des anciens se retrouve de plus en plus souvent entre eux. Ils commencent à devenir majoritaires et à faire pression sur leurs camarades pour que les autocontrôles qualité soient mieux respectés et faits avec grande attention. L'effet séjour, comme on l'a appelé plus tard, se fait de plus en plus sentir. Les résultats qualité s'améliorent. Les rebuts diminuent. Un jour, des visiteurs extérieurs viennent. Un ouvrier qui revenait d'un séjour et était peu convaincu de la nécessité de pousser la qualité à ce point est chargé d'expliquer le système qualité et les formations (avec séjour), car celui qui le faisait habituellement est malade. À l'étonnement général, ses camarades l'entendent vanter la méthode de formation et les résultats qualité extraordinaires qui ont été constatés. De toute façon, maintenant, tout le monde fait bien plus attention à l'autocontrôle. Et pourtant, personne de la direction ou du management n'est venu leur faire la leçon...

Débat en petit groupe : quels types de manipulation ont pu jouer ? était-ce un bon usage ou un usage abusif ? serait-ce possible dans votre entreprise ? si non, pourquoi ? connaissez-vous d'autres exemples similaires ?

Isolement et incertitudes

Échange d'expériences par des stagiaires lors de leur arrivée dans un service soit comme nouvel embauché, soit comme nouvel arrivant après une mutation. En reprenant les éléments fournis dans l'exposé 4, au paragraphe « Les circonstances stratégiques où l'espoir d'harmonie s'accroît », chacun compare entre ce qu'il a vécu et les phénomènes de manipulation décrits.

Quelles manipulations j'utilise pour manager mes collaborateurs en créant un esprit d'équipe ?

Mettre les stagiaires en groupe de discussion.
– Chaque stagiaire raconte à son groupe de discussion ses façons de faire pour créer un esprit d'équipe.

Pendant ce temps, les autres notent ce qui correspond à l'utilisation honnête et bénéfique :
– Une harmonie réaliste au service des personnes.
– L'art de savoir profiter honnêtement des circonstances.
– Les manipulations réciproques collectives.

Pendant ce temps-là, d'autres notent les usages abusifs :
– Abuser de la peur de l'exclusion : le compromis excessif.
– Abuser de certaines situations où croît l'espérance d'harmonie (l'arrivée d'un nouveau, les divisions et querelles de personnes, les attaques extérieures des autres services...).

La partie 2 de cet exercice ne comporte pas de corrigé.

Corrigé de la partie 1 p.181

Le goût de l'exceptionnel et l'irrésistible comparaison

5

exercices

1. Jouer de l'attirance pour l'exceptionnel

Autodiagnostic : êtes-vous manipulable par l'effet exceptionnel ?

Chaque exemple de comportements d'une personne sensible à l'effet exceptionnel, et donc manipulable, peut vous décrire plus ou moins. Pour traduire ce degré de ressemblance, donnez un score comme suit :

– C'est tout à fait moi .... 7 points
– Ça me ressemble assez bien .... 4 points
– Ça me ressemble parfois .... 2 points
– Ça ne me décrit pas du tout .... 0 point

Si vous avez la chance d'avoir, parmi vos amis de confiance qui vous connaissent bien, une personne qui accepte de donner son opinion tel qu'un témoin de confiance, faites-lui répondre à ces questions.

N°	Exemples de comportements	Degré de ressemblance avec moi	Témoin
1	J'aime être préféré à d'autres. Je vis très bien la sélection : que le meilleur gagne.		
2	Je dois me sentir inférieur au fond de moi, car j'ai besoin de montrer aux autres que je suis mieux qu'eux.		
3	Rien ne me fait plus plaisir que d'avoir un avantage que les autres n'ont pas. J'aime les privilèges.		
4	Il m'arrive de rêver d'être célèbre et connu. J'accepterai beaucoup de choses pour y arriver.		

N°	Exemples de comportements	Degré de ressemblance avec moi	Témoin
5	J'adore être dans les secrets, savoir ce que les autres ne savent pas et leur faire savoir que je connais des secrets qu'ils ne connaissent pas.		
6	La compétition ne me fait pas peur, au contraire, que ce soit avec moi-même ou avec les autres.		
7	J'ai besoin d'être admiré et apprécié. Je suis sensible aux compliments.		
8	Je transgresse les interdits rien que pour le plaisir : être au-dessus des lois, c'est une façon d'être au-dessus des autres.		
9	On dit de moi, « Il n'en fait qu'à sa tête. »		
10	Relever des défis et des challenges difficiles me grise. Je suis prêt à me battre.		
11	J'ai besoin de liberté et d'autonomie.		
12	Je crois que je m'estime peu, c'est pourquoi j'ai tant besoin de reconnaissance et d'admiration.		
13	Je suis prêt à changer de travail si cela me permet d'être plus indépendant.		
14	Je suis facilement frustré et avide de réussite.		
15	Je suis indépendant(e) et je garde jalousement mon espace personnel.		
16	J'aime les honneurs, les reconnaissances publiques et être bien considéré.		
17	Je dépends de l'opinion et des avis des autres qui ont toujours beaucoup d'importance, surtout s'ils sont supérieurs à moi.		
18	J'aime prendre des initiatives : on me dit dynamique et actif (ve).		
19	J'aime me faire remarquer et dépasser mes collègues.		
20	Je crois que j'ai besoin de me prouver à moi-même que je suis quelqu'un de valable.		

Qui peut abuser de moi et quelles situations peuvent m'être défavorables

Ce travail peut se faire individuellement ou en groupe.

– Vous dressez la liste des personnes de votre entourage et vous donnez un score de 1 à 10 pour indiquer jusqu'à quel point il y a risque d'être manipulé par cette personne. Vous faites la même analyse en indiquant les personnes qui sont bénéfiques pour vous en vous manipulant ainsi.

– Vous décrivez aux membres du groupe les circonstances où vous avez été abusé par l'effet exceptionnel. Vous cherchez ensemble s'il y a des points communs entre toutes ces situations pour pouvoir les repérer quand elles se reproduiront et pouvoir mieux vous défendre.

– Vous sélectionnez les moments où, au fond, ces circonstances vous ont motivé à agir de façon bénéfique et efficace pour vous.

Comment se défendre de l'abus de l'effet exceptionnel ?

Cet exercice ne vous concerne que si vos résultats ont dépassé le score de 81. Mais les autres peuvent vous aider.

On constitue des groupes mixtes où les stagiaires qui ont eu des scores en dessous de 81 se mêlent avec ceux qui ont eu plus de 81. Les participants échangent sur les moyens de défense qu'ils utilisent pour éviter d'être abusés. Ceux qui savent mieux le faire (moins de 81) témoignent auprès de ceux qui ont plus de difficulté (plus de 81). Des cas précis de participants sont discutés pour voir comment ces moyens généraux de défense peuvent être adaptés selon les circonstances et les caractères de chacun (relire dans l'exposé 5 « L'art de se défendre de ce type de manipulation »).

Comment utiliser de façon honnête et bénéfique l'attirance pour l'exceptionnel ?

En travail de groupe (puis mise en commun), chaque participant échange des idées pratiques à utiliser, autour des thèmes suivants :

– Comment développer un exceptionnel justifié et équitable ?

– Comment accroître la considération que l'on porte à chaque personne pour qu'elle se sente davantage considérée ?

Ensuite, relire dans l'exposé 5 « Utilisation honnête et bénéfique de cette manipulation ».

2. Jouer du choc des comparaisons : Tout est relatif

Un cas : une opération prospect très difficile

■ Agnès est chef des ventes et doit encourager Jean, un de ses vendeurs. En effet, il lui semble peu motivé en ce moment et n'a pas trop le moral. Pourtant, il est tout à fait capable et compétent. C'est dommage. Elle a besoin de lui pour prospecter dans un secteur. Le problème est que c'est un secteur assez facile et elle a peur que Jean trouve cette mission trop facile. Comment s'y prendre ? Quelque temps plus tard elle a trouvé. Facile, facile, est-ce vraiment vrai ? Pour elle, peut-être, vieille habituée de la prospection, mais au fond ce n'est pas si vrai. On peut même considérer que cette approche est difficile pour qui a moins d'expérience. Son plan est trouvé. Elle convoque Jean à un entretien et présente l'affaire sous un jour tout à fait différent. Elle annonce : « C'est une affaire très difficile, vous n'êtes pas obligé d'accepter, réfléchissez avant de donner votre accord, je comprendrai si vous refusez, vous qui n'avez quasiment jamais d'échecs, etc. Elle sait que Jean n'est pas un timoré. Comme elle s'y attendait, quelque temps plus tard, elle le revoit et lui demande :

« Alors, votre décision... ?
- Tout bien réfléchi, j'accepte le challenge...,
- Bravo, Jean, je savais que vous alliez relever le défi... S'il y a un problème, n'hésitez pas à m'appeler... Je suis là pour vous aider...
- Merci, je vous tiens au courant... ».

D'ailleurs, Agnès était elle-même de plus en plus persuadée que ce n'était pas forcément si facile de prospecter dans ce secteur. Elle se souvenait avec horreur de son chef des ventes qui lui disait toujours pour l'encourager : « Vous venez, Agnès, c'est facile... Une femme comme vous, il n'y aura pas de problème... » C'était l'horreur, car c'était bien sûr pas si facile que cela... (qui a vu une prospection facile ?). « Au fond, se disait-elle, je n'ai fait que lui annoncer ce qui va être une réalité pour lui en exagérant peut-être un peu, et encore ? »

Quelque temps plus tard, elle revoit Jean, en pleine forme, tout heureux, hypermotivé. L'opération a bien marché ».

Que pensez-vous de cette façon de faire ?

Est-ce un bon usage ou un mauvais usage ?

Quels sont les avantages et les dangers de cette façon de faire ?

Un cas : un groupe de travail RTT [1]

■ La loi des 35 heures amène une réorganisation du travail et des activités de chacun. Patrick, chef du service, décide de créer des groupes de travail pour que tout se passe au mieux. Il va composer des groupes. Il veut éviter que Daniel fasse partie d'un groupe. Ses collègues, qui le connaissent bien (il est impossible à vivre et va casser toutes les possibilités d'efficacité du groupe), n'en voudront sûrement pas. Mais, malchance, Patrick sait qu'il sera le premier à se présenter, car il adore les discussions de groupe, et si on ne le met pas dans un groupe, il sera vexé.

1. RTT : réduction du temps de travail.

Comment s'arranger sans le vexer pour qu'il ne vienne pas ? Patrick réfléchit plusieurs jours. Tout à coup, en voiture dans des embouteillages, lui vient une idée. Il rencontre Daniel dans un couloir et lui dit : « On va faire des groupes de travail pour la mise en place de la RTT, je compte sur vous, ce sera surtout l'occasion de discussion et d'échange (ce que Daniel adore). Je n'ai pas le temps de vous en dire plus, on en reparlera. – Volontiers ! » répond Daniel, ravi de pouvoir parler en groupe, échanger avec d'autres, et se mettre en valeur car il sait bien discuter et débattre. C'est sa spécialité. Quelques jours se passent. Daniel y pense et se réjouit déjà de sa présence dans le groupe : ce sera sûrement dans les locaux, sur place. Il n'y aura pas de propositions à faire où il faut s'engager : épatant ! Patrick organise une réunion avec les futurs membres des groupes RTT. Il précise quelques points :

« – La direction souhaite des groupes interservices pour préciser les coordinations : réunions, tantôt chez les uns, tantôt chez les autres. »

Daniel est surpris. Il ne s'attendait pas à cela. Il commence à s'inquiéter : il devra aller au nord de Paris, alors qu'il travaille et habite au sud.

« – Chaque membre devra apporter des suggestions pratiques écrites et justifiées, demandant les avis techniques précis de leurs collègues qui ne viennent pas aux réunions. »

Daniel a horreur de ça. Décidément, il va de surprise en surprise : écrire, s'engager sur des plans techniques précis, être obligé de travailler avec des collègues qui ne seront pas forcément motivés. « Dans quelle sale affaire je me suis embarqué », pense-t-il.

« – Bien sûr, il n'est pas possible en ce moment de diminuer le rythme de travail, c'est la période des fêtes et on ne peut pas retarder les nombreuses commandes. La direction demande un effort supplémentaire maintenant, mais la RTT bien organisée assurera à tous une vie beaucoup plus équilibrée avec des moments de repos et de loisirs supplémentaires. »

Quelque temps plus tard, Patrick rencontre Daniel. Il lui tend la perche : « Ça va ? Bientôt, les groupes RTT, je compte sur vous, j'espère... » Et Daniel répond : « Justement, je voulais vous dire, il y a peut-être un problème, en ce moment, ma femme est enceinte, c'est pour bientôt, et mes déplacements au nord, elle sera inquiète si je rentre plus tard, enfin, Patrick, je ferai ce que vous voulez, bien sûr. – Je comprends, Daniel, mais ça m'ennuie beaucoup, car je comptais sur vous ; tout le monde sait que vous mettez beaucoup d'animation dans un groupe, enfin, je ne veux pas non plus vous donner du travail supplémentaire, surtout en ce moment, je sais ce que je sais, je viens d'avoir une petite fille, écoutez, on réfléchit, mais ne vous sentez pas obligé, ce n'est pas un problème, je comprends. – Merci, Patrick, merci, je vais réfléchir. – O.K.., je dois décider demain la composition des groupes. Vous dites à ma secrétaire ce que vous décidez. »

En fin de journée, la secrétaire de Patrick lui annonce : « Daniel a téléphoné pour dire qu'il regrettait beaucoup, mais qu'il ne pourrait pas participer aux groupes RTT. »

Quelle manipulation a utilisé Patrick pour obtenir de Daniel ce refus qu'il souhaitait ?

Corrigé p. 184

La tentation de l'innocence

6

1. Mettre en jeu les systèmes de valeur

La manipulation par les valeurs est très puissante. Pour cela, il est utile de connaître les types de valeurs que vous utilisez et avec quelles personnes ou groupe de personnes pour obtenir ce que vous voulez.

En face de la valeur indiquée, vous précisez le nom de la personne ou du groupe de personnes (les vendeurs du secteur ouest, le service paie, le siège) qui vous semblent sensibles à cette valeur et se trouvent ainsi manipulables.

Vous indiquez aussi le degré d'adhésion de la personne à cette valeur et le degré de mise en pratique de celle-ci par la personne.

– Si elle applique peu mais y croit moyennement, elle devient peu manipulable, elle est en train de perdre son adhésion à cette valeur.

– Si vous souhaitez renforcer une valeur chez une personne pour vous être utile, vous lui donnez l'occasion de l'appliquer et d'y trouver satisfaction. Pour l'en dégoûter, vous lui donnez l'occasion de l'appliquer à son détriment.

– Pour indiquer l'intensité de l'adhésion, vous mettez :

1. Très faible adhésion (proche du rejet).
2. Adhésion moyenne.
3. Adhésion assez forte.
4 Très forte adhésion.

– Pour indiquer le degré d'application, vous mettez :

1. Très faible application.
2. Application moyenne.
3. Application assez fréquente.
4. Application très fréquente.

– Pour indiquer que vous voulez renforcer une valeur, vous mettez la lettre R. Si vous voulez la diminuer, vous mettez la lettre D.
– Automanipulation :

Vous mettez votre nom ou « moi-même » pour savoir les valeurs qui peuvent vous rendre manipulable et celles que vous souhaitez renforcer ou diminuer.

Valeur	Nom de la personne ou du groupe	Degré d'adhésion	Degré de mise en pratique	Renforcer (R) Diminuer (D)
Participation				
Responsabilité				
Esprit constructif				
Solidarité				
Tolérance				
Respect des règles				
Initiative				
Esprit d'équipe				
Implication				
Confiance				
Franchise				
Respect réciproque				
Consensus				
Souci de la qualité				
Service aux clients				
Autonomie				

Vous continuez cette liste et vous sélectionnez les valeurs qui vous paraissent essentielles à développer. En stage, ce travail peut se faire en groupe.

2. Autodiagnostic sur l'utilisation de la tentation de l'innocence

Utilisez-vous la tentation de l'innocence pour obtenir des autres ce que vous voulez ?

Chaque exemple peut plus ou moins vous décrire : donnez-lui un score comme suit :

– C'est tout à fait moi . . . . 7 points
– Ça me ressemble assez bien . . . . 4 points
– Ça me ressemble parfois . . . . 2 points
– Ça ne me décrit pas du tout . . . . 0 point

N°	Pour obtenir ce que je veux d'une personne…	Degré de ressemblance
1	Je la mets en compétition avec elle-même : « Vous ferez encore mieux que la dernière fois… »	
2	Je me soucie des valeurs qu'elle veut respecter pour lui demander d'agir dans ce sens.	
3	Je n'ai pas le besoin de partager les mêmes valeurs qu'elle pour l'amener à agir dans le sens de ses valeurs à elle. Pourvu qu'elle fasse ce que je veux.	
4	Je commence ma phrase par une expression qui l'oblige à être d'accord, puisque j'indique une valeur évidente pour elle.	
5	Au nom des valeurs de l'autonomie et de la responsabilité, je la laisse se faire elle-même compliment et reproche.	
6	Si elle est perfectionniste, il suffit de lui dire que ce n'est pas très bien ce qu'elle a fait pour obtenir d'elle tout ce que l'on veut.	
7	Pour obtenir la même chose, avec l'une je parle de solidarité, avec l'autre, d'épanouissement et avec une troisième, de soucis et de qualité.	
8	J'aime bien jouer des valeurs en faisant des compliments. « On dit de vous que vous êtes… précise, serviable… C'est pour cela que je vous le demande. » Elle accepte en général.	
9	Il y a souvent grand désir de rachat quand elle a transgressé ses valeurs. Je m'arrange pour que ce que je lui demande apparaisse être un rachat et elle a du mal à refuser.	
10	Quand elle est très convaincue, j'évite de l'attaquer sur ses convictions, car j'ai remarqué que mes arguments la renforçaient plutôt, surtout en public.	
11	Je responsabilise la personne, c'est un bon système pour obtenir ce que l'on veut d'elle, car elle a envie d'être à la hauteur. Autrement, elle rejette ce qui ne va pas sur celui qui est responsable.	

N°	Pour obtenir ce que je veux d'une personne…	Degré de ressemblance
12	Je cherche à savoir le degré de culpabilité qu'elle ressent si elle n'applique pas ses principes ; je sais ainsi si elle y croit, et donc si elle est manipulable.	
13	Je me préoccupe davantage du désir de réparation qu'elle manifeste que de l'erreur elle-même, car c'est ce qui peut me permettre d'obtenir beaucoup plus.	
14	Si je veux renforcer ses convictions que je trouve utiles et excellentes, je lui parle de tous ceux qui sont opposés à ces convictions et contre lesquels il faut se défendre. J'ajoute : « Car on est cerné et il faut se battre pour les conserver. »	
15	Je lui confie des missions, cela permet d'avoir beaucoup d'influence sur elle : car elle souhaite réussir la mission confiée et fera donc tout ce qu'il faut pour y arriver sans que je m'en occupe.	
16	Je veille à ce que les règles que je préconise pour moi et pour elle se réfèrent à des valeurs partagées : c'est une force pour la mise en pratique.	
17	Si elle se trouve en tort vis-à-vis de moi, j'attends quelque temps pour profiter de son éventuel désir de réparation sans que cela se voit trop.	
18	J'utilise les moqueries, les rires et la dérision, surtout s'il y a une majorité en ma faveur. C'est plus efficace que les reproches sérieux ou lui faire la morale.	
19	S'il s'agit d'un groupe de personnes, je joue sur la responsabilité collective et les réputations qu'il faut maintenir et accroître : tout le monde est mobilisé, se sent responsable et s'automanipule.	
20	Je ne fais jamais la morale, je cherche d'abord à voir quelle est sa morale et je l'utilise, car je sais qu'elle veut s'y conformer.	
21	J'aime bien lui faire des compliments précis pour une action concrète, car c'est la meilleure façon d'obtenir qu'elle recommence sans que l'on ait besoin de lui demander.	
22	Je ne lui fais des reproches que si je sais qu'elle se fait les mêmes à elle-même. Autrement, c'est inefficace et même dangereux, car très vite elle va m'en vouloir.	
23	Je lui donne des objectifs élevés qui la poussent à se dépasser elle-même, car si elle n'y arrive pas, elle se sentira coupable.	
24	Je sais que personne ne peut appliquer tout le temps ses principes, ce qui me permet de la mettre en contradiction et en faiblesse : je trouve ainsi toujours une faille pour prendre le dessus.	
25	Je m'arrange pour ne pas la féliciter sur certaines actions que je ne souhaite pas la voir faire trop souvent. En général, c'est plus efficace que de lui dire directement de ne pas agir ainsi.	
26	Je ne lui donne pas de récompense, sauf pour les actions que je souhaite la voir recommencer.	

N°	Pour obtenir ce que je veux d'une personne…	Degré de ressemblance
27	Je préfère la laisser se fixer elle-même ses objectifs. Elle sait que celui qui vise haut est bien vu.	
28	Parfois, lui pardonner une erreur est le meilleur moyen d'obtenir beaucoup ensuite, car elle a encore davantage besoin de réparer.	
29	Je la mets en compétition, surtout avec celles qui ont les mêmes valeurs, pour permettre des comparaisons crédibles pour elle, c'est-à-dire des normes et critères comparables.	
30	Je cherche à trouver les valeurs que j'ai en commun avec elle. Ainsi je suis encore plus sincère (donc je manipule mieux) quand je lui demande d'agir dans le sens que je veux, tout en mettant en pratique nos propres valeurs communes.	

Corrigé p. 186

Corrigés des exercices

Corrigé de l'exercice 1

1. Autodiagnostic : êtes-vous manipulateur, au sens habituel du terme ?

Vous additionnez les scores que vous avez mis dans la colonne « degré de ressemblance ».

– Si vous trouvez de 121 à 210

Vous êtes vraiment franc et honnête, au fond. Osez dire ainsi que vous êtes manipulateur ! Bien sûr, c'est un autodiagnostic secret pour vous. Au moins, vous ne vous mentez pas à vous-même. Vous devez déjà vous apercevoir que la simple manipulation classique a des inconvénients, autrement vous n'auriez pas fait cet exercice. Oui, il y a danger pour vous, comme vous vous en doutez ! Attention à l'effet boomerang décrit dans l'exposé 1. Au bout d'un certain temps, les gens s'aperçoivent qu'on les manipule à leur insu, commencent à vous en vouloir, vous font une mauvaise réputation et cherchent à se venger : la méfiance s'installe. Quelquefois vous avez remarqué qu'au fond vous avez agi autant pour votre bien que pour celui de votre interlocuteur. Quand la personne s'en aperçoit et vous en parle quelque temps plus tard, elle vous en remercie et trouve que vous avez eu raison d'agir ainsi : c'était bénéfique et honnête. C'est cela que ce livre appelle « le bon usage de la manipulation », que vous pratiquez déjà. À la lecture des exposés, vous allez encore accroître vos capacités en ce domaine, car vous êtes doué !

Peut-être, êtes-vous surpris en apprenant ce résultat. C'est ennuyeux, car vous avez sans doute les résultats de l'effet boomerang : méfiance, passivité et fermeture excessive vis-à-vis de vous ou, au contraire, aggressivité, etc. (voir l'exposé). Et vous ne saviez pas que vous en étiez en partie la cause par votre comportement de manipulateur. Relisez les phrases où vous avez répondu 7 et voyez comment ces façons de faire peuvent avoir des conséquences négatives et dangereuses pour vous ! Enfin, vous êtes naturellement doué pour la manipulation. Il vous manque d'être lucide sur vous pour mieux trier le bon usage de l'usage abusif. Ce livre est écrit pour vous y aider. Bonne lecture !

– Si vous avez de 81 à 120
Vous savez utiliser la manipulation avec modération. C'est bien. Dans certains cas, peut-être encore trop. Ce livre va vous permettre de continuer à l'utiliser, mais de façon plus professionnelle et plus systématique, pour éviter les abus et développer le bon usage. Repérez les exemples où vous avez mis 7 points et réfléchissez aux conséquences négatives possibles (lisez l'exposé 6 et les résultats du boomerang).

– Si vous avez moins de 81
Bravo, vous pratiquez les relations claires et honnêtes. Peut-être avez-vous parfois des ennuis et des retours de flamme inattendus, alors que vous êtes sincères et directs. Ce livre va vous faire comprendre pourquoi. Vous allez découvrir que l'on peut parfois être moins clair et moins direct, tout en restant honnête, pour mieux s'adapter à son environnement et pour obtenir ainsi plus aisément ce que l'on souhaite. C'est ce qui est appelé le bon usage de la manipulation. Bien que le mot de « manipulation » vous fait horreur (et vous avez raison), apprenez qu'il existe une façon valable de s'en servir. C'est ce que vont vous expliquer les différents exposés.

Corrigé de l'exercice 2

1. Autodiagnostic : utilisez-vous le désir de persistance ?

Vous additionnez les scores que vous avez mis dans la colonne « degré de ressemblance ».

– Si vous trouvez de 161 à 280
Vous êtes un habitué. Vous aimez bien utiliser ce type de manipulation, peut-être trop ! En faites-vous un bon usage ou en abusez-vous ? Lisez les paragraphes de l'exposé consacré à ces questions. Relisez les exemples où vous avez un score de 7 points : découvrez les risques d'abus à éviter et les bons usages à poursuivre. Réfléchissez aux conséquences positives ou négatives suivant les personnes.

– Si vous trouvez de 81 à 160
Vous savez utiliser ce type de manipulation, mais avec modération. Il doit bien vous rendre service. Êtes-vous sûr d'en faire un bon usage ? Lisez l'exposé consacré à ces questions. Relisez les exemples où vous avez mis 4 ou 7 points et découvrez les risques d'abus à éviter et les bons usages à poursuivre. Réfléchissez aux conséquences positives ou négatives selon vos interlocuteurs.

– Si vous trouvez moins de 81
Ce n'est vraiment pas votre façon d'agir et même vous n'aimez pas vous comporter ainsi. Pourquoi ? Il y a quelques astuces

utiles, honnêtes et bénéfiques qui vous permettent d'obtenir plus facilement ce que vous voulez. Relisez le questionnaire et cochez les exemples qui vous semblent facilement applicables pour vous. Osez mettre en pratique et expérimenter des façons différentes pour voir si les résultats sont bénéfiques pour vous et votre interlocuteur.

Conclusion
Reprenez ce questionnaire et voyez les utilisations différentes (et même opposées) qui peuvent être faites du désir de persistance suivant les interlocuteurs. Un même exemple peut être de bon usage avec l'un et d'un usage abusif avec l'autre. Vous le saurez en constatant si les conséquences ont été ou non bénéfiques et honnêtes pour vous et pour lui. Si ce n'est pas clair pour vous, relisez l'exposé 2, chapitre 4 « Du bon usage de l'effet de persistance ».

Corrigé de l'exercice 3

1. Créer et utiliser des situations propices

Cas : l'arrivée d'un nouveau

Les ruses utilisées par Thierry pour abuser de son collègue de travail sont :
– Être facilement d'accord sur tout ;
– Montrer une proximité culturelle ;
– Devenir familier en se mettant souvent dans son paysage, comme par hasard, alors que c'est calculé ;
– Faire croire par rumeur interposée qu'il a des relations avec la direction ;
– Savoir être vu avec des personnes de la direction pour renforcer la rumeur ;
– Prétendre que l'on peut être un intercesseur sans le faire vraiment.

Voir le côté positif de son interlocuteur.
Voici une liste de défauts, trouvez le côté positif

1. Pessimiste ou « Il est lucide ».
2. Agressif ou « Il est dynamique ».
3. Agité ou « Il est actif ».
4. Démagogue ou « Il est humain ».
5. Désordonné ou « Il est créatif ».
6. Écorché vif ou « Il est pour l'harmonie ».
7. Excessif ou « Il ne cache pas ses sentiments ».
8. Formaliste ou « Il est organisé ».
9. Inquiet ou « Il est conscient ».

10. Intolérant ou « Il est engagé ».
11. Moqueur ou « Il aime blaguer, il ne faut pas le prendre mal ».
12. Maniaque ou « Il aime le travail bien fait ».
13. Méfiant ou « Il n'est pas naïf ».
14. Opportuniste ou « Il est diplomate ».
15. Fermé ou « Il est discret ».
16. Scrupuleux ou « Il est persévérant ».
17. Dépendant des autres ou « Il aime travailler en équipe ».
18. Sphinx ou « Il est maître de lui ».
19. Vaniteux ou « C'est un communicateur ».
20. Solitaire ou « Il est réfléchi ».
21. Utopiste ou « Il est moderne ».

2. Déclencher le mécanisme de l'échange réciproque

Corrigés de l'autodiagnostic : êtes-vous manipulable à l'échange réciproque ?

Vous additionnez les scores que vous avez mis dans la colonne « degré de ressemblance avec moi » et le témoin qui vous connaît additionne les scores qu'il a mis, et qui lui semblaient correspondre à ce qu'il connaît de vous.

– Si vous trouvez de 121 à 210
Attention, vous êtes en danger que l'on abuse de vous et que l'on vous amène à donner aux autres beaucoup plus que ce que vous souhaitez leur donner. Même si cela ne vous ennuie pas, réfléchissez quand même. Si cela vous ennuie, si vous vous sentez déjà exploité et si ce questionnaire ne fait que le confirmer, il est temps que vous vous entraîniez à vous défendre de votre générosité excessive. Reprenez les exemples où vous avez mis 7 points et voyez comment vous pouvez agir pour que, la prochaine fois, vous ne mettiez que 4 points. Lisez dans l'exposé 3 le paragraphe intitulé « L'art de se défendre des usages abusifs de ces situations propices ». Vérifiez auprès du témoin choisi parmi vos amis qui vous connaissent bien et vous apprécient pour remplir ce questionnaire que vous avez une vue raisonnable de la situation. Ce témoin n'a pas forcément la vérité, mais il peut vous donner l'occasion de réfléchir pour répondre à des questions de ce genre : vous n'êtes peut-être pas assez généreux(se) et vous avez le sentiment de vous faire exploiter, alors que vous ne faites qu'un échange équitable qui rend la vie plus facile et agréable pour tous (c'est le cas si le témoin a trouvé un score plus faible que vous et, encore plus, s'il trouve moins de 121).

Si le témoin trouve un score plus élevé que vous, attention, vous êtes peut-être vraiment trop influençable et vous manquez d'autonomie. On peut trop facilement vous amener à en donner beaucoup plus que vous ne le souhaitez. Vous pouvez d'ailleurs aimer ce trait de votre caractère. C'est votre choix, c'est votre droit. Vérifiez quand même qu'il n'y a pas une frustration inavouée qui vous rend triste et pas assez heureux dans la vie, étant donné votre situation. Assurez-vous que vous n'êtes pas aigri, trouvant les gens très égoïstes et bien ingrats (surtout si ce sont vos collaborateurs).

– Si vous trouvez entre 61 et 120
Vous avez peut-être un bon équilibre agréable pour vous et pour les autres entre la générosité et un juste souci de vos intérêts. Continuez ainsi, c'est sans doute bien trouvé. Tant mieux pour vous, vous avez de la chance ! Attention, malgré tout, aux avis de votre témoin s'il ne trouve pas le même résultat : vous n'êtes pas si généreux, mais tout simplement trop égoïste. Avez-vous des amis comme vous le souhaitez ? Vous sont-ils fidèles et gardez-les vous longtemps ?

Si le score de votre témoin est supérieur, voyez si votre équilibre « générosité-souci de vos intérêts » est si beau que cela. Vous vous faites peut-être des illusions et on vous exploite plus que vous ne le pensiez ? À réfléchir…

– Si vous trouvez moins de 61
Vous avez sans doute une peur excessive des autres et vous vous croyez trop facilement exploité pour un rien. Vous ignorez que, dans la vie, il faut savoir donner pour recevoir. Il faut se préoccuper de ses intérêts, et c'est légitime, mais vous avez l'air de trop vous en préoccuper ! Avez-vous autant d'amis que vous le souhaitez ? Ne souffrez-vous pas de la solitude ? N'êtes-vous pas déçu ?

Mais vous pouvez aussi vous trouver dans une situation qui vous convient. Alors, continuez d'agir ainsi. Mais si un jour vous avez un problème, souvenez-vous de ce résultat et voyez si une plus grande ouverture aux autres ne serait pas une solution pour être davantage heureux. C'est le moment ou jamais de demander à votre témoin ce qu'il pense. À vous de voir…

Corrigé de l'exercice 4

1. Le besoin de sécurité : l'effet expert

Savoir repérer si votre interlocuteur utilise l'effet expert

Est-ce que votre interlocuteur utilise la manipulation « expert » ?

Vous additionnez le nombre de croix que vous avez mis dans la colonne « C'est plutôt son genre ».

– Si vous trouvez moins de 30 à 40
Vous avez un interlocuteur très manipulateur avec la certitude qu'il en fait un usage abusif (sans savoir la fréquence exacte). Soyez plutôt attentif et réfléchi avec lui, c'est un grand rusé !

– Si vous trouvez de 15 à 29
Vous avez un interlocuteur qui sait utiliser l'effet expert. Ce n'est pas la peine de vous méfier outre mesure. Vous pouvez le laisser

manipuler lorsque c'est un bon usage pour vous. Vérifiez les conséquences au coup par coup.

– Si vous trouvez moins de 15
Votre interlocuteur n'utilise pas l'effet expert et c'est dommage pour lui. Il se prive d'une possibilité intéressante d'obtenir plus facilement ce qu'il veut des autres.

Entraînez-vous à repérer le bon usage et l'usage abusif de l'effet expert ?

– Le bon usage, lettre B, correspond aux n°s 9, 15, 30, 2, 8, 26, 32, 19, 13, 25, 4, 38, 34, 36, 17, 39, 37, 16, 10, 22.

– L'usage abusif correspond, lettre A, aux n°s 33, 24, 28, 35, 40, 11, 23, 5, 21, 27, 20, 1, 14, 31, 7, 29, 3, 6, 18, 12.

Si vous avez plus de dix erreurs, relisez le chapitre « Du bon usage de l'effet expert » dans l'exposé 4. Il est aussi possible que certains exemples, réputés en général abusifs, puissent se révéler de bon usage dans certains contextes que vous connaissez. À ce moment-là, vous ne le comptez pas comme une erreur puisque la loi reste : un mauvais usage se repère davantage par les conséquences négatives liées aux personnes concernées et à leur environnement que par un type de comportement. Cela dit, soyez prudent, car si vous avez mis ces façons de faire en usage abusif, c'est qu'elles se révèlent être considérées comme tel dans de nombreux cas vécus et observés !

Est-ce que votre interlocuteur fait un bon usage de l'effet expert ou au contraire en abuse-t-il ?

Vous utilisez le classement des phrases en B et A, indiqué au paragraphe précédent

Si vous trouvez en B

– Plus de 14 points : votre interlocuteur sait très bien utiliser l'effet expert pour un bon usage.

– De 7 à 13 points : votre interlocuteur sait utiliser l'effet expert, mais il en fait aussi un usage abusif. Méfiez-vous un peu, soyez attentif et réfléchi avec lui.

– Moins de 7 points : votre interlocuteur a de bonnes chances d'être un utilisateur abusif. Méfiez-vous. Soyez sur vos gardes. Relisez le paragraphe « Art de se défendre des abus de l'expert » de l'exposé 4.

Si vous trouvez en A

– Plus de 14 points : votre interlocuteur est un manipulateur malhonnête. Signalez-le autour de vous et organisez soigneusement votre défense, en cherchant des alliés.

– De 7 à 13 points : votre interlocuteur peut être dangereux. Signalez-le aux autres, mais vérifiez bien les conséquences positives ou négatives de ces façons de faire, car il peut aussi, à d'autres moments, en faire un bon usage. En un mot : soyez circonspect.

– Moins de 7 points : il peut être un peu dangereux, mais il n'est pas nécessaire de se méfier de façon excessive. Il doit savoir aussi en faire un bon usage. Vérifiez bien, au cas par cas. À l'occasion, vous pouvez, soit sur le mode de l'humour soit sur le mode préconisé par la méthode de l'affirmation de soi, lui faire savoir que ce n'est pas nécessaire d'abuser, car vous le repérez et vous n'allez pas vous laisser faire : « Avec moi, ça ne marche pas... Parlons franchement : qu'est-ce que vous voulez vraiment ? On en discute et on cherche ensemble un arrangement correct ! »

Un cas : « Comment aller contre ce qu'il demande ? »

Christian utilise 5 fois l'effet expert :

1. Il est un contrôleur de gestion très compétent, le sait et l'a fait savoir, puisque sa direction lui confie une mission d'expertise auprès de ses collègues.

2. Il a de bons contacts avec la direction qu'il cultive depuis longtemps et le fait savoir auprès de ses collègues.

3. Il a une bonne expertise des contacts humains et sait que sa mission est très délicate. Il prend deux précautions pour ne pas les heurter :

– il vérifie que les erreurs viennent de ses collègues et non d'autres services ;

– il ne répète pas ce que lui dit la direction sur ses collègues, car il sait qu'ils seront blessés.

4. Il sait que ce qui compte n'est pas la réalité, mais ce que croient les gens, et cela devient la réalité pour eux. Il leur dit « La direction m'a dit de vous dire que les informations traitées... (voir texte)... » Ce qui n'est pas complètement vrai et un peu exagéré. Il risque de les abuser quelque peu. Il a un bon résultat à court terme mais à moyen terme, c'est moins sûr. S'ils s'aperçoivent qu'il s'est fait accepter, et leur a demandé du travail supplémentaire en « gonflant » l'importance des informations, l'effet boomerang risque d'avoir lieu : il peut être « brûlé » pour longtemps. Tout dépend du contexte exact et des personnes en présence. Donc, là, il y a danger et risque.

5. Il leur annonce qu'ils ont « un rôle fatidique ». Il met en avant leur expertise qui est réelle, et c'est un bon usage. Mais, là aussi, le risque d'usage abusif est grand et l'effet boomerang va jouer à moyen terme, car il exagère leur rôle et leur expertise pour « les mettre dans sa poche ». Là aussi, tout dépend du contexte exact qu'un cas ne peut pas vraiment transmettre. En conclusion, attention, le risque est grand !

2. La peur de l'exclusion : l'effet harmonie

Un cas : une usine en mutation

Dans ce cas, les effets manipulatoires suivants ont joué :

– La force de similarité : peu à peu les anciens forment un groupe très solidaire et harmonieux.

– Ensuite, avec le nombre de plus en plus important d'anciens formés ayant connu le séjour, l'effet similarité devient très puissant.

– Les différences font les différents : la peur du conflit.

Au début, les anciens trop différents des autres n'osent pas intervenir. Ensuite, ce sont ceux qui n'ont pas été formés qui deviennent différents et n'osent plus intervenir contre un renforcement de l'autocontrôle.

– La pression majoritaire joue à plein et la qualité s'accroît.

– Être porte-parole c'est être le groupe. L'agent de production devenu porte-parole du groupe pour la visite de l'atelier ne peut que parler et présenter la formation et ses conséquences comme l'ensemble du groupe le présente, bien qu'il soit sceptique.

NB – Pour plus de détails, relire dans l'exposé 4, le paragraphe « Jouer de la peur de l'exclusion ».

Corrigé de l'exercice 5

1. Jouer de l'attirance pour l'exceptionnel

Êtes-vous manipulable à l'effet exceptionnel ?

Corrigé de l'exercice d'autodiagnostic.

Vous additionnez les scores que vous avez mis dans la colonne « degré de ressemblance avec moi » et le témoin qui vous connaît additionne les scores qu'il a mis et qui lui semblaient correspondre à ce qu'il connaît de vous.

– Si vous trouvez de 81 à 140

Attention, vous êtes en danger que l'on abuse de vous et que l'on vous amène à vous laisser prendre au mirage de l'exceptionnel à votre détriment. Même si cela ne vous ennuie pas vraiment, réfléchissez quand même et faites le bilan de ce que vous gagnez et de ce que vous perdez dans cette affaire, surtout à moyen terme. En général, c'est grisant sur le moment, mais, seulement plus tard, les inconvénients apparaissent. C'était le miroir aux alouettes qui brille au soleil et attire, mais les chasseurs (profiteurs) sont là ! Vous avez déjà (sûrement sans doute) vécu ce piège. Vous avez une confirmation avec ce questionnaire qu'il est temps que vous appreniez à vous défendre de ce penchant dangereux ! C'est vrai qu'il peut avoir des avantages. Faites en un bilan sérieux. Reprenez les exemples où vous avez mis 7 points et vérifiez si c'est bon pour vous ou si vous avez été abusé ! En ce cas, voyez comment vous pouvez agir pour que, la prochaine fois, vous ne mettiez que 4 points. C'est peut-être utile de se laisser manipuler mais à cette fréquence, il faut bien réfléchir ! Lisez dans l'exposé 5 le paragraphe intitulé « L'art de se défendre de ce type de manipulation ».

Vérifiez auprès du témoin que vous avez une vue raisonnable de la situation. Ce témoin n'a pas forcément la vérité, mais il peut vous donner l'occasion de réfléchir. Si le témoin trouve un score encore plus élevé que vous, attention, vous êtes peut-être encore plus manipulable.

– Si vous trouvez entre 41 et 80
Vous avez peut-être trouvé un bon moyen de vous stimuler pour aller de l'avant et oser vous confronter à la compétition. Continuez ainsi. C'est sans doute bien trouvé. Tant mieux pour vous, vous avez de la chance. Vérifiez bien que chaque exemple que vous avez choisi est bénéfique pour vous. N'hésitez pas à pointer les exemples qui vous entraînent à agir contre vous, grisé par votre goût de l'exceptionnel. Demandez l'avis de votre témoin s'il ne trouve pas le même score que vous. Peut-être êtes-vous encore plus manipulable que vous ne le dites ?

– Si vous trouvez moins de 41
Vous avez sans doute une peur excessive de l'exceptionnel. Êtes-vous sûr de ne pas vous enfermer dans la routine ? N'avez-vous pas un peu trop peur de la vie, de la compétition et des challenges ? N'avez-vous pas une crainte d'affirmer votre autonomie et votre indépendance face aux autres que vous n'osez pas déranger ! Enfin, chacun a son caractère et vit bien avec. Si ce n'est pas votre cas, voilà une belle occasion de vous remettre en cause !

2. Jouer du choc des comparaisons

Un cas : une opération prospect très difficile

Agnès utilise la manipulation « dramatisé » (cf., dans l'exposé 5, le paragraphe : « Utiliser ce conditionnement du présent par le passé : la manipulation par la comparaison »).

Elle dramatise la difficulté de prospecter dans un secteur tout en se demandant si son vendeur n'a pas raison de le faire, car elle se souvient de son chef de vente qui croyait l'aider en lui disant que c'était facile. « Ce qui est sans doute facile pour moi, expérimentée, ne l'est pas forcément pour mon vendeur, moins expérimenté. » Cela dit, elle gonfle artificiellement la difficulté pour être sûre de ne pas se tromper et jouer de l'effet contraste. Ayant tellement exagéré la difficulté, elle est quasiment sûre (mais on ne sait jamais) qu'il va réussir avec le sentiment d'un challenge difficile à surmonter… Selon le contexte concret, cette manipulation peut être positive et bien dosée ou, dans un autre contexte, apparaître un abus avec des conséquences négatives (cf. exposé 5 : les utilisations abusives de l'effet comparaison : exagération, simulation, etc.). Chacun est tout à fait capable de savoir s'il fait un bon usage ou un abus selon son contexte. Le débat sera très intéressant en stage.

Un cas : un groupe de travail RTT

Patrick utilise la manipulation « comparaison » en provoquant d'abord une acceptation pour obtenir ensuite un refus.

Il présente à la réunion le détail du travail qui, en soi, est assez banal pour tout groupe de travail. Mais il a eu l'astuce de commencer par annoncer de façon très vague ce qui allait se passer, qui reste vrai : il y aura beaucoup d'échanges et de discussions, sans préciser davantage. Patrick joue de l'effet « dramatiser », uniquement par comparaison avec ce qu'il dit ensuite : changement d'endroits, suggestions pratiques, techniques, nécessité d'écrire, préparation avec les collègues de travail pour recueillir les avis... L'effet comparaison joue à plein. C'est la douche écossaise ! Il respecte bien les conditions de réussite telles qu'elles sont présentées dans l'exposé 5 au paragraphe « Provoquer un acquiescement pour obtenir un refus », relisez-le et comparez.

Débat en groupe : est-ce possible d'agir ainsi dans votre milieu actuel ? est-ce que ce sera de bon usage ou abusif ? quelles conditions pour un bon usage ? Échanges d'expériences et de cas semblables...

Corrigé de l'exercice 6

Corrigé de l'autodiagnostic : utilisez-vous la tentation de l'innocence pour obtenir des autres ce que vous voulez ?

Vous additionnez les scores que vous avez mis dans la colonne « degré de ressemblance ».

– Si vous trouvez de 121 à 210
Vous êtes un habitué de la manipulation par la tentation de l'innocence. En faites-vous un bon usage ou en abusez-vous ? Lisez le paragraphe de l'exposé 6 consacré à ces questions. Relisez les exemples où vous avez un score à 7 points : découvrez les risques d'abus à éviter et les bons usages à poursuivre. Réfléchissez aux conséquences négatives ou positives selon les interlocuteurs.

– Si vous trouvez de 61 à 120
Vous savez utiliser ce type de manipulation, mais avec modération. Elle doit vous rendre bien des services. Êtes-vous sûr d'en faire un bon usage ? Lisez l'exposé 6 qui traite du bon usage de cette manipulation. Relisez les exemples où vous avez mis 4 ou 7 points et découvrez les risques d'abus à éviter et les bons usages à poursuivre. Réfléchissez aux conséquences négatives ou positives selon vos interlocuteurs.

– Si vous trouvez moins de 61
Ce n'est vraiment pas votre façon d'agir. Sans doute, vous n'aimez pas vous comporter ainsi. Pourquoi ? Il y a quelques astuces utiles,

honnêtes et bénéfiques qui vous permettent d'obtenir plus facilement ce que vous voulez. Relisez le questionnaire et cochez les exemples qui vous semblent facilement applicables pour vous : osez mettre en pratique et expérimenter des façons différentes pour voir si les résultats sont bénéfiques pour vous et votre interlocuteur.

Conclusion

Reprenez ce questionnaire et voyez les utilisations différentes (et mêmes opposées) qui peuvent être faites de la tentation de l'innocence suivant les interlocuteurs. Un même exemple peut être de bon usage avec l'un et d'un usage abusif avec l'autre. Vous le savez en constatant si les conséquences ont été ou non bénéfiques et honnêtes pour vous et pour lui. Si ce n'est pas clair pour vous, relisez l'exposé 1 « Du bon usage de la manipulation ».

Annexes

Plan d'autoformation

1 Faire l'exercice 1, *Autodiagnostic.*

2 Lire l'exposé 1.

3 Faire l'exercice 2, *Autodiagnostic.*

4 Lire l'exposé 2.

5 Lire l'exposé 3, chapitres 1 et 2.

6 Faire l'exercice 3, « Créer et utiliser des situations propices » et l'étude de cas.

7 Faire l'exercice 3, *Autodiagnostic.*

8 Lire l'exposé 3, chapitres 3 et 4.

9 Faire l'étude de cas de l'exercice 3, « Un cas : l'arrivée d'un nouveau bien sympathique ».

10 Faire l'exercice 4, *Autodiagnostic*

11 Lire l'exposé 4, chapitres 1 et 2.

12 Faire l'étude de cas de l'exercice 4, « Un cas : comment aller contre ce qu'il demande ? ».

13 Lire l'exposé 4, chapitres 3 et 4

14 Faire l'étude de cas de l'exercice 4, paragraphe 2

15 Faire l'exercice 5, *Autodiagnostic*

16 Lire l'exposé 5, chapitres 1 et 2 puis 3 et 4.

17 Faire l'exercice 5 : les deux études de cas.

18 Faire l'exercice 6.

19 Lire l'exposé 6.

20 Faire l'exercice 1, paragraphe 2.

Programme de session de formation d'une durée de trois jours

PREMIÈRE JOURNÉE

Matin : Découvrir une nouvelle approche de la manipulation

9 h 00	Présentation des participants. Objectifs de la session. Présentation de l'animateur. Le contrat triangulaire [1].
9 h 30	*Autodiagnostic* : êtes-vous manipulateur (exercice 1).
10 h 00	Mise en commun des résultats Débat sur la manipulation.
10 h 30	Pause.
10 h 45	Exposé sur la manifluence et le bon usage de la manipulation.
11 h 30	Groupe : exemples de manifluences.
12 h 00	Mise en commun.
12 h 30	Repas.

Après-midi : Le désir de persistance et les situations propices

14 h 00	Le désir de persistance. *Autodiagnostic* et mise en commun.
14 h 30	Exposé sur le désir de persistance.
15 h 00	Jeux de rôle sur le désir de persistance.

1. Cf. D. Chalvin, *Méthodes et outils pédagogiques*, ESF éditeur, 1999.

15 h 30	Pause.
15 h 45	*Les situations propices.* Exposé sur la situation propice.
16 h 15	Exercice : se forger une réputation positive.
16 h 45	Exercice : tisser des liens positifs (mes alliés).
17 h 15 – 17 h 30	Synthèse de la journée

Deuxième journée

Matin :
L'échange réciproque et le besoin de sécurité

9 h 00	*Autodiagnostic* : êtes-vous manipulable ?
9 h 20	Mise en commun.
9 h 30	Exposé sur l'échange réciproque.
9 h 50	Comment se défendre ? Les plus manipulables discutent avec les moins manipulables, par petits groupes.
10 h 15	Mise en commun.
10 h 30	Pause.
10 h 45	Exposé sur le besoin de sécurité et l'effet expert.
10 h 15	Savoir repérer le bon usage et l'usage abusif. Exercice 4. Questionnaire et mise en commun.
11 h 00	Étude de cas.
11 h 20	Mise en commun.
11 h 40	Jeux de rôles : utilisation de l'effet expert en cas de changement de méthode.
12 h 30	Repas.

Après-midi :
La peur de l'exclusion et le goût de l'exceptionnel

14 h 00	Étude de cas : une mise en mutation.
14 h 30	Mise en commun.
14 h 45	Exposé sur la peur de l'exclusion.

15 h 10	Échange sur les méthodes pour créer un esprit d'équipe.
15 h 30	Êtes-vous manipulable par l'effet exceptionnel ? *Autodiagnostic.*
15 h 45	Pause.
16 h 00	Mise en commun.
16 h 15	Exposé sur le goût de l'exceptionnel.
16 h 40	Groupe : exemple du bon usage de l'effet exceptionnel.
17 h 00	Mise en commun.
17 h 15 – 17 h 30	Synthèse de la journée.

Troisième journée

Matin : L'irrésistible comparaison et la tentation de l'innocence

9 h 00	Étude de cas : Une opération prospect très difficile.
9 h 30	Mise en commun.
9 h 40	Exposé sur l'irrésistible comparaison.
10 h 00	Étude de cas : un groupe de travail RTT.
10 h 20	Mise en commun.
10 h 30	Pause.
10 h 45	Utilisez-vous la tentation de l'innocence ? *Autodiagnostic.*
11 h 15	Mise en commun.
11 h 30	Exposé sur la tentation de l'innocence.
11 h 50	Travail individuel : chacun dresse la carte des valeurs à utiliser avec les personnes de son entourage pour les manipuler (en bon usage) en partant de la liste de l'exercice 6.
12 h 10	Mise en commun.
12 h 30	Repas.

**Après-midi :
Une méthode pour développer le bon usage
de la manipulation**

14 h 00	*Le bon usage de la manipulation.* Quels fondamentaux est-il possible et utile d'utiliser dans ma vie ? Travail en groupe : échanges sur les éléments des fondamentaux (voir exercice 1, 2e partie) déjà utilisés et leur degré de facilité d'utilisation et projets d'autres utilisations.
14 h 40	Mise en commun.
15 h	Travail individuel : conclusion sur la sélection des éléments que chacun décide d'utiliser selon les personnes et les situations.
15 h 15	Mise en commun.
15 h 30	Pause.
15 h 45	L'art de se défendre. Travail en groupe : échanges sur les manipulations auxquels chacun est particulièrement sensible et les moyens de s'en défendre déjà expérimentés et découverts durant le stage.
16 h 15	Mise en commun.
16 h 45	Travail individuel : conclusion sur les moyens que chacun décide d'utiliser selon les personnes et les situations.
17 h 00	Mise en commun.
17 h 15	Évaluation de stage.
17 h 30	Fin.

Lexique

Apprentissage social : chacun a tendance à modeler ses comportements sur les façons d'agir des personnes qui sont estimées dans la société où il vit. (Travaux de Bandura A.)

Automatisme : la majorité de nos actes sont effectués sans l'intervention de la réflexion ni de la volonté (Laborit). Heureusement, car il serait impossible d'accomplir tous les gestes de la vie de tous les jours pour vivre correctement s'il fallait chaque fois y réfléchir. Bien sûr, c'est aussi un moment propice pour être manipulé sans notre consentement.

Boomerang (l'effet) : c'est la revanche que prend une personne à l'encontre de la personne qui l'a manipulée quand elle s'est aperçue qu'on l'a fait agir, de façon occulte, à l'encontre de ses intérêts.

Cadre de référence : ensemble des valeurs, motivations et croyances qui guident une personne ou un groupe de personnes (groupe de référence) pour savoir comment se conduire dans la vie. Dès que l'on fait appel à ses références, la personne a tendance à s'y conformer.

Cohérence : être cohérent, c'est manifester de la continuité et de la logique dans ses idées et ses actes. Valeur prédominante dans notre société qui influence tous les comportements. En conséquence, chacun s'arrange pour que les autres et le monde lui apparaissent bien s'imbriquer dans une structure logique et continue, c'est-à-dire cohérente.

Communication : il y a communication quand un émetteur transmet à un récepteur une information par l'intermédiaire d'un canal (parole, geste, expression du visage, etc.) ; chacun de ses trois éléments a une influence sur le contenu même de l'information et la transforme (théorie de C.E. Shannon et W. Weaver). Communiquer, c'est transmettre un savoir ou un don, c'est faire partager à quelqu'un un sentiment ou un état, c'est agir sur l'autre, et par là l'influencer (voir *Influencer*).

Conditionnement : action plus ou moins complexe d'un stimulus qui, directement ou indirectement, provoque des réactions de plus en plus prévisibles. Conditionner, c'est influencer fortement le comportement et l'opinion de quelqu'un, d'un groupe, et le plus souvent sans qu'ils se rendent compte du processus.

Conformisme : chaque membre d'un groupe souhaite établir des liens positifs avec les autres par peur de la solitude (Max Pagès), rêve d'une harmonie fusionnelle (Didier Anzieu) où chacun s'identifie à l'autre et cherche à lui ressembler dans un conformisme sécurisant.

Conséquences (l'approche par les conséquences) : selon cette approche, l'efficacité positive ou négative de nos actes est jugée en fonction de ses conséquences sur l'autre. Par exemple, si je suis « persécuteur », la conséquence sera d'avoir en face de moi des personnes rebelles ou soumises, etc. L'analyse transactionnelle est la méthode qui a mis en lumière l'importance de juger la valeur d'une relation par ses conséquences plutôt que par ses intentions, selon la tradition habituelle. Dans cet ouvrage, la manipulation se juge en fonction de ses conséquences positives ou négatives.

Convaincre : art de développer raisons, preuves et arguments pour amener quelqu'un à reconnaître le bien-fondé de ses propres assertions ; c'est influencer par une approche majoritairement rationnelle et logique.

Croyances : c'est l'ensemble des certitudes subjectives qui guident la vie de chacun. Elles sont le fruit des expériences vécues par soi-même ou d'autres, qui montrent à chacun les façons d'agir réputées les meilleures pour s'en sortir dans la vie. Chacun sélectionne celles qui l'aident le plus. Le changement de croyances vient à la suite d'expériences différentes et nouvelles.

Dépendance : rapport de liaison étroite entre quelqu'un ou un groupe et ce qui le conditionne, le soumet à son autorité, le met en état de ne pas être autonome et de ne pas agir à sa guise à cause d'influences extérieures qu'il ne peut pas maîtriser.

Dissonance : sentiment de malaise qu'éprouve une personne quand elle se trouve dans une situation incohérente (L. Festinger). Elle sera prête à accepter toute injonction qui lui permettra de retrouver la cohérence.

Identification : phénomène vécu par une personne quand elle se sent très proche d'une autre ou de l'organisation dans laquelle elle vit, au point qu'elle se considère comme la personne elle-même ou l'organisation même, partageant attaque et estime : un puissant moyen de manipulation.

Inconscient : la majorité de nos actes sont inconscients, c'est-à-dire réalisés sans que nous nous en rendions compte avec lucidité et réflexion (voir *Automatisme*), selon l'avis des experts en sciences humaines, de Freud à Laborit et bien d'autres. Celui qui est conscient de ce qu'il fait prend le pouvoir sur celui qui en est moins conscient. L'opposé de l'inconscient est la lucidité.

Manipulation : action d'orienter la conduite d'une personne ou d'un groupe dans le sens que l'on désire et sans qu'ils s'en rendent compte. Synonymes : manœuvrer, tripoter, tripatouiller (populaire péjoratif).

Persuader : action d'amener à convaincre en rendant acceptable ce que l'on veut communiquer. La persuasion agit sur l'affectivité et pas seulement sur la raison selon un mélange difficile à séparer. Elle passe aussi par la conviction (voir ce mot) et ne craint pas les recours à la séduction, la manipulation (voir ce mot) ordinaire et toutes les formes d'exercice de l'autorité (voir *Pouvoir*) (Lionel Bellenger).

Phatique : c'est un des aspects de la communication, l'aspect « phatique », c'est-à-dire le repérage de tout ce qui permet d'améliorer la communication par des signes non verbaux (regard, synchronisation des gestes...) ou des encouragements à poursuivre la relation (R. Jakobson). C'est un aspect décisif de la manipulation.

Pouvoir : il y a relation de pouvoir entre A et B, quand A ou B agit d'une façon différente de ce qu'il aurait fait sans l'intervention de A ou B. L'autorité peut être une relation de pouvoir quand elle correspond à cette définition. En revanche, elle n'est pas une relation de pouvoir quand, de toute façon, la personne aurait agi de la façon dont elle agit, quelle que soit l'intervention de l'autorité. La manipulation est toujours une relation de pouvoir.

Transaction : une façon de définir les relations entre deux personnes : selon l'analyse transactionnelle chacun apporte à l'autre ce qui lui apparaît plus ou moins bénéfique, comme dans une transaction commerciale. L'évaluation de la transaction peut aussi, comme dans les affaires, se faire en fonction des avantages plus ou moins intéressants retirés par chacune des parties. La manipulation est une transaction.

Bibliographie

ANDRÉ C., LELORD F., *L'estime de soi*, Paris, Éditions Odile Jacob, 1999.

BAUDRILLARD J., *De la séduction*, Paris, Denoël, 1979.

BEAUVOIS J.-L., *Traité de la servitude libérale*, Paris, Dunod, 1994.

BELLENGER L., *Être stratège*, Issy-les-Moulineaux, ESF éditeur, 1994.

BOUDON R., *L'art de persuader*, Paris, Fayard, 1990.

CARDON A., *Jeux de manipulation*, Paris, Éditions d'Organisation, 1995.

CHALVIN D., *Faire face aux stress*, Issy-les-Moulineaux, ESF éditeur, 1994.

CHALVIN D., *L'affirmation de soi*, Issy-les-Moulineaux, ESF éditeur, 1999.

CHALVIN D., *L'antimanuel de management*, Paris, Archipel, 1992.

CHALVIN M.-J., *Prévenir conflit et violence*, Paris, Nathan, 1996.

CHALVIN M.-J., *Ne comptez plus sur l'école*, Paris, Éditions First, 1999.

CIALDINI R., *Influence et manipulation*, Paris, Éditions First, 1990.

CORNET V., AURIOL P. *Le parler vrai*, Issy-les-Moulineaux, ESF éditeur, 1995.

CYRULNIK B., *Un merveilleux malheur*, Paris, Éditions Odile Jacob, 1998.

CYRULNIK B., *Un vilain petit canard*, Paris, Éditions Odile Jacob, 2001.

DULUC A., *Leadership et confiance*, Paris, Dunod, 2000.

ENRIQUEZ E., *Jeu de pouvoir et du désir dans l'entreprise*, Paris, Browner, 1997.

ETCHEGOYEN A., *Le pouvoir des mots*, Paris, Dunod, 1994.

GAUTIER B., Vervish M.O., *Le manager coach*, Paris, Dunod, 2000.

JOULE R.-V., BEAUVOIS J.-L., *Petit traité de la manipulation à l'usage des honnêtes gens*, Grenoble, PUG, 1987.

JOULE R.-V., BEAUVOIS J.-L., *La soumission librement consentie*, Paris, PUF, 1998.

LABORDE G., *Influencer avec intégrité*, Paris, Interdiction, 1990.

MACHIAVEL, *Le Prince*, Paris, Flammarion, 1980.

MILGRAM S., *Soumission à l'autorité*, Paris, Éditions Calmann-Lévy, 1995.

MUCCHIELLI A., *L'art d'influencer*, Paris, Armand Colin, 2000.

NAZARRE-AGA I., *Les manipulateurs sont parmi nous*, Montréal, Éditions de l'homme, 1999.

PIATTELLI-PALMARINI M., *L'art de persuader*, Paris, Éditions Odile Jacob, 1999.
RAMONET I., *La tyrannie de la communication*, Paris, Galilée, 1999.
RAYNAUD P., *L'art de manipuler*, Paris, Ulrich, 1996.
ROUSTANG F., *Influencer*, Paris, Éditions de Minuit, 1990.
SAINT PAUL DE J., *Choisir sa vie*, Paris, InterÉditions, 1993.
THOMAS G., *Enquêtes sur les manipulations mentales*, Paris, Albin Michel, 1980.
TISSERON S., *La honte*, Paris, Dunod, 1992.
WATZLAWICK P., *La réalité de la réalité*, Paris, Le Seuil, 1978.
WATZLAWICK P., *L'art du changement*, Paris, Le Seuil, 1993.
YZERBYT V., CORNEILLE O., *La persuasion*, Lausanne, Delachaux et Niestlé, 1994.

OUVRAGES PUBLIÉS
DANS LA COLLECTION FORMATION PERMANENTE

ROGER MUCCHIELLI

L'analyse de contenu des documents et des communications (8e édition - n° 16).
Communication et réseaux de communications (10e édition - n° 12).
Les complexes personnels (5e édition - n° 11).
La conduite des réunions (16e édition - n° 3).
La dynamique des groupes (15e édition - n° 4).
L'entretien de face à face dans la relation d'aide (16e édition - n° 1).
L'étude des postes de travail (8e édition - n° 7).
L'examen psychotechnique (8e édition - n° 8).
L'interview de groupe (7e édition - n° 6).
La méthode des cas (8e édition - n° 5).
Les méthodes actives dans la pédagogie des adultes (9e édition - n° 13).
Observation psychologique et psychosociologique (5e édition - n° 17).
Opinions et changements d'opinion (4e édition - n° 9).
Organigrammes et sociogrammes (épuisé - n° 14).
Psychologie de la publicité et de la propagande (épuisé - n° 10).
Psychologie de la relation d'autorité (6e édition - n° 19).
Psychologie de la vie conjugale (4e édition - n° 15).
Psychosociologie d'une commune rurale (épuisé - n° 20).
Le questionnaire dans l'enquête psychosociale (10e édition - n° 2).
Le travail en équipe (7e édition - n° 18).

BERNARD ADAM

Animer une étude analyse de la valeur. Guide pratique des procédés et des techniques efficaces (1re édition - n° 79).

ANNE ANCELIN-SCHUTZENBERGER

Le jeu de rôle (5e édition - n° 43).

BRUNO BARJOU

Manager par projet. Méthodes et comportements pour animer hors statut hiérarchique (3e édition – n°128).
Savoir transmettre son expertise et son savoir-faire (1re édition - n° 109).
Vendre ses idées et ses projets. Des clefs pour obtenir l'accord. (1re édition - n° 141).

BRUNO BARJOU, ANNICK COHEN, JACQUES ISORÉ, JEAN-PIERRE TESTA

Réussir dans ses nouvelles responsabilités. Prise de fonction : mode d'emploi (3e édition - n° 118).

GUY BARRIER

La communication non verbale. Aspects pragmatiques et gestuels des interactions (2e édition - n°117).
Internet, clefs pour la lisibilité. Se former aux nouvelles exigences de l'hypermédia (1re édition - n°140).

JEAN-MICHEL BAZIN ET ROGER BAZIN

Comment raisonner pour décider. Apprendre à trouver des solutions (1re édition - n° 129).

ROGER BAZIN

Développement personnel et entraînement mental (5e édition - n° 29).
Le nouvel esprit qualité. Une pédagogie pour enrichir le dialogue social et garantir une meilleure efficacité des entreprises (1re édition - n° 82).
Organiser les sessions de formation (5e édition - n° 30).

LIONEL BELLENGER

L'argumentation. Principes et méthodes (5e édition - n° 37).
La confiance en soi (4e édition - n° 100).
Être stratège. Éduquer l'esprit de compétition (1re édition - n° 130).
L'excellence à l'oral (1re édition - n° 149).
L'expression orale. Une approche nouvelle de la parole expressive (épuisé - n° 44).
La force de persuasion. Du bon usage des moyens d'influencer et de convaincre (2e édition - n° 122)
Les outils du négociateur. Consulter, argumenter, réfuter [2] (2e édition - n° 90).
Stratégies et tactiques de négociation [1] (3e édition - n° 83).

LIONEL BELLENGER ET MARIE-JOSÉE COUCHAERE

Animer et gérer un projet. Un concept et des outils pour anticiper l'action et le futur (3e édition - n° 95).
Les techniques de questionnement. Savoir poser les bonnes questions (1re édition - n° 143).

LIONEL BELLENGER ET PHILIPPE PIGALLET

Dictionnaire de la formation et du développement personnel (1re édition - n° 113).

77 études de cas et exercices. Formation et développement personnel (2e édition - n° 123).

PIERRE CAUVIN

La cohésion des équipes. Pratique du team building (2e édition - n° 119).

PIERRE CAUVIN ET GENEVIÈVE CAILLOUX

Les types de personnalité. Les comprendre et les appliquer avec le MBTI (indicateur typologique de Myers-Briggs) (2e édition - n° 102).

ALAIN CAYROL ET PATRICK BARRÈRE

La programmation neuro-linguistique (P.N.L.). Des techniques nouvelles pour favoriser l'évolution personnelle et professionnelle (10e édition - n° 60).

DOMINIQUE CHALVIN

L'affirmation de soi (10e édition - n° 41).

Autodiagnostic des styles de management. A l'usage des cadres et des dirigeants (4e édition - n° 56).

Du bon usage de la manipulation (1re édition - n°148).

Faire face aux stress de la vie quotidienne (5e édition - n° 48).

Histoire des courants pédagogiques. Tome 1 - Encyclopédie des pédagogies pour adultes. (2e édition - n° 115).

Méthodes et outils pédagogiques. Tome 2 - Encyclopédie des pédagogies pour adultes. (2e édition - n° 116).

Les nouveaux outils de l'analyse transactionnelle. Pour développer l'énergie des individus et des organisations [2] (6e édition - n° 64).

Les outils de base de l'analyse transactionnelle. Pour développer l'énergie des individus et des organisations [1] (8e édition - n° 63).

Tensions et conflits dans les relations personnelles. Comment s'en sortir (2e édition - n°136).

Utiliser tout son cerveau. De nouvelles voies pour accroître son potentiel de réussite (5e édition - n° 61).

GÉRARD CHANDEZON ET JOËL SALOU

L'insécurité. Comprendre les risques de la vie quotidienne et y faire face (1re édition - n° 59).

JACQUES CHAUMIER

Travail et méthodes du documentaliste. Pour une exploitation méthodique et optimale de l'information (6e édition - n° 39).

CORINNE CHAUVIN

Le kit de la formation. De la conception à la réalisation (1re édition - n° 145)

JEAN-DOMINIQUE CHIFFRE ET JACQUES TEBOUL

La motivation et ses nouveaux outils. Des clés pour dynamiser une équipe (4e édition - n° 74).

JACQUES CLARET

Organiser la pensée. Une formation méthodique au travail intellectuel (5e édition - n° 47).

VIRGINIE CORNET, PHILIPPE AURIOL

Le parler-vrai. La méthode Schutz pour être vrai avec soi-même et avec les autres (1re édition - n° 108).

MARIE-HÉLÈNE COU ET CLAUDE DEMEURE

Utiliser efficacement la vidéo en formation. L'autoscopie à l'usage des enseignants et des formateurs (1re édition - n° 111).

MARIE-JOSÉE COUCHAERE

Éduquer la mémoire (épuisé - n° 50).

Manager son temps et son énergie. L'organisation du temps en équipe (2e édition - n° 125).

Le développement de la mémoire. Clés pour une mémoire dynamisée (1re édition - n° 147).

REBIHA COUILLET

Être soi. Une démarche pour se réconcilier avec soi (2e édition - n° 124).

SOPHIE COURAU

Les outils de base du formateur. Parole et supports [1] (4e édition - n° 97).

Les outils d'excellence du formateur. Concevoir et animer des sessions de formation [2] (4e édition - n° 99).

PHILIPPE CRUELLAS

Le temps autrement. Le kit de survie des nouveaux nomades (1re édition - n° 135).

MARC DENNERY

Évaluer la formation. Vers le pilotage économique (1re édition - n° 146).

Organiser le suivi de la formation. Méthodes et outils (2e édition - n° 121).

Piloter un projet de formation. Du diagnostic des besoins à la mise sous assurance qualité (2e édition - n° 132).

GÉRARD DEVAUX

Se préparer à l'oral des examens et des concours (3e édition - n° 77).

MARC DOVERO ET ELISABETH GREBOT
Enseigner, former, conseiller avec la PNL (3e édition - n° 93).

VIVIANE DUBOS
Les émotions. Comment s'en faire des alliées avec les outils de la PNL (4e édition - n° 98).

VICTOR ERNOULT, JEAN-PIERRE GRUERE, FABIENNE PEZEU
Optimiser les ressources humaines dans l'entreprise. Formation à la méthode du bilan comportemental (2e édition - n° 53).

ODILE FEVRE ET ÉRIC SCHULER
L'affirmation de soi au féminin. L'assertivité au féminin (1re édition - n° 114).

MICHEL FUSTIER
Pratique de la créativité (6e édition - n° 33).

PHILIPPE GABILLIET
Savoir anticiper. Les outils pour maîtriser son futur (1re édition - n° 137)

PHILIPPE GABILLIET ET YVES DE MONTBRON
Se former soi-même. Les outils de l'autoformation (1re édition - n°126).

BERNARD GANGLOFF
Les techniques de recherche d'emploi (1re édition - n° 104).

BERNARD E. GBÉZO
Agressivité et violences au travail. Comment y faire face (2e édition - n° 142).

MICHEL GIFFARD
Développez votre intuition et celle de votre équipe (1re édition - n° 92).

PATRICK GILBERT ET CHRISTIAN CHARDON
Analyser l'écriture. Une démarche et un outil nouveaux en graphologie (2e édition - n° 67).

LAURENT GODBOUT
S'entraîner à raisonner juste. Pour mieux se comprendre et mieux s'entendre (1re édition - n° 78).

ELISABETH GREBOT
Images mentales et stratégies d'apprentissage. Explication et critique. Les outils modernes de gestion mentale (2e édition - n° 101).

ANDRÉ GUITTET
Développer les compétences par une ingénierie de la formation (2e édition - n° 107).

HUBERT JAOUI
Créativité, mode d'emploi (3eédition - n° 81).

HUBERT JAOUI, FRANÇOIS-MARIE PONS
La communication pratique au service des entreprises (1re édition - n° 94).

ALAIN JOLIBERT ET MAUD TIXIER
La négociation commerciale. Etudes de cas. Préparation et stratégie (1re édition - n° 76).

PHILIPPE KAEPPELIN
L'écoute. Mieux écouter pour mieux communiquer (5e édition - n° 70).

JEAN-FRANÇOIS LABOREY
L'entretien annuel d'appréciation et de carrière (2e édition - n° 88).

ANNE-MARIE LAPORTE-CASTELNAU ET BRIGITTE LAPORTE-DARBANS
La gestion de soi. La voie nouvelle du management (2e édition - n° 103).

JEAN-LOUIS LASCOUX
Pratique de la médiation. Une méthode alternative à la résolution des conflits (1re édition - n° 144).

DANIEL LATROBE
Gérer efficacement son temps et ses priorités. Une logique du plaisir (2e édition - n° 139).

PIERRE LEBEL
Améliorer la qualité de vie au travail par la participation (1re édition - n° 80).
Métrologie, mesure et maîtrise des communications (1re édition - n° 28).

CLAUDE LEBŒUF, ALEX MUCCHIELLI
Le projet d'entreprise. Comment le préparer, le réaliser et motiver votre personnel (2e édition - n° 69).

EDOUARD LIMBOS
L'animation des groupes de culture et de loisirs (5e édition - n° 35).
Les barrages personnels dans les rapports humains. Comment les comprendre et les surmonter (3e édition - n° 55).
Le management des changements sociaux dans l'entreprise (1re édition - n° 85).
La participation. Conseils et méthodes pour développer la qualité et l'animation de la " Vie associative " (1re édition- n° 65).

YVES-FRÉDÉRIC LIVIAN
Gérer le pouvoir dans les entreprises et les organisations (1re édition - n° 71).

CHRISTOPHE LUNACEK
La délégation efficace. Pour un nouveau management plus responsabilisant (1re édition - n° 105).

LUC MARSAL
La détection des potentiels. Pour une gestion anticipée des ressources humaines et des carrières (1re édition - n° 131).

ALEX MUCCHIELLI
Rôles et communications dans les organisations (3e édition - n° 49).

ARLETTE MUCCHIELLI
Apprendre à coopérer. Repenser la formation (1re édition - n° 134).

JACQUES NIMIER
La formation psychologique des enseignants (1re édition - n° 112).

DANIEL PEMARTIN
Réussir le changement. Mutations des entreprises et problèmes humains (2e édition - n° 68).

PHILIPPE PIGALLET
Méthodes et stratégies de lecture. Pour un art de lire (3e édition - n° 57).
Les outils de la pensée. Éduquer le sens critique (1re édition - n° 127).

CHRISTIE RAVENNE
Gérer les tournants de carrière (1re édition - n° 72).
Les nouvelles missions du management. Adaptation et flexibilité (1re édition - n° 75).
Rechercher et innover en groupe. Méthodes à l'usage des groupes d'amélioration de la qualité (2e édition - n° 58).

GUY ROUDIÈRE
Décrypter les débats télévisés. Outils et pratiques (1re édition - n° 138).
Mieux s'exprimer pour convaincre et agir (1re édition - n° 120).

GUY SABON
Formation des tuteurs et des maîtres d'apprentissage. Pour une intégration réussie des jeunes dans l'entreprise (1re édition - n° 106).

GUY SABON ET JEAN-MARIE JIVEL
L'entretien de recrutement. Des outils et des méthodes pour mieux recruter (2e édition - n° 96).

CHANTAL SELVA
La programmation neuro-linguistique appliquée à la négociation (4e édition - n° 86).

CHANTAL SELVA ET GUY MISSOUM
Savoir définir et gérer des objectifs. Une stratégie de la réussite (3e édition - n° 91).

LOUIS TIMBAL-DUCLAUX
La communication écrite scientifique et technique. Qualité et lisibilité (1re édition - n° 84).
L'expression écrite. Ecrire pour communiquer (6e édition - n° 42).

ARLETTE YATCHINOVSKY
L'approche systémique. Pour gérer l'incertitude et la complexité (2e édition - n° 133).

ARLETTE YATCHINOVSKY, PIERRE MICHARD
Le bilan personnel et professionnel. Instrument de management (4e édition - n° 87).
Histoire de vie. Une nouvelle approche pour repenser sa vie autrement (1re édition - n° 110).

Achevé d'imprimer
en août 2001
par IMPRIMERIE LIENHART
à Aubenas d'Ardèche

Dépôt légal août 2001
N° d'imprimeur : 3994
N° d'édition : 2736 ED 2536
Printed in France